生ける物質

アンリ・ベルクソンと生命個体化の思想

米田翼

生ける物質　目次

補論② 個体化の哲学における生殖の問題——シモンドンの場合 305

生ける物質――アンリ・ベルクソンと生命個体化の思想

凡例

一、引用した出典の典拠

1．引用した著作の略号を使用する場合は、（　）内に略号とページ数を記した。

（例）Bergson, Henri, *L'évolution créatrice*, p. 97を引用した場合は、（EC, p. 97）と表記する。

略号を使用した文献については、引用文献・参考文献にその略号を記載し、略号は著者の直前に記した。

2．引用した著作の略号を使用しない文献については、（　）内に著作年、出版年、ページ数を記した。

（例）Monod, Jacques [1970], *Le hasard et la nécessité*, p. 150を引用した場合は、（Monod[1970], p. 150）と表記する。

3．引用した文献内の傍点は、特別なことわりがない限り原著者によるものである。

4．日本語の引用テクストも、表記の仕方は同上である。

二、引用文献の翻訳

1．邦訳を参考にした場合は、引用文献の後ろに（　）内に訳書を記載した。原則的に引用者が翻訳したが、一部に関しては訳書を使用させていただいた。

2．翻訳の省略に関しては、［……］を用いて示した。

3．翻訳の〔　〕内は引用者による補足である。

三、ベルクソンの著作の略号

1．ベルクソンのテクストの引用・参照には以下の略号を用いた（引用文献・参考文献にも同様のものを示している）。

2. 白水社全集版をはじめ、翻訳は適宜参考にした。

DI : [1889(2011)] *Essai sur les donnés immédiates de la conscience*, « Quadrige », PUF.（邦題：『意識の直接与件についての試論』）

MM : [1896(2010)] *Matière et mémoire*, « Quadrige », PUF.（邦題：『物質と記憶』）

R : [1900(2002)] *Le Rire*, « Quadrige », PUF.（邦題：『笑い』）

EC : [1907(2009)] *L'évolution créatrice*, « Quadrige », PUF.（邦題：『創造的進化』）

ES : [1919(2009)] *L'énergie spirituelle*, « Quadrige », PUF.（邦題：『精神のエネルギー』）

PM : [1938(2009)] *La pensée et le mouvant*, « Quadrige », PUF.（邦題：『思想と動くもの』）

M : [1972] *Mélanges*, PUF.（邦題：『雑録集』）

序章　生ける物質

はじめに――地球生物学から宇宙生物学へ

目を覚ますと、バルコニーのど真ん中に陣取るガジュマルの鉢植えに水をやりにいく。私の棲家で最も日光照射時間が長い特等席に居座り、今日も優雅に背伸びをしている。その根元には、いつから居たのかわからない小さなアリたちが蠢いている。朝からせっせと働くそいつらを横目に、アウトドア用の椅子に腰掛け、乾燥した喉を潤すために一杯の白湯をぐいっと飲み干す。勢い余ってゲホゲホっと咳き込んだその瞬間、何かがバサバサっと飛び去った。どうやら、節分のときに回収し損ねた大豆を求めてスズメが遊びに来ていたようだ。申し訳ないことをした。

せいぜい2、3分の出来事である。しかし、このわずかなあいだに、私はガジュマル（植物）、アリ（昆虫）、スズメ（鳥）という三種類の生物に出くわしている――大豆を含めるかどうかは微妙な問題だ。いや、気づかなかっただけで、鉢植えのなかには別の昆虫もいたかもしれない。もちろん、私には視認できない微小な生物を含めるともっと多いだろう。

我々の惑星、地球には、現在約８７０万種もの生物種が生息していると言われている。そのうち、動物は約７７７万種と最も多い。それから、植物が29・８万種と続き、残る61・１万種が菌類である。もちろん、これは推定された値であり、実際にはもっと多いかもしれないし、少ないかもしれない。[1] ともかく、わかっていることは、我々の惑星には多種多様な生物種が溢れているということだ。

こんなにも多種多様な生物が存在するのはなぜだろうか。その起源を探っていくといくつかのターニングポイントがある。例えば、カンブリア期に起きた生物種の爆発的な増大、俗に言う「カンブリア大爆発」もそのひとつである。カンブリア大爆発を説明する有力なシナリオは、先カンブリア期に生物のボディ・プラン（生体の基本構造）の中核を担う体軸（body axis）が確立し、カンブリア紀（およそ１０００万年）のあいだに体軸に付随するボディ・パーツが多様化してきた、というものだ。また、これと関連して、遺伝学の観点からは、ボディ・プランの形成において重要な働きを担うＨｏｘ遺伝子群という遺伝子の配列が確立したことも強調される。いずれにせよ、生物多様性（種の多様性、遺伝子の多様性、生態の多様性）を説明するためには、こうした重大な出来事に焦点をあてながら、地球生命史をまるまる振り返ってみる必要がある。[2]

ところで、一般に我々が「生物学（biology）」と呼んでいるのは、地球上で観察された生物に関する知識の体系である。つまり、我々が手にしているのは、いわば「地球生物学」である。最近では、これを拡張する試みとして、「宇宙生物学（astrobiology）」という新しい学問も台頭してきた。宇宙生物学とは、議論領域を地球に限定するのではなく、宇宙の全域にまで拡張し、天文学、鉱物学、物理学、化学、生物学などのさまざまな専門領域の知見を総動員しながら、生命の起源、生命の分布、生命の未来について探究する学問である。かつて天動説から地動説へのコペルニクス的転回があったように、今、我々は地球生物学から宇宙生物学への転回に立ち会っているのだ。

宇宙生物学にとって、ひと昔前まではSF的な想定にすぎなかった地球外生命体は、重要な研究対象のひとつである。生物学者たちは、地球生命史を振り返ることで、地球上での生命の出現に関するいくつかのシナリオを素描してきた。そうしたシナリオに沿って、地球生物の出現時と同様の条件を満たす惑星がどのくらいの頻度でこの宇宙に存在しうるかを割り出し、そこに出向いて行けば、ひょっとすると地球外生命体を発見できるかもしれない、ということが現実味を帯びはじめた。

このように、宇宙生物学は、我々の好奇心を存分にくすぐってくれる。だが、見落としてはいけないことがある。地球生物の出現のシナリオに基づいた地球外生命探査の試みは、地球生物と似通った宇宙生物（例えば、地球生物と同様の体軸をもつ生物）の発見につながるかもしれない。しかし、地球生物とまったく別の道のりを歩んできた生物たち、我々には想像もできないような姿形をした生物たちは、いつまで経っても発見されないだろう。もちろん、そのような宇宙生物がいるかどうかは定かでない。しかし、そうした可能性を排除しないような、より柔軟な生命の出現のシナリオを手に入れることはできないのだろうか。

私は宇宙生物学と関連する諸領域の専門家ではない。だから、宇宙生物学をめぐる諸問題に直接的に取り組むことはできない。その代わりに、生物、すなわち「生ける物質（matière vivante）」をめぐる二重の問い――互いに重なり合った二つの問い――に取り組むことにしたい。それは、「生命とは

1　以上の推定値は、Mora(et al.) [2011] による。
2　太田 [2018] の第一章では、こうした生物多様性について地球生命史を振り返りながら概説している。

何か」という生命の定義をめぐる問いと「どのようにして生命が生まれてきたのか」という生命の創発をめぐる問いである。生物は、タンパク質、脂質、多糖、核酸、水といった化学物質から構成され、物質界を支配するあらゆる物理法則に従う。だから、生物が物質の一種であることは否定できない。だが、宇宙の全域に偏在しているあらゆる物質のなかで、生物だけが「生きている」と形容される特殊な物質である。この「生ける」ということの意味は何か（生命の定義）。「生ける」という事態はどのようにして成立してきたのか（生命の創発）。本書ではこれらの問いに取り組むことにしたい。

本書は、これらの問いに対するひとつの解答を求めて、19世紀後半から20世紀初頭にかけて活躍したフランスの哲学者を訪ねる。その哲学者とは、アンリ・ベルクソン（仏 1859-1941）である。奇しくも『種の起源』（1859）と同年に生まれたベルクソンは、齢47歳にして、生物学的主著『創造的進化』（1907）を刊行する。そこでは、地球上における生命進化だけでなく、宇宙進化（または宇宙生成論）にまで話題が及び、宇宙生物の可能性をも含みこむ「創造的進化（évolution créatrice）」という壮大な進化観が描き出される。ベルクソン哲学は我々にこう問いかける。「我々はどこから来たのか、我々は何であるのか、我々はどこへ行くのか」（ES, p. 2）、と。この哲学は、生命の起源、生命の分布、生命の未来を問う宇宙生物学と同じ眼差しから、「生命とは何か」という問い、あるいは「どのようにして生命が生まれてきたのか」という問いに切り込んでいく。本書では、ベルクソンの創造的進化論をこうした視点から読み解きながら、地球生物学のオルタナティヴとなりうる世界観・存在論の可能性を探っていきたい。

1　創造的進化論の受容と忘却――本書の背景

ベルクソンの世界観、創造的進化論とはどのようなものなのか。それはどのように受容され、どのように忘却されたのか。まずはじめに、こうした事柄について手短に確認しながら、ゆるやかに本題に入っていくことにしたい。

ベルクソンが語るのは、機械論的進化論でもなければ、目的論的進化論でもない。機械論哲学は、初期状態が決まれば、そこから芋づる式に以後の状態が決定していくような、必然的な決定の連鎖の過程として生命進化を描き出す。目的論哲学はというと、最終到達地点が決まっていて、そこへと向かって合目的的に展開していくような、予め決定された目的の実現の過程として生命進化を描き出す。いずれの視点から見ても、生命進化の行く末は決定している。これに対して、創造的進化とは、絶えず予見不可能な新規性（例えば新しい生物種）を創造しながら進展する生命や宇宙の連続的な運動である。その究極的原因は、「生命の本源的エラン（élan originel de la vie）」、あるいは「エラン・ヴィタル（élan vital）」と呼称される。エランとは、「なまの物質に働きかける傾向」（EC, p. 97）、必然的な作用・反作用の連鎖である物質界に入り込んで、そこに非決定性を挿入しようとする生命の一般的傾向である。互いに押し合いへし合いするだけの物質たちの惰性的な戯れ（決定の連鎖）のただなかで、生命は自由を持ち込もうと努力しているというわけだ。各々の生物個体や生物種はこの傾向に沿って眼前の物質と交渉している。もちろん、生命はいつでも勝利を収めるというわけではない。物質が優勢なところでは、機械的・惰性的な秩序が生じるが、生命が優勢なところでは、生命的・意志的な秩序が生じる。植物たちは、ほとんど機械的・惰性的な自己保存活動に終始しており、まるで精巧に整えられた機械のようだ。そこでは、物質の秩序が優勢である。他方で、人間をはじめとするいくつかの動物たちは、他の物質に対して自発的に働きかけることができる。そこでは、生命の秩序が優勢である。こうした生命と物質のせめぎ合いにおいて、両者のあいだにさまざまな「暫定協定（*modus vivendi*）」（*Ibid.*, p. 250）が締結されることになり、各々の生物個体や生物種は自身が身を置く物質的環境下でのさしあたりの「生き方」を獲得していく。ただし、どのような結果がもたらされるかは、それが完了するまで予見しえない。この意味において、我々が住まう現実世界は、さまざまな程度があるとはいえ、予見不可能な新規性に満ち溢れている。

ベルクソンの創造的進化論は、本国のフランスにとどまらず、20世紀の生命哲学に広範な影響を及ぼした。[3] とりわけ、機械論とも目的論とも異なる道を模索していた人々は、それを「新生気論」と名づけて歓迎した。[4] こうした反応を示したのは、哲学者だけではない。例えば、ノーベル・ホルダーとして知られる生物学者ジャック・モノー（仏 1910-1976）は、主著『偶然と必然』（1970）において、ベルクソンの進化論を同時代における最も優れた生命論とみなしている。それは、生命進化を「〈宇宙〉という織物に織り込まれたプログラムの壮大な展開」ではなく、「絶対的な新規性の創造」とみなす立場を提唱したからだという（Monod[1970], p. 150）。しかしながら、１９５０年代以降、分子生物学が台頭し、ＤＮＡの複製機構が詳細に理解されるようになったため、創造ないし偶然（hasard）を説明するのにもはや「生命の本源的エラン」という哲学的概念に頼る必要はなくなってしまった。だから、ベルクソンの進化論はもはや不要だ。そう切り捨てたのもまた、ほかでもないモノーであった（*Ibid.*）。このように、ベルクソンの『創造的進化』は、ある時期までは、生命の予見不可能性・新規性・創造性を擁護する立場のひとつの源泉・起源として受容されてきた。しかし、現代生物学の恩恵を享受する我々には、『創造的進化』などもはや過去の遺物にすぎないのではないか。モノーだけでなく、そのように考える者は少なくない。[5] ベルクソンの進化論は、もはや過ぎ去ったもの（passé）として忘れ去られてしまった――彼が思索の道のりで出会った友や敵と共に。

2 ベルクソンの方法と形而上学――本書の方針

本書では、ベルクソンの創造的進化論を再起動すべく、19世紀後半から20世紀初頭にタイムスリップし、ベルクソンをその友や敵と共に現代に連れ戻すことを試みる。本書の方針を明確にするために、ここでは二つの問いに答えることにしたい。①モノーに対してベルクソンであればどのように応答するだろうか。②過ぎ去った思想、忘れ去られた思想、それを単なる再現や反復としてではなく、真に

3 第一章では、1920年代に勃興したイギリス創発主義の先導者たちに対する影響を詳細に検討する。

4 この点についても、第一章で触れる。

5 生物をシステム論的に捉えるシステム生物学などの新興の生物学の台頭によって、モノーの時代よりも、むしろ現代の方が生気論の再考を促す声は大きい。例えば、著名な生物学者や生物学の哲学者が名を連ねる論集『啓蒙思想期以後の生命科学における生気論と科学的イメージ』（Normandin&Wolfe[2013]）は、その典型例である。この論集では、編者のセバスチャン・ノルマンディンとチャールズ・ウルフだけでなく、ブライアン・ギャレット、クリストフ・マラテール、ジュゼッペ・ビアンコといった論者がベルクソンに言及しているが、いずれも歴史的経緯を確認するために触れているだけであり、主要な検討対象とみなしているわけではない。

新しい仕方で現在に呼び戻すためには、どうすればよいだろうか。

①科学と哲学の説明図式とその存在論的枠組み：モノーの評価は、ベルクソンに対する評価（あるいは科学者から哲学者への評価一般）としては典型的なものだ。例えば、20世紀初頭のフランスにおける生物学・生物学の哲学の大家フェリックス・ル・ダンテク（仏 1869-1917）の『創造的進化』の書評に[6]も同様の記述が見られる。ル・ダンテクは、モノーとまったく同様に、『創造的進化』を肯定的に評価しつつも、それを曖昧な哲学の言葉ではなく、生物学の言葉で書き換えるよう提案し、最終的にはベルクソンのことを芸術家ないし詩人であるとみなしている（BB, pp. 598-600）。彼らの評価は、ベルクソン哲学と生物学が同じ道のりを歩いていて、後者の方が何歩か先に進んでいる、ということを含意している――と同時に、哲学、芸術、詩を、科学よりも劣ったものと捉えている。

　これに対して、ベルクソンはというと、ル・ダンテクの解釈と自身の著作のあいだにはいかなる一致も見出せないという困惑の念を表明し、むしろ両者のすれ違いを強調している。両者のあいだには、哲学の方法と科学の方法、あるいは心理学的図式による進化の説明と数学的図式による進化の説明という相違がある（M, pp. 731-735）。ただし、ここで問題になっているのは、方法論だけではない。その前提もまた共有されなければならない。ベルクソン哲学において、「心理学的図式による」は「すべてを持続の相のもとに」（PM, p. 142）を意味する。持続（durée）とは、例えばメロディーのように先行する要素が後続する要素と相互に浸透し合いながら進展する連続的な流れとしての時間である。意識現象や生命現象をあるがままの姿で捉えるためには、それを持続の流れのなかで捉えなければならない。というように、「心理学的図式による」は「あらゆる存在者の基礎は持続（連続的な時間の流れ）である」という存在論的主張にコミットしている――持続概念については、後ほど第３節で概説する。

逆に、「数学的図式による」は「あらゆる存在者の基礎は離散的なものである」という主張にコミットしている。このように、ベルクソンとル・ダンテク（またはモノー）の対立は、哲学的説明と科学的説明の前提となっている存在論的枠組みをめぐる対立なのだ。

このように見てみると、何らかの科学の新興によって、ベルクソンの進化論が即座に過去の遺物になるということはない。[7] ベルクソンが知り得なかった科学（例えば、分子生物学をはじめとする現代生物学）においても、数学的図式による説明がコミットする存在論的枠組みが残るのであれば、少なくともベルクソン哲学の観点からは、その事実を指摘し、心理学的図式による代案を提示することは可能である。ともかく、数学的図式がコミットする存在論的枠組みと心理学的図式がコミットする存在論的枠組み、この地平で論戦を張る必要があるのだ。[8]

②再構成の努力と内側に入り込む努力：世界に何か新しいものをもたらす思想、それは単純な直観に貫かれている。１９１１年の講演をもとにした論文「哲学的直観」において、ベルクソンは哲学が

6　ル・ダンテクの書評論文（BB）が掲載されたのは、数学者エミール・ボレル（仏 1871-1956）――測度論におけるボレル測度を提唱したあのボレルである――が編集長を務める *Revue du mois* 誌であり、後述するベルクソンの応答は、ボレル宛の書簡（M, pp. 731-735）で述べられたものだ。

7　とはいえ、新たにもたらされた科学的知識が、それ以前の知識の端的な誤りを告げるのであれば、ベルクソンは自身の学説を修正することを厭わないだろう。この点については、ベルクソン自身が次のように述べている。「哲学者は、科学から譲り受けた諸々の事実や関係に敬意を払う。すでに判断が下された事柄に払うべき敬意を。［……］知識そのもの、それもその物質性に関しては、哲学者はそれを科学の仕事とみなし、哲学の仕事ではないと考える」（EC, p. 195）。しなしながら、『創造的進化』では、たった一度だけ生物学の仕事に介入する局面がある――もちろん、哲学者としてではなく、生物学者として。その詳細については、本書の第三章で検討する。

こうした直観を表現する手段について語っている。「新しいものを理解してもらうには、古いものとの関連で表現するほかないのです。すでに提起された問題とそれに対する解答、そして自分の属する時代の哲学と科学は、いかなる大思想家にとっても自身の思想に具体的な形を与えるために使用しなければならない材料です」(*Ibid.*, p. 121)。これは、ベルクソン流の論文作成術のようなものと理解してよい。その内容は、自説のオリジナリティーを表現するためには、既知の問題や解答とのネットワークのなかに自説を位置づける必要があり、いかなる大思想家であっても、こうした手法に則って文章を執筆している、といったところだ。こうした論文作成術は、論文読解術と表裏一体である。つまり、ここから逆算すれば、あらゆるテクストを読み解くための、あるいは何らかの哲学的直観をつかまえるための一般的アプローチを提唱できる。

ある哲学をそれとは別のものによって再構成し(recomposer)、その哲学の周辺にあったものと結び直す(relier)という予備的努力なしでは、おそらくいつまでたってもその哲学の真相に到達することはできないでしょう。人間の精神はそういうふうにできているので、新しいものをすべて古いものに置き直す(ramener)試みの後で、新しいものを理解しはじめるようになるのです。しかし、その哲学者の思索の周辺を回るのをやめて、内部に入り込もうといっそう努力するにつれて、我々は彼の学説が姿を変えていくのがわかります。(*Ibid.*, pp. 118-119, 傍点は引用者による)

ここに示されるように、ある哲学の直観に至るためには、二段階の努力が求められる。まずは予備的努力だ。それは、その哲学を同時代の哲学や科学(または現代の哲学や科学)との照合によって再構成する作業である。そうした作業を経ると、当の哲学が提起した問題が次第に明確になってくる。この段階になると、単なる照合作業から離れて、この哲学の内側に入り込む努力が必要となる。この努力に励むことで、少しずつではあるが、この哲学の真相、つまり哲学的直観が息を吹き返すのだ。もちろん、これは単なる再現や反復ではない。再構成に用いる素材に応じて、それは多少なりとも違った仕方で表現されるだろう。その結果、これまでは見えてこなかった真相、哲学的直観が顔を出す。かくして、その哲学は新しい仕方で再起動されることになる。[9]

①と②を踏まえて、本書の方針を定めておこう。本書では、②『創造的進化』で参照される同時代の生物学者の議論と照合しながら、①ベルクソンの進化論の生物学的内実と哲学的（特に存在論的）内実を同時に明らかにしていく。そうすることで、ベルクソンの進化論を再構成することを目指す。

②に関しては、個体性、老化、遺伝、（低次の有機体の）自発的行動、適応、心の進化といった、ベルクソンが取り組んでいるが、これまであまり注目されてこなかったトピックに焦点をあてる。ベルクソンの生命哲学は、いくつかの帰結的主張（例えば、「生命進化は絶えず予見不可能な新規性を創造しながら進展する連続的な流れである」という主張）だけが受容されてきて、そこに至るまでの議論の道のりが看過されてきた。しかし、先述したトピックを詳しく見ていくと、ベルクソンが同時代の生物学との対話

8　ジャン・ガイヨンは、ベルクソン哲学と科学の「協働」と「調和」について検討し、ベルクソンの態度を「介入主義（interventionniste）」として特徴づけている（Gayon[2007], p. 178）。私の責任で以って言えば、ベルクソンが介入するのは、当の科学がコミットしている存在論的枠組みに対してである。

9　近年のベルクソン研究では、『ベルクソン『物質と記憶』を解剖する』をはじめとする一連の論集に集約される「拡張ベルクソン主義」というプロジェクトがこれに相当する（以下、同シリーズを『解剖』、『診断』と略記する）。

のもと、生命の定義という課題に真っ向から取り組んでいることが明らかになる。

①に関しては、先述したトピックと関連する仕方で、創造的進化論の背後に控える「あらゆる存在の基礎は持続である」という存在論的な直観を具体的な仕方で検討し、血肉を与えていく。そうすることで、これまで神秘的なものと捉えられてきた創造的進化論が描き出そうとする世界観・存在論を部分的に脱神秘化することを目指す。[10]

本書の取り組みの大部分は、ベルクソンが言うところの予備的努力に相当する。だが、そこからひとつの真相が浮かびあがってくるだろう。ベルクソンは生命進化の背後に組織化（organisation）[11]ないし個体化（individuation）の運動を直観している。個体性、老化、遺伝、自発的行動といったトピックは、一見すると関心の赴くままに選ばれたものに見えるかもしれない。しかし、ベルクソンはこれらを詳細に検討しながら、生物（生ける物質）という特殊な物質を生み出し、生命進化や宇宙進化を駆動する組織化・個体化に関する形而上学を構築していくのだ。では、ベルクソンが「組織化」や「個体化」と呼ぶのはどのようなものなのか。それは、生命の定義や生命の創発の問題にどのようにかかわるのか。以下では、ベルクソン哲学の変遷を追跡しながら、組織化・個体化の概念の基本的な位置づけを確認していきたい。

3　持続と有機的組織化――『意識の直接与件についての試論』における組織化・個体化

個体化とは、それ以上分割できないもの（l'indivisible）、分割するとその本性を失ってしまうもの、そうしたひとつのまとまりとしての個体（l'individu）を生み出す過程である――と、さしあたり理解していただきたい。20世紀のフランスでは、とりわけ生成変化（devenir）の哲学を展開した哲学者たちによって、個体化をめぐる哲学的思考が練り上げられていった。その代表的人物としては、しばしばジルベール・シモンドン（仏 1924-1989）とジル・ドゥルーズ（仏 1925-1995）の名が挙げられる。特に、前者の学位論文『個体化の哲学――形相と情報の概念を手がかりに』（1958, 以下『個体化の哲学』）は、さまざまな個別科学を渡り歩きながら、個体化の働きそのものを探究する試みであり、この系譜を代表する著作である。（シモンドンについては、補論②を参照のこと。）ところで、彼らはいずれも、ベルクソンの影響下で自身の哲学を練り上げたのだが、ベルクソン自身が個体化の哲学の系譜に位置づけられることは稀である。なぜだろうか。

ベルクソンは、最初の著作『意識の直接与件についての試論』（1889, 以下『直接与件』）以来、実在をあるがままの姿で捉えようとしてきた。ベルクソン哲学において、実在とは、連続的・動的・不可逆

10　私は、ベルクソンをスピリチュアリスト（唯心論者）として読解することに異論はない。むしろ、そうした読解を明確に支持している。だが、そうした側面を過度に誇張することによって、科学との対話の道が閉ざされてしまうことを危惧している。本書は、科学的言説と折り合いをつけながらも、唯物論的な見方に屈することのないスピリチュアリスムの臨界を探索する試みでもある。この意味において、私は創造的進化論を部分的に脱神秘化する。

11　本書では、ひとつのまとまりとしての有機体を組織化する働きを指す場合、« organisation »というフランス語を「組織化」または「有機的組織化」と訳出する。ただし、この働きによって組織された有機体そのものを指す場合には、「有機組織」と訳出する。

的な時間、すなわち持続にほかならず、それは絶えざる生成変化を本性とする。また、そうした実在と、何らかの便宜上の抽象を介した実在の表象とを取り違えることは、空間化として批判される。持続と空間化という二元論的な枠組みは、ベルクソンの全著作を貫く根本的特徴である（Cf. Worms[2004]）。そして、持続が連続的進展であり、それを離散的に捉えるのが空間化である以上、ベルクソンは個体化を軽視した哲学者として特徴づけられることになる。[12]

しかし、私の見るところ、そもそも持続は、有機的組織化の運動として進展する。ベルクソン哲学の基本的着想の確認も兼ねて、『直接与件』における自由論との関連でこのことを確認していきたい。

『直接与件』という著作は、『時間と自由』という英語版の題が示す通り、独自の時間論の観点から自由の問題に取り組む試みである。同書では、きわめて常識的な自由のモデルとして、図1のような自由行為の分岐モデルが提示され、そこに潜む難点が指摘される。

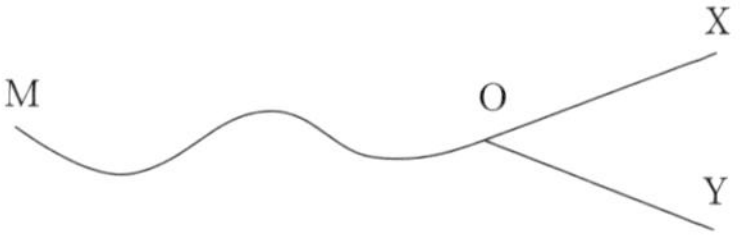

図1　自由行為の分岐モデル（DI, p. 133）

図1は、「意識的諸事象の系列〔意識の流れ〕MOを踏破した後、点Oに到達し、同じように開かれた二方向OXとOYを前にした自我」（DI, pp. 132-133）を図式的に表象したものである——つまり、これは空間化の典型例でもある。この図によれば、自由行為とは、複数の可能性、例えばXとYのなかから、ひとつの可能性、XかYを選択することにほかならない。だが、こうした分岐図を描くことができるのは、あくまでも回顧的視点、すなわち行為が完了した後の視点においてであろう。「この図形が示しているのは、遂行されつつある行動ではなく、遂行された行動なのである」（*Ibid.*, p. 135）というわけだ。しかしながら、実際には、「自由行為〔あるいは行為一般〕が生じるのは、流れつつある

(s'écoule) 時間においてであり、流れ去った (écoulé) 時間においてではない」(*Ibid*., p. 166)。そうすると、「XとYという二点のあいだでの一種の機械的な揺れ動きを行動に先行させる」(*Ibid*., p. 134) という前提から出発する議論は、すべて誤りだということになる。

では、持続の観点から捉えられる自由とはどのようなものなのか。そもそも持続の働きとはどのようなものなのか。ベルクソンは持続に存する存在者の本性を記述するために、メロディーの聴取という経験的事実を持ち出す。これに倣って、ここでは、我々にお馴染みのC‐D‐E‐F‐E‐D‐C (ド‐レ‐ミ‐ファ‐ミ‐レ‐ド) というメロディー (童謡「かえるのうた」の冒頭の楽節) を聴取する場面を例にあげながら、要点を整理してみたい。このメロディーには、CとDとEが二回ずつ登場する。もしC_1 (一回目のC) とC_2 (二回目のC) が物理的にまったく同一であるならば、両者の物理的性質もまったく同一である——振幅・振動数・波長が同一であるならば、音量・音程・音色といった音の三性質も同一である。しかしながら、C_1とC_2は、仮に物理的に識別不可能だとしても、C‐D‐E‐F‐E‐D‐Cというメロディーの進展のただなかで捉えられる限りにおいて、まったく異なる印象を与えるだろう。つまり、C_1とC_2は、相互に外在的な単音として捉えられると、等質的なものとして経験されるが、持続において捉えられると、異質的なものとして経験されるのである。もちろん、このことは、C_1とC_2に限らず、他の五つの音にもあてはまる。では、これらの音が異質性 (hétérogénéité) を呈するのはなぜだろうか。それは、このメロディーを構成する七つの音がそれぞれ、自らに先立つ一連の音の効果を引き継いで、相互に浸透している (s'interpénétrer) からにほかならない。現在における過去

12 ベルクソンの個体論に焦点を絞った研究は、管見ではGilson[1985]だけである。

の相互浸透のおかげで、メロディーの構成要素は、ひとつの全体、すなわち質的多様体（multiplicité qualitative）として、刻々と質的相貌を変えながら進展するのである。

　持続をめぐる議論を基礎として、我々の自我や人格もまた、意識的諸事象の織りなす質的多様体として特徴づけられる。持続する限りにおいて、自我や人格は「深層の意識的諸事象の徹底的な異質性」（*Ibid.*, p. 150）を呈する。もっとも、それは、先に見たような単線的なメロディーというよりも、むしろ交響曲のようなものとして理解されるべきだろう。[13] 交響曲とは、諸部分（各楽器隊が奏でる音）が同時に複数の組織編成に組み込まれ、そうした組織編成が折り重なってひとつの全体として組織されたものである。[14] これと同様に、我々の自我や人格も、ただ単に意識的諸事象が時系列に沿って継起したものではなく、重層的な組織体として理解されねばならない。[15]

　こうした議論を通して、ベルクソンは自由についての積極的な特徴づけを与える。「我々が自由であるのは、我々の行為が自らの人格の全体から発出し、これらの行為が人格の全体を表現する場合である」（*Ibid.*, p. 129）。ここで「人格の全体を表現する」というのは、「我々の魂の深層の諸状態、数々の自由行為によって翻訳される諸状態は、我々の過去の歴史の総体を表現し、要約している」（*Ibid.*, p. 139）ということである。このように、ベルクソンにとって自由とは、自我全体が「作者」（*Ibid.*, p. 125）となる全人格的行為にほかならない。[16] そして、自我が全体的性格を呈するのは持続の相互浸透の効果によるのだから、持続こそが自由をもたらす、ということになる。

　このように、ベルクソンは持続の連続的進展を重視するとはいえ、それを、単なる継起ではなく、ひとつのまとまり、質的多様体を組織する働きとして捉えていることがわかる。この点についても、やはりメロディーの聴取の事例を通して述べられる。

13 『直接与件』において、交響曲の比喩は、「強度を増す苦しみは、次第に響き渡っていく音階の調子というよりも、むしろ楽器の増加を聞き取ることができるようなひとつの交響曲に比せられるべきだろう。［……］言い換えれば、我々は苦しみの強度を、まさにこの苦しみとかかわろうとする有機体の部分の大小によって評価するのだ」（*Ibid*., p. 26）というように、情感的感覚（sensation affective）に関する議論において登場する。また『創造的進化』では、心理学的生の見かけの不連続性の背後に連続性が控えている、すなわち表層的な出来事の背後に持続の進展が控えている、という論点を確認する際に、交響曲の比喩が登場する（EC, p. 3）。いずれにせよ、問題になっているのは、持続に存する意識的事象の全体性や連続性といった論点である。

14 交響曲を奏でるオーケストラの構成要素は、言うまでもなく多様である。オーケストラは、木管楽器、金管楽器、打楽器、弦楽器によって編成され、そしてこれらも複数のパートから編成される——例えば、（標準的な編成における）弦楽器に限っても、ファースト・ヴァイオリン、セカンド・ヴァイオリン、ヴィオラ、チェロ、コントラバスといったパートがある。重要なのは、オーケストラにおいて、これらの構成要素が同時に複数の役割を担っている、ということだ。例えば、チェロやコントラバスといった低音の弦楽器は、打楽器と共にリズムを刻む役割を担いつつ、他の楽器と共に和音を構成する役割も担っている。

15 『直接与件』第二章では「表層の自我」と「深層の自我」という区別が導入される（DI, pp. 96-102）。この区別は、基本的には、二つの多様体、すなわち数的多様体と質的多様体の区別に対応するものとして理解できる。しかしながら、自我は表層と深層という単純な二層構造をなすというよりも、むしろ、平井靖史が指摘するように、相互浸透の多様な度合いを認める重層的な構造体として理解されるべきだろう。「自我を織りなす意識的諸事象の相互浸透の多様な度合いは、深さと一元的な尺度にしたがって整然と順序づけられているというよりも、そこかしこにいわば局所的な群生地帯を形成しつつ、自我の全体に複雑な構造体をもたらしていると考えられるのである」（平井［2002］, p. 278）。

16 もちろん、過去全体の表現・要約としての行為は、非常に稀である。実際、日常的になされる行為は、ほとんど自動的なものだろう。だが、そうした行為でさえ、さまざまな度合いで過去を表現・要約したものである。例えば、我々が馴染みの街を半ば自動的に歩き回ることができるのは、その街を歩き回った経験があるからである（Cf. DI, p. 96）。ここには、全人格的行為ほどではないにしても、現在における過去の相互浸透がある。要するに、過去の相互浸透には複数の度合いがあり、それゆえに「自由は複数の度合いを容れる」（*Ibid*., p. 125）のである。

さて、それらの感覚は、相互に動的に付加され、我々を和ませるメロディーの継起的な音がそうするように、互いに組織されていくだろう。要するに、純然たる持続とはまさしく、融け合い、相互に浸透し合い、明確な輪郭をもたず、相互に外在化しようとする傾向をもたず、数とは何の類縁性ももたない、そのような質的諸変化の継起にほかならないはずなのだ。そのような持続は純粋な異質性であろう。(*Ibid.*, p. 77, 傍点は引用者による)

ここに見られるように、『直接与件』のなかで、「組織化」という語は、構成要素の相互浸透によって質的多様体が構成される過程を指し示す術語として用いられている。また「相互に外在化しない」ということは、分割不可能(indivisible)であるということを意味するのだから、組織化とは、個体(individu)を構成する過程でもある。この点については、「ここには、いわば質的な綜合があり、我々の継起的な諸感覚相互の漸進的な組織化があり、ひとつの楽節(une phrase mélodique)にも似たひとつの単位(une unité)がある」(*Ibid.*, p. 83)と述べられる。こうした指摘を通して私が言いたいのは、自由行為が成立するためには、意識的諸事象が単に連続的に継起するだけでなく、それら諸事象が重層的に組織化・個体化される必要があるということだ。ベルクソンにとって、「持続する」というのは「組織化・個体化する」というのと同義なのである。

4 真の進化主義と有機的組織化――『創造的進化』における組織化・個体化

これまで見てきた『直接与件』だけでなく、『物質と記憶』(1896)や『創造的進化』でも、組織化・個体化の概念は、他のメジャーな概念との関連で重要な役割を担っている。その内実を解き明かすことは、本書全体のひとつの課題である。(『物質と記憶』についても適宜関連する議論を参照する)。本節では、生物(生ける物質)を考察対象とする『創造的進化』のなかで、組織化・個体化の概念がどのように位置づけられるのかについて確認していきたい。

まずは、19世紀のイギリスを代表する進化論の哲学者ハーバート・スペンサー(英1820-1903)との対比のもと、ベルクソンが「真の進化主義」と呼ぶ立場がどのようなものなのかをラフスケッチしてみよう。[17]『創造的進化』の序論や事実上の結論部[18]では、スペンサーの立場が「偽の進化主義(faux évolutionnisme)」(EC, p. x)と呼ばれ、これとの対比のもとでベルクソン自身の立場が特徴づけられる。[19]「スペンサーの方法の常套的な手口は、[すでに]進化を遂げたもの(*l'évolué*)の断片を使って、進化

17 ベルクソンとスペンサーの関係については、長らく手付かずであったが、北[2016]によって包括的な見通しが与えられた。また、両者の進化論の類似点と相違点に関しては、Ansell-Pearson, Miquel & Vaughan[2013]に詳しい。

18 それ以前の著作とは対照的に、『創造的進化』には明確な結論部が存在しない。

19 以下で示す事柄は、『思想と動くもの』所収の「第一諸論」の冒頭部と対応する。そこでは、ベルクソンは学生の頃にスペンサーの進化論に傾倒していたものの、スペンサーの進化論では時間や変化の問題が看過されていることに気づいたため、次第に不満を感じるようになったというように、ベルクソンの思想遍歴がスペンサーとの対決として述懐される(PM, pp. 2-5)。

（l'évolution）を再構成することにある」（Ibid., p. 363, Cf. p. x）。これは、「進化とは何か」という問題に取り組む際に、回顧的視点から、つまり進化が完了した後の視点から、遂行されつつある進化の運動を記述することに対する批判である。これに対して、ベルクソンの真の進化主義は、進化（流れつつあるもの）を重視し、「生成一般の掘り下げ」（Ibid., p. 369）を目指す立場である。このようにスペンサーと対比してみると、ベルクソンの「真の進化主義」は、生物個体（すでに進化を遂げたもの）ではなく、生命進化（流れつつあるもの）を重視する立場であることがわかる。（また、これが『直接与件』の議論と対応することは、一目瞭然であろう。）

では、生成一般の掘り下げとはどういうことか。それは、ただ単に「個体的存在者よりも生命進化の方が存在論的に基礎的である」という主張に尽きるものではない。なるほど、「持続とは、我々の存在の基底（le fond）であり、我々が感じているように、我々と交流している諸事物の実質そのもの（la substance même）なのである」（Ibid., p. 39）と述べることで、ベルクソンがあらゆる存在者の基底としての持続の実在を主張しているのは、事実である。[20] だが、注意深く読むのであれば、「偽の進化論」の本当の問題は、「進化そのものである安定化（consolidation）という漸進的な働き」（Ibid., p. 365）を看過している点に見出されている。ここで「進化そのもの」と同一視される「安定化」と呼ばれる働きは、まさしく組織化・個体化に相当する。端的に言えば、『創造的進化』における組織化・個体化とは、生命の連続的進展としての生命進化の過程で、各々の生物個体が生じてくる運動そのものである。

以上をまとめると、真の進化主義の任務は、生物個体に対する生命の連続的進展の存在論的な基礎性を主張するだけでなく、生命進化から各々の生物個体が実際に（en réalité）発生してくる現場を取り押さえることである、ということになる。言い換えれば、諸々の派生的存在者（私、あなた、アメーバなど）がより基礎的な存在者（持続・生命）に依存することを主張するだけでなく、基礎的存在者からどのようにして派生的存在者が創発（emergence）するのかを発生論的に考察すること、これこそが真の進化主義というプロジェクトの課題なのだ。そして、この発生の現場、創発の現場で生じている運動こそが、組織化・個体化なのである。

では、組織化・個体化の運動は、どのようにして生物個体を発生させるのか。決定的に重要な二つのテクストを引いておこう。

> 物質と接触するとき、生命が衝動やエランに喩えられるとしても、それ自体において考えれば、生命は限りない潜在性、相互に侵食し合う幾千もの傾向である。ただし、これらの傾向は、一度相互に外在化し合った後でないと、つまり空間化されないと、「幾千もの」とは言えないだろう。物質との接触がこの分離を決める。物質は、潜在的にしか多でしかなかったものを実際に分割する。この意味において、個体化とは、部分的には物質の所産であり、部分的には生命が自らのうちに含んだものの効果である。（*Ibid.*, p. 259, 傍点は引用者による）

実際には、生命とはある運動であり、物質性とはそれとは逆の運動である。また、これら二つの運動はそれぞれ単純なものである。ひとつの世界を形成する物質は不可分な流れであり、物質を

20 ここで「あらゆる」と全称量化しているのは、引用部において、我々のような意識的・生命的な存在者だけでなく、我々と交流している物質的な存在者も議論領域に含まれているからである。

横切りながら物質のうちで数々の生物を切り抜く生命もまた不可分な流れである。これら二つの流れのうち、物質の流れは生命の流れに逆らっているが、そうだとしても生命の流れは物質の流れから何かを得る。このことによって、二つの流れのあいだで暫定協定が結ばれる。この暫定協定こそが、まさしく組織化なのである。(*Ibid*., p. 250, 傍点は引用者による)

いずれのテクストでも、組織化・個体化は、生命と物質の邂逅の現場で生じるものとして特徴づけられている。(これは、議論領域を意識的存在者に限定していた『直接与件』においては、必ずしも明確な仕方で述べられていなかった論点である。)これに加えて、ひとつ目のテクストでは、個体化(=組織化)が、それ自体としては潜勢的なものである生命が現勢化(actualisation)[21]する過程として特徴づけられている。

より重要なのは、もうひとつのテクストである。そこでは、組織化(=個体化)が、生命と物質とのあいだに成立する「暫定協定」と呼ばれている。「暫定協定」と訳出したのは、« *modus vivendi* »というラテン語である。これは、生命と物質との関係に着目するならば、「暫定協定」の他にも、「折り合い」や「妥協点」などの訳語をあてることもできる。いずれにせよ、生命と物質という逆向きの二つの運動のあいだで、何らかの関係が暫定的に結ばれる、というイメージを共有できればよい。また、このラテン語は直訳すれば「生存様式」や「生活様式」、あるいは「生き方」と訳出することもできる。« *modi vivendi* »のこうしたニュアンスを踏まえて言えば、組織化(=個体化)とは、生命と物質のあいだで「暫定協定」が結ばれることで、生命が特定の物質的環境に適応した「生存様式」を獲得する運動である、と言えるだろう。本書のひとつの結論を先取りするのであれば、組織化(=個体化)とは、適応(adaptation)以外の何ものでもない。

これまでの議論を総括すると、組織化・個体化とは、生命が物質に適応する連続的進展であり、そこから特定の生存様式を備えた各々の生物個体が生じてくる、という描像になるだろう。組織化・個体化の運動こそが、生物（生ける物質）という特殊な物質を生み出しながら、この宇宙に新規性をもたらす創発の原理なのだ。

最後に、もう一点だけ確認しておきたいことがある。それは、「真の進化主義」というプロジェクトの総体にかかわる。『創造的進化』のひとつの目的は、冒頭で概説したような進化論を提示することにある。だが、別の目的もある。それは、我々人類の認識様式、すなわち知性認識を生命進化の過程に位置づけることで、一方で知性認識を権利づけ、他方でそれを立て直すということである（*Ibid*., pp. IX-X）。こうした認識論の観点から見ると、「真の進化主義」の任務は次の点にある。

> 真の進化主義とは、いかなる暫定協定＝生存様式（*modus vivendi*）が次第に獲得されることによって、知性が自らの構造の計画を採用し、物質が自らの分割様式（mode de subdivision）を採用したかを探求しようとするものである。（*Ibid*., p. 367）

これまでの議論を踏まえて言えば、引用部で述べられているのは、次のようなことだ。まずは、生命が物質とのあいだで「暫定協定」を締結するという組織化・個体化の運動があり、そこから、「知性」

21　『物質と記憶』において、「現勢化」という用語は、即自的かつ自動的に保存される記憶（souvenir）が現在の知覚と接続する過程を指し示す術語として用いられる。

という生存様式が生じてくる。また、これに対応するものとして、「物質」の分割様式も生じてくる（この点については、第六章で確認する）。このように、認識の形式と実在の形式、つまり知性の形式と物質の形式の「相互適応によって」（*Ibid.*, p. 188）、我々の認識は権利づけられる。知性認識の権利づけという局面でも、組織化・個体化は重要な役割を担っているのである。

『創造的進化』における組織化・個体化の概念の基本的な位置づけは、およそ以上で示してきたようなものだ。しかし、我々は組織化・個体化と関連するいくつかの帰結を見てきたにすぎず、未だに組織化・個体化の概念に血肉は与えられていない。ベルクソンは、「最も大きな諸問題を一挙に解決することは目指したりしない」（*Ibid.*, p. X）と述べていた。真に新しいものをもたらす哲学は、「数々の思想家〔哲学者〕たち、さらには数々の観察者〔科学者〕たちが補い合い、修正し合い、立て直し合うことからなる集団的で漸進的な努力によってのみ構成されうるのだ」（*Ibid.*, 傍点は引用者による）。我々もこれに従って、予備的努力に身を捧げよう。以下では、その努力の軌跡を素描する。

5 本書の構成

本書は、この序章に加え、七つの章と二つの補論から構成される。

七つの章は、創発主義的な世界観・存在論を扱う第一章と第七章（終章）によって、生命の定義の問題と関連づけながら、進化論の再構成、あるいは組織化・個体化の理論の再構成をおこなう第二章から第六章までを挟み込むという、サンドイッチのような構造になっている。まずは第一章でベルクソンのヴィジョンを提示し、第二章から第六章までの議論を通してそこに至るまでの道のりを提示し、最後に第七章で最初に提示したヴィジョンをより立体的に描き出す、といったイメージである。

第一章：第一章では、新規性の創造ないし創発を擁護する思想家たちのベルクソン読解を手がかりにして、ベルクソン自身とは別の仕方で、創造的進化論が提示しようとする世界観・存在論の輪郭を素描する。本章の目的は二つある。第一の目的は、外在的な読解格子（ベルクソンの影響を受けた思想家たち）を挿入することで、ベルクソン哲学に慣れ親しんでいない読者にも、その哲学の根幹をなす主張を共有することである。第二の目的は、第二章から第六章までで再構成を試みる進化論、あるいは組織化・個体化の理論の存在論的射程を予め暗示しておくことにある。結論を先取りすると、本章では、ベルクソンと同年に生まれたイギリスの哲学者サミュエル・アレクサンダー（英 1859-1938）との相補的読解を通して、ベルクソンの創造的進化論が素描する世界観・存在論を〈一元論〉＋〈現実主義〉＋〈成長宇宙説〉の組み合わせとして特徴づけることになる。

第二章から第六章までは、ベルクソンの進化論の再構成を主眼とする。

このうち、第二章から第四章までは、有機体という個体的存在者、つまり「組織された物体（corps organisé）」の存在論的身分をめぐって、生物学的背景と共に詳細に検討し、組織化・個体化の理論の基盤をなす論点を取り出すことを主眼とする。また、これらの章では、生物と無生物、あるいは有機体と無機物の区別をめぐる諸問題を扱うため、ベルクソン流の生命の定義の基本線も確認される。

第二章・第三章：生命の定義をめぐる問題は、まずは有機体の構成（composition）という観点から着手される。有機体と無機物はいずれも複合的対象であるが、有機体だけが分割してしまうとその全体的性格を失ってしまうという特徴、つまり個体性を示す。第二章と第三章では、そうした有機体・

個体の構成に老化や遺伝といった通時的な生命現象がどのようにかかわるのかについて、先ほども登場したル・ダンテクの個体論と老化論、アウグスト・ヴァイスマン（独 1834-1914）の遺伝論と徹底的に突き合わせながら考察していく。いずれもマイナーな生物学者であるため、彼らとの影響関係に焦点をあてた研究はほとんどない。だが、ベルクソンは老化論と遺伝論においてはじめて、純粋な意識ではなく、意識と物質の混合体である生物が持続することを認めるのであり、そうである以上、これと関連する生物学的背景を看過することはできない。この出発点を見失ってしまうと、『創造的進化』の後の議論はすべて成立しないことになるのだ。老化論と遺伝論は、有機体・個体が持続すること、連続的な形態変化の過程であること、あるいは未完了の組織化・個体化の過程に組み込まれていることと、こうしたことに確証を得るための予備的努力である。

第四章：なぜ有機体・個体を未完了の組織化・個体化の過程とみなす必要があったのか。この点を確認すべく、第四章では、これまでとは別の観点から、有機体・個体について考察する。具体的には、行動生物学の祖とされるハーバート・スペンサー・ジェニングス（米 1868-1947）のゾウリムシの移動運動に関する研究と照合しながら、生物の行動に関するベルクソンの議論を検討していく。生物が行動するのは、何よりもまず、外界（外的環境）に働きかけるためである。それゆえ、行動の研究は、有機体・個体と外界（外的環境）に関する研究でもある。物質界における非決定性の現場として、生物の自発的行動を取り押さえることで、未完了の組織化・個体化の過程が、生物の形態を構成する過程であるのみならず、行動を組織する過程でもあることを明らかにする。また、このように捉え直すことで、ベルクソンが比較心理学や行動生物学で言うところの行動の多重因果性（multi-causality）に相当するアイデアをもっていたのではないか、という仮説を提示してみたい。

ここまでの議論を通して、老化と遺伝、つまり個体発生要因と系統発生要因によって有機体・個体の現在の行動が組織されることが組織化・個体化なのではないか、という見通しが得られる。続く第五章と第六章では、この見通しのもとで、ベルクソンの進化論を再構成する。第五章は、いわば理論編であり、組織化・個体化の内実を探ることを目的とする。第六章は、いわば実践編であり、組織化・個体化によって生命進化がどのように進展するのかについて、実例と共に記述する。

第五章：第五章では、ベルクソンの進化論における適応概念の理論的役割を検討する。まずは、同時代の進化論の諸学説との照合を通して、ベルクソンの進化論を定式化しつつ、進化と適応がどのような関係にあるのかを確認する。次いで、受動的適応と能動的適応という二種類の適応概念について個別的に検討することで、第一に、ベルクソンが行動の多重因果性を実質的に擁護していること、第二に、行動の多重因果性を説明可能な適応概念として能動的適応が要請されていること、これら二点を明らかにする。最終的には、能動的適応の内実を明確にするために、『物質と記憶』の再認論を踏まえた解釈を提案する。本章の目的は、こうした一連の議論を通して、組織化・個体化とは、生命が物質との関係において絶えず新しい生存様式を創造する過程の一部であり、種に固有の行動様式のパターンを形成する種レベルの習慣形成の過程こそが能動的適応であることを示すことにある。

第六章：第六章では、比較心理学の創始者ジョージ・ロマネス（英 1848-1894）の心の進化の理論と対照しながら、ベルクソンの進化論を特徴づけていく。ロマネスの比較心理学は、動物と人間を比較することで、行動や認知の一般理論の構築を目指す研究プログラムであるが、そこで中心的な役割を果たすのは〈動物と人間のあいだの心の連続性〉という着想である。第六章では、こうした着想との対比のもと、ベルクソンの進化論を捉え直すことで、ベルクソンが自然における意識の位置づけを問い直すという哲学的課題にどのように取り組んだのかを見ていく。また、この課題に取り組むなかで提示される「意識の二重化」と呼ばれる運動や、これと対応する組織化・個体化の諸相を示すことにしたい。

第二章から第六章までの議論で、ベルクソンの進化論を再構成する作業は一旦の区切りを迎える。それゆえ、第六章の後に、これまでの議論を総括する「まとめ」を付している。そこでは、個体性、老化、遺伝、行動、適応、心の進化に関する考察を通して得られた13のテーゼをまとめるという仕方で、ベルクソンの進化論、あるいは組織化・個体化の理論を再構成している。

第七章：かくして再構成された進化論を携えて、第七章では、最初に提示した〈一元論〉＋〈現実主義〉＋〈成長宇宙説〉の組み合わせというヴィジョンに立ち返り、創造的進化論が提示する世界観・存在論がどのようなものなのかを整理する。本章に固有の論点もいくつかある――とりわけ、地球外生命体に関する思考実験がそうである。とはいえ、基本的には総括の役割を担う箇所であり、事実上の終章に相当する。

本書の末尾には、二つの補論を付した。議論が煩雑になるのを避けるため、本文中に組み込むことはできなかったが、いずれもベルクソンの進化論の射程を検討するための判断材料となるように書かれている。とりわけ、補論①は第一章とかかわり、補論②は第二章と第三章にかかわる。

補論①：補論①は、アレクサンダーの時空の形而上学の体系的読解を目的とする。特に、本文中では十分に議論できなかった時空論とカテゴリー論について詳細な説明を与えることで、アレクサンダーが一元論的な実在論を擁護することの意義を明確にすることを目指す。なお、アレクサンダー哲学は、現代の分析形而上学における一元論、とりわけ優先性一元論にコミットする一部の論者に注目されはじめているのだが、補論①では、多少なりともこうした動向にも触れている。それゆえ、第一章と補論①をあわせて読むことで、ベルクソンの進化論の存在論的射程が検討できると思われる。

補論②：本書で提示するベルクソンの進化論は、この序章の第3節でも触れたシモンドンの個体化の哲学と接近する――組織化・個体化の概念に焦点をあてるからである。両者の相違点について詳細に検討しようと思えば、大量の紙幅を費やすことになるのは想像に難くない。そこで、補論②では、きわめて限定的な仕方ではあるが、第二章（老化論）と第三章（遺伝論）と関連で、シモンドンの個体化の哲学における生殖概念の位置づけを明確化することによって、両者の相違点の一端を示すことにする。なお、シモンドン研究では、ベルクソン研究以上に、個別科学との関係が明確になっていない。この観点から見ると、補論②は、シモンドン研究における生物学的個体化と諸生物学との関係を明確化する試みとして位置づけることができる。

第一章　創造と世界
――イギリス創発学派のベルクソン解釈を手がかりに

はじめに

ベルクソンの進化論は「創造的」という形容詞によって特徴づけられている。創造とは何か。それは、「意識的存在者にとって、存在するとは変化することであり、変化するとは成熟することであり、成熟するとは無際限に自らを創造することである」(EC, p. 7) というように、刻々と質的相貌を変化させながら、徐々に成熟していくことで、これまでにない新しい質をもたらすことである。序章でも確認した通り、こうした変化・成熟・創造は、持続がもたらす効果である。「持続とは、未来を侵食し、前進しながら膨らんでいく、過去の連続的進展である」(*Ibid.*, p. 4)。持続するがゆえに、「我々の人格は、蓄積された経験と共に、毎瞬間形作られ、絶えず変化している」(*Ibid.*, pp. 5-6)。ところで、「意識的存在者にとって」と限定されているように、持続がもたらす創造は、意識をもつ存在者（または意識そのもの）の本性として語られていた。しかし『創造的進化』では、議論領域が存在の全域にまで拡張されることになり、生命の進化、あるいは宇宙の進化についても、持続による創造の過程として語られることになる。

しかしながら、そもそも「創造」と「進化」という言葉の組み合わせは、非常に問題含みである。チャールズ・ダーウィン〔英 1809-1882〕は『種の起源』(1859)において、自然選択(natural selection)の理論を提示することで、現存する種の存在理由を説明するために神の創造に訴える学説に異を唱えた(Cf. Darwin[1859], Chap. XIV.)。また、ダーウィン以降、さまざまな理論家・実験家たちの多大な努力を通じて、進化論〔より正確には自然選択の理論〕が洗練されたことで、創造論は少なくとも科学的な「理論」としては駆逐されたはずである。[1] こうした事情を踏まえて、『創造的進化』批判校訂版の監修者フレデリック・ヴォルムスは、次のような疑問を投げかけている。「どのようにして、一見すると両立不可能な二つの考え、すなわち進化と創造を結びつけることができるのだろうか」(Worms[2009], p. 7)。「[……]ダーウィンの種の起源が〔我々の〕精神に引き起こした動揺、それが「創造的」というこの単純な形容詞の魔法によって突然かき消されたように見えないだろうか」(*Ibid*, p. 6)。

ヴォルムスが指摘するように、『創造的進化』を読解するためには、「創造的」という形容詞の魔法を解く必要がある。とはいえ、ここで私は、科学と宗教をめぐる長年の論争に踏み込むつもりはない。[2] その代わりに、ベルクソンの解釈者たちが彼の創造概念をどのように理解したのかを確認することで、ベルクソンの創造的進化論が提示するのはどのような世界観なのか、あるいはどのような世界観とは異なるのかを明確化したい。

そのために私が参照したいのは、イギリスにおける最初期の創発主義者の議論である。創造的進化論は、今日我々が「創発主義」と呼ぶ立場を提唱した最初期の哲学者たちに多大な影響を与えている。とりわけ、コンウィー・ロイド・モーガン（英 1852-1936）とアレクサンダーは、その代表格である。だが、両者の創発主義には、大きな違いがあり、そこにはベルクソン受容の相違が絡んでいる。本章では、彼らの立場を明確にしつつ、そこでベルクソンがどのように評価されているのかを見定めることによって、ベルクソンの創造概念を理解するための筋道をつけることにしたい。

1　トンケデックによる創造概念の解釈

まずは、イエズス会の神父ジョセフ・ドゥ・トンケデック（仏 1868-1962）の論文「ベルクソン氏は一元論者か」（1912）におけるベルクソンの創造概念の解釈を手短に確認することからはじめる。トンケデックは、神父という立場に身を置きながらも、『『創造的進化』のなかに、著者がそこに置きたくないもの、すなわち神義論（théodicée）を求める好奇心は捨て去ろう。この本は「宇宙論（cosmologie）」にほかならないのだ」（Tonquédec[1912(2009)], p. 628）というように、ベルクソンの創造的進化論を神学

1　もちろん、アメリカの公立学校の理科教育では、今日でも進化科学と創造科学のあいだにコンフリクトが生じており、創造科学を「理論」と呼ぶことの妥当性をめぐる議論にも長い歴史がある。

2　この論争に踏み込むためには、『創造的進化』だけでなく、第四の主著『道徳と宗教の二源泉』（1934）を踏まえてベルクソンの創造概念を再検討する必要があるが、私にはこの作業に取り組むための準備はない。

の文脈から切り離して、宇宙論ないし宇宙生成論として読み解くことを提案した。以下では、トンケデックの宇宙論的解釈を手がかりにして、適宜ベルクソンのテクストに立ち戻って注釈を加えながら、創造概念を二つの観点から特徴づけてみたい。

トンケデックの解釈の第一の要点は、次の箇所に端的に示されている。

> 創造に関して、ベルクソン氏は、それを天から地へ、超越から内在へと連れ戻そうと専心している。彼は常に、創造主（celui qui crée）ではなく、自らを創造する者（ce qui se crée）に対して、創造を定義する。（*Ibid*., p. 625）

ここで問題になっているのは、創造と世界との関係である。神義論にコミットする論者には、世界を創造した超越的な審級としての神（Dieu）や絶対者（Absolu）の存在を擁護しようという動機がある。しかしながら、『創造的進化』のうちにそのような動機を見出すことはできない。「それ〔『創造的進化』〕は、世界、世界の内的発生、世界を構成する諸要素を扱うのであって、世界の究極的原因を直接的に扱うのではない」（*Ibid*., p. 628）。このように、ベルクソンが創造と呼ぶのは、神や絶対者を主体とする世界に外在的な作用ではなく、世界に内在的な作用なのである。

一点だけ修正を加えておこう。厳密に言えば、世界（le monde）に内在的な作用という特徴づけは、ベルクソンの創造概念に必ずしもフィットしない。というのも、ベルクソンは「諸々の世界が湧出する（les mondes jailliraient）」（EC, p. 249, 傍点は引用者による）といった事態を想定しているからだ。[3] 後ほど（本書の第七章で）詳細な説明を与えることを約束し、さしあたり第一次近似を与えるのであれば、ベルクソンが「創造」と呼ぶのは、「諸々の世界が湧出するところの中心」（*Ibid.*）、すなわち宇宙（l'univers）に内在的な作用である。

第二の要点に移ろう。先ほどは創造と宇宙との関係が問題になっていたが、今度は宇宙に内在的な作用の内実が問題になっている。

> 実際、創造は無から存在への移行ではなく、「創造の観念は〔……〕発展（accroissement）の観念と一致する」〔EC, p. 262,〔　〕内の省略はトンケデックによる〕。創造とはまさに新規性（nouveauté）なのである。創造されるのは、すべての新しいもの、先在する要素と同等でないもの、何らかの点で以前に与えられたものを超えるものだ。このように理解すると、創造は宇宙そのものであり、あらゆる実在の生地なのである。（Tonquédec[1912(2009)], pp. 625-626）

宇宙に外在的な創造、すなわち何らかの超越的な存在者による宇宙の創造の場合、その内実は、何も存在していない絶対無（le néant absolu）から何らかの存在（existence）を生み出すことである。しかしながら、宇宙に内在的な創造の場合、もはや「無から存在への移行」について論じる余地はどこにもない。ベルクソンにとっての創造は、宇宙のうちで絶えず新規性が出現することで、宇宙が発展していくことにほかならない。

3　ベルクソンの用語法において、湧出（jaillissement）は創造の同義語である。この点についてはトンケデックも触れている（Tonquédec[1912(2009)], p. 627）。

ベルクソン自身は、こうした宇宙に内在的な創造の内実を次のように説明している。

> 宇宙は既成のものではなく、不断に自らを作るものである。おそらく宇宙は、諸々の新しい世界を付加することによって（par l'adjonction）、無際限に発展している（s'accroît）のだろう。（EC, p. 242）

ここで次の点には注意が必要である。« accroissement »というフランス語には「増加」という意味がある。このことから、引用部で述べられているのは、「宇宙に現存するすべての具体的対象をメンバーとする集合のうちに、これまでは存在していなかった新しい対象が付加される」といった事態なのではないかと思われるかもしれない。しかしながら、ベルクソン自身が「新しい事物が現存する事物に付加されうるということ、これは疑いの余地なくばかげている」（*Ibid.*, p. 249）と述べる通り、創造は事物の付加や増加といった事態とは無縁である。[4] 私の解釈では、宇宙に内在的な創造の内実は、〈宇宙に内的な何らかの発生機序に従って、諸々の新しい世界——具体的には太陽系（système solaire）などのシステムが想定されている——が絶えず組織されることで、宇宙が発展していく過程〉である。

実を言うと、これこそが私が本書の終章（第七章）で提示しようとする世界観である。私は次章以降の議論を通して、ベルクソンの進化論を構成する各論を詳細に検討することで、「宇宙に内的な発生機序とは何か」、つまり「組織化とは何か」という疑問に答えるつもりである。

とはいえ、あまり急ぎ足にならずに、ゆっくりと歩みを進めることにしたい。本節でトンケデックの解釈を手がかりにして確認してきたことをまとめておこう。第一に、創造と宇宙との関係という観点から捉えると、創造とは宇宙に内在的な作用である。第二に、そのような創造の内実は、新規性の出現による宇宙の発展（≠存在者の増加による宇宙の発展）として理解することができる。以下では便宜的に、これらの特徴づけを〈宇宙内在的創造〉と〈新規性の創造〉と呼ぶことにしよう。

次節以降では、ベルクソンの創造概念がイギリスの哲学者たちによってどのように受容されてきたのかを検討しつつ、これらの特徴づけをより広い文脈のなかで明確化することを目指す。そうすることで、先述した世界観の射程も明らかになるだろう。

2　1920年代の初期創発主義者に対するベルクソンの影響

『創造的進化』の刊行後、あるいはその英訳版（1911）の刊行後、ベルクソンの創造概念は、フランス本国だけでなく、他国の哲学者や生物学者にも多くの反響を呼んだ。その一例として、1926年にハーバード大学で開催された第六回国際哲学会議における創発（emergence）を主題とするシンポジウムに目を向けてみよう。[5] このシンポジウムの登壇者は錚々たるメンバーであった。[6] 具体的には、哲学業界からは、当時のイギリスにおける最大のベルクソン主義者ハーバード・ウィルドン・カー

4　ここでの主張は、次の主張と関連している。「事物（choses）など存在しない。あるのは作用（actions）だけだ」（EC, p. 249）。「というのも、事物は我々の悟性が操作する固定化から生じるものであり、悟性が構成したもの以外に事物など決して存在しないからだ」（*Ibid.*）。

（英 1857-1931）、後に『存在の大いなる連鎖』（1936）の著者として知られることになるアーサー・オンケン・ラブジョイ（米 1873-1962）が、また生物学業界からは、新生気論の代表的人物であるハンス・ドリーシュ（独 1867-1941）、昆虫学の研究を踏まえて社会的創発を提唱したウィリアム・モートン・ウィーラー（米 1865-1937）が登壇していた。[7] このうち、ドリーシュとウィーラーがベルクソンに直接言及している。また、カーに関しては、直接言及しているわけではないが、そもそもベルクソン哲学の延長線上で自身の哲学を構築しており、本シンポジウムでの発表にもその形跡が確認される。第六回国際哲学会議が示唆するように、１９２０年代に創発論の最前線を歩んでいた世界の名だたる哲学者・生物学者たちにとって、ベルクソンは（否定するにせよ、肯定するにせよ）決して無視できない存在だったと考えられる。

当時、創発について議論するためにベルクソンが参照されたのは、単にベルクソン哲学のうちに創発論とよく似た理論を見出すことができたからではない。そもそも黎明期の創発主義を支えたイギリスの思想家たちは、ベルクソンとの直接対決を通して、自らの思想を練り上げたのである。ドイツ出身の思想史家ルドルフ・メッツ（独 1891-1944）の『イギリス現代哲学の思潮』（1935）、あるいはその英訳版『イギリス哲学の１００年』（1938）は、19世紀前半から20世紀初頭にかけてのイギリス哲学の変遷を追跡するために欠くことができない資料である。同書を紐解くと、進化論的自然主義、宗教哲学、観念論、新実在論、プラグマティズムといった文脈に位置づけられるイギリスの哲学者たちに対して、ベルクソンが多大な影響を与えていたことが確認できる。本章の関心事に焦点を絞るのであれば、とりわけ次の指摘が重要である。

新規性（novelty）に関する学説は、まさにベルクソンの創造的進化というアイデアを通してイギリスで広く知れ渡るようになり、その道を切り開いてきた。この道で、アレクサンダーとロイド・モーガンは、機械論的進化論に対して〔ベルクソンと〕同様の反応を示すことで、新規性に関する学説の最も有力な擁護者となった。創発的進化は、ベルクソンの創造的進化の新しくも重要なイギリスに特有の変奏なのである。（Metz[1938], p. 656）

アレクサンダーとロイド・モーガン――引用部では言及されていないが、成長ブロック宇宙説の提唱者として知られるチャーリー・ダンバー・ブロード（英 1887-1971）の名も付け加えておこう――は、創発主義を体系的な仕方で提唱した最初の人物として知られている。今日では、彼らに影響を与えた人物として、創発概念の直接的な起源とされるジョン・スチュアート・ミル（英 1806-1873）やジョージ・ヘンリー・ルーウィス（英 1817-1878）を考慮することはあっても、ベルクソンの名が挙げられることは少ない。[8] だがメッツの証言によれば、アレクサンダーとロイド・モーガンにとっては、ミルやルーウィスに劣らず、ベルクソンの『創造的進化』が重要であったという。

とはいえ、両者の創発論に対するベルクソン哲学の貢献度がまったく同程度だったということはな

5　この会議にはベルクソンも招聘されていたのだが、何らかの理由で（おそらく持病だろう）参加を断っている（Cf. Fagot-Largeault [2002], p. 1007）。

6　本シンポジウムの司会を務めたのは、本書の第四章に登場するジェニングスである。

7　それぞれの発表の主題は、「生命と物質」（Carr[1927]）、「「創発」の意味とその諸様態」（Lovejoy[1927]）、「創発的進化」（Driesch[1927]）、「社会の創発的進化」（Wheeler[1927]）である。

いだろう。予め私の見積もりを示しておこう。第一に、ロイド・モーガンの場合、ベルクソンの学説は単にインスピレーションを与えただけであるか、あるいはむしろ論敵に近い位置にあった。両者のあいだには共通点もあるのだが、自然（nature）をどのようなものとして解釈するかという点において決定的な相違点がある。第二に、アレクサンダーの場合、ベルクソンの学説は自身の哲学体系を構築するための不可欠の要素であった。アレクサンダー哲学のうちには、ベルクソンの創造論だけでなく、その背後に控える時間存在論からの決定的な影響が確認される。

以上を踏まえて、第3節と第4節では、ロイド・モーガンとアレクサンダーの創発論におけるベルクソンの学説の位置づけを検討する。そうすることで、前節で確認した〈宇宙内在的創造〉と〈新規性の創造〉という特徴づけをより明確化することにしたい。これは、ベルクソンの創造概念を一種の創発概念として理解する道筋を示すことで、ベルクソンの進化論が提示する世界観はどのような創発主義と相性が良いのかを見定める試みでもある。[9]

3　ロイド・モーガンとベルクソン

本節では、ロイド・モーガンが自身の創発論を構築する上で、ベルクソンの創造論をどのように理解し、それをどのような理論として位置づけたのかについて検討する。まずは、ロイド・モーガンの思想遍歴を足早に確認しつつ、彼がどのような問題設定のもとで創発論を提唱したのかを明らかにすることからはじめたい。

ロイド・モーガンは、科学史においては、比較心理学（comparative psychology）の基盤を整備した『比較心理学入門』（1894, 以下『比較心理学』と略記）の著者として知られている。[10] 簡潔に言えば、比較心理学とは、ダーウィンの『種の起源』からの自然な帰結である、さまざまな動物種のあいだの〈心の連続性〉を根拠とし、異なる動物種の行動や認知を相互比較することで、行動や認知の一般理論の構築を目指す研究プログラムである。

科学者としてのロイド・モーガンの仕事は、哲学者としての仕事と密接に結びついている。というのも、比較心理学という学問は、進化論を自明の事実として受け入れる以上、「自然における意識の

---

8 ミルは『論理学体系』（1843）において、因果的合成がもたらす効果を二種類に区別している。一方で、力学的合成（例えば、ベクトルの合成）の場合、合成の各要素あるいはそれらの単なる総和が示す特性と、合成された全体が示す特性を同一視することができる。この意味において、力学的合成がもたらす効果は「同種的（homopatic）」である。他方で、化学的合成（例えば、化学結合）の場合、合成がもたらす効果は「異種的（heteropatic）」である。後に、ルーウィスは『生命と心の諸問題』（1875）において、ミルが提唱した区別を踏襲した上で、それを「合成的（resultant）」と「創発的（emergent）」と呼び換えた。詳しくは、Fagot-Largeault[2002] や Malaterre[2010] を参照されたい。

9 ベルクソンの進化論を創発論として理解する先行研究としては、Miquel[1996] や Kreps[2015] を挙げることができるが、本章で示す解釈は、ベルクソンとアレクサンダーの思考の連続性を強調する点で独自のものである。

10 今日でも、認知心理学や動物行動学を学ぶ者であれば誰しも、「ある行動（action）を心理的により低い能力を行使した結果として解釈できる場合、その行動をより高次の心的能力を行使した結果として解釈してはならない」（CP, p. 53）と定式化される「モーガンの公準（Morgan's Canon）」について聞いたことがあるだろう。ロイド・モーガンはこの公準を導入することで、「賢い馬ハンス」のエピソードが象徴するような擬人主義的な心理学に対抗して、動物の認知や行動を研究するための方法論を確立した。また、哲学において、この公準はしばしば「オッカムの剃刀」ないしは説明の倹約性（parsimony）の典型例として言及される（Cf. Sober[2015]）。

位置づけ」(CP, p. IX) を問い直すという哲学的な問題にも取り組まねばならないからだ。[11] ロイド・モーガン自身の立場は、心身二元論との対比を通して示される。心身二元論では、形而上学的な立場から心と物質の独立(independence) が主張される。しかし、進化論に従えば、「我々は心理学的進化を生物学的進化と厳密に協調するものとみなすよう論理的に拘束されている」(Ibid., pp. 36-37)。もちろん、生命現象と物理現象とのあいだにも協調が見られる以上、より正確には「心の進化と、物理学的進化や生物学的進化との関係」(Ibid., p. IX) を認める必要がある。このように考えると、心身二元論のように、心と物質の独立を主張することはできない。「主体と客体は相互に異なり、そしてこの区別は根本的なものだが、それらは存在においてはいささかも独立していない」(Ibid., p. 2)。主体と客体は、我々の具体的経験においては区別可能 (distinguishable) であるが、主体と客体との区別が生じる以前の「経験の共通の基盤」は「一つの不可分なもの (one and indivisible)」である (Ibid.)。ここで「経験の共通の基盤」と呼ばれているものは、自然にほかならない。ロイド・モーガンにとって、自然とは、物質、生命、心といったさまざまな相貌を見せながら漸進的に進化していくものだが、それは根本的に連続的で不可分の過程なのである。このような意味において、彼は「私は自然の一元論的解釈を認める」(Ibid., p. 4) と宣言する。[12]

『比較心理学』で提唱された以上の立場は、1921年から翌年にかけてセント・アンドルーズ大学で開催されたギフォード講義をもとにして編まれた主著『創発的進化 (emergent evolution)』(1923) において、創発的進化論として再定式化される。本書の題は、ベルクソンの『創造的進化 (creative evolution)』に対するオマージュである (以下、二つの著作を混同しないように注意されたい)。ロイド・モーガンがベルクソンの思想に共鳴していたことは、本書の冒頭部における次の一節からも窺い知ることができる。「今日、そのような新規性の創発は、生命と心がかかわるところで広く受け入れられている。それは、ベルクソン教授が絶えず提唱してきた学説である」(EE, p. 4)。『創発的進化』では、進化の過程で新規性が創発するという主張の先駆者として、ベルクソンが肯定的に評価されるというわけだ。

ただし、ベルクソンの学説が全面的に受け入れられるわけではない。この点について確認するために、『創発的進化』における創発論の大筋を整理しておこう。[13]

本書における創発とは、何らかの新しい関係性(relatedness)の出現にほかならない。関係性には、内在的なもの(intrinsic)と外在的なもの(extrinsic)がある。前者は「与えられたシステムのうちで全面的に獲得される関係性」(*Ibid*., p. 19)と定義され、後者は「このシステム〔ある内在的関係性をもつシ

---

11 ブロードの主著『心とその自然における位置づけ』(1925)の題は、ロイド・モーガンの問題設定を踏襲したものである。

12 『比較心理学』の主眼に焦点をあてるのであれば、二元論批判は内省的心理学(introspective psychology)に対する批判と結びついている。実体二元論が正しいのであれば、心という実体について研究するためには、内省に頼るほかないが、自然の一元論的解釈が正しいのであれば、内省ではなく、物理学や生物学と同様の、あるいはそれらに類する実験的手法を用いることができる、というわけだ。

13 ロイド・モーガンの創発主義がどのような立場であるのかについては、今日においてもさほど明確化されていない。基本的には、Malaterre[2010]に見られるように、創発概念を明確化していない中途半端な立場とみなされている。最も有力な解釈としては、Blitz[1992]を挙げることができる。本書では、「創発的進化」というアイデアの起源として、ロイド・モーガンに焦点をあてた章が設けられている(Blitz[1992], pp. 59-109)。そこでは、ロイド・モーガンの創発概念が九つの特徴づけを通して明確化される(Cf. *Ibid*., pp. 101-102)。ただし、以下で私が焦点をあてる関係性概念による特徴づけについては詳細に論じられていない。

ステム」と何らかのほかのシステムとの関係性」（*Ibid.*）と定義される。これらの概念を用いると、例えば物質から生命が創発するというのは、生命に固有の内在的関係性が出現し、かつ物質と生命のあいだの外在的関係性が出現する、と表現される。具体例を挙げてみよう。有機体の創発において、それまでは別種の関係性に支配されていた化学物質（原子や分子）は、有機体の構成要素として、新しい関係性に参入する。これは生命に固有の内在的関係性の出現である。だがそのとき、それ以前に化学物質を支配していた関係性が消え去ったということはない。つまり、有機体の構成要素となる化学物質は、生命に固有の内在的関係性に参入しつつも、それ以前に支配的であった物質に固有の内在的関係性にも参入している。こちらは新しい外在的な関係性の出現である。

ロイド・モーガンによれば、こうした新しい関係性の出現は「自然への敬虔（natural piety）」によって認められねばならない事実である。「自然への敬虔」という用語は、科学を通して検証することができない何らかの形而上学的主張を正当化する際に用いられる。[14]それゆえ、新しい関係性の出現は事実として認めるべきことであり、その機序については説明を要さないとされる。

こうした議論を通して、ロイド・モーガンは二つの立場に対して反論する。一方は、機械論に対する知識論の観点からの反論である。機械論は、下位レベルに関する知識（knowledge）から上位レベルに関する知識の予測可能性（predictability）を主張する。この主張が真であるのは、上位レベルに固有の内在的関係性など決して創発しないとき、かつそのときに限る。だが実際には、上位レベルに固有の内在的関係性が創発する。それゆえ、機械論の主張は誤りであり、我々はむしろ予測不可能性（unpredictability）を主張するべきである。

もう一方は、『比較心理学』にも見られた、二元論に対する存在論の観点からの反論である。ただし、『比較心理学』よりも『創発的進化』は一歩先に進んでいる。ロイド・モーガンは『比較心理学』の時点ですでに、物質、生命、心といった諸レベルの出現を伴う自然の漸進的進化といった世界観を素描しているが、そうした諸レベルのあいだの関係が独立ではないと主張するための論拠は乏しかった。しかし『創発的進化』では、二種類の関係性によって規定される階層的な存在論が整備されたことで、諸レベルのあいだの「依存（dependence）」を明確に主張することができる[15]——ロイド・モーガンの用語法における「依存」という概念はかなり厄介なので、ここでは単に「独立（independence）」の対義語としてこの語を用いることにしよう[16]。かくして、階層の基底レベルにある物質とは独立した実在を想定するあらゆる存在論が否定されることになる。

以上を踏まえて、ロイド・モーガンがベルクソン哲学をどのような立場とみなしていたのかを整理していこう。第一に、ベルクソンに対する肯定的な評価、すなわち新規性に関する学説の先駆者であるという評価は、反機械論者としてのロイド・モーガンによるものだろう。ベルクソン哲学において、予見不可能性（imprévisibilité）は新規性と同様に創造の根本的性格を示すものである[17]。ロイド・モーガンの場合も同様に、機械論に対する反論を通して、「[……]誰も予測できないというのは、先在す

---

14 「自然への敬虔」はアレクサンダーに由来する用語である。「このように素描される創発的質の存在は［……］研究者の「自然への敬虔」と共に受け入れられるべきものである。それは、いかなる説明も認めない」（STDii, pp. 46-47）。

15 二元論に対する反論という観点からすると、より重要なのは外在的関係性の創発である。定義上、内在的関係性はあるレベルに固有の関係性であり、その他のレベルとは独立している。それゆえ、内在的関係性が創発するというだけでは、相互に独立した諸レベルが次々と創発してくるという描像になり、心身の独立を否定することはできない。諸レベルの依存を主張するためには、外在的関係性の創発が必要なのである。

る出来事のなかに生じる何らかの新しい種類の関係性の創発的な表現である」(*Ibid.*, p. 6) と述べる。このように、先行する事象に関する知識からは予測・予見不可能な何らかの新規性が出現すると主張する点において、両者は足並みを揃えている。

他方で、ベルクソンに対する否定的な評価は、ロイド・モーガンが自身の研究プログラムの方法論を述べる箇所に見出される。「科学的な探求や思考の進展に応じて認められる手続きに基づいた哲学では、[……] いかなる自然外の力能(力、エンテレキー、エラン、神)も持ち出さずに、いかなる種類のものであれ、新規性の出現が見出されるところでは、それは忠実に受け入れられるべきである」(*Ibid.*, p. 2, 傍点は引用者による)。繰り返すが、ロイド・モーガンの考えでは、生命や心に関する研究は、機械論的な観点から取り組まれてはならない。しかし、だからといって、ベルクソンが進化を説明するために導入したエラン・ヴィタルのような自然に外在的な力能を導入する必要もない。何らかの新しい関係性の創発が見出されるのであれば、それは自然への敬虔で以って受け入れられねばならないが、この新しい関係性に関する研究は、あくまでも科学の延長線上で取り組まれるべきである。[18] こうした制約を加えていることからも明らかなように、ロイド・モーガンが採用している存在論は、「自然主義的 (naturalistic)」一元論である。[19] これに対して、ベルクソンなどの自然外の力能を持ち出す論者が採用している存在論は、「超自然主義的 (supra-naturalistic)」二元論とされる。[20]

要するに、ロイド・モーガンの解釈では、ベルクソンの存在論は、階層の基底レベルである物質とは独立した実体を措定する実体二元論とみなされている。またこれと相関して、ベルクソンの創造論も自然に外在的な力能によって創造を説明する〈宇宙外在的創造〉として理解されている。

以上が、ロイド・モーガンのベルクソンに対する否定的評価の内実である。ところで、厄介なことに、ロイド・モーガンに由来するこうした評価は、1920年代以降、ベルクソン哲学に対する一般的なイメージとして急速に広まってしまうことになる。例えば、先ほど確認した第六回国際哲学会議

16　ロイド・モーガンの用語法における「依存」は、現代からすると非常に厄介なものだ。彼は「より高い（higher）」や「より低い（lower）」といった曖昧な表現を明確化するために、「包みこみ（involution）」という概念を導入する（Morgan[1923], pp. 15-16）。例えば、二つの異なるレベルAとBがあるとしよう。このとき、BはAを包み込んでいるが、AはBを包み込んでいないのならば、AはBよりも低次であり、BはAよりも高次である。私の解釈では、この「包み込み」という概念は、現代で言うところの「存在論的依存（ontological dependence）」に近い。生命が物質を「包みこむ」が、物質が生命を「包み込んでいない」というのは、生命が物質に「存在論的に依存する」が、物質は生命に「存在論的に依存しない」というのと同じことだからだ。これに対して、ロイド・モーガンが「依存」ということで述べようとするのは、より高次なレベルBが創発した後ではAはBに依存するといった事態である。このような依存概念は、明らかに存在論的依存と同じものではない。「「依存」について強調することは、「包み込み」について強調することに劣らず重要なことである」（*Ibid.*, p. 17）というように、依存概念には巻き込み概念にはない固有の理論的役割が与えられている。私が思うに、彼の依存概念はいわゆる「下方因果（downward causation）」に相当する——BとAに心と物質をあてはめれば明らかだろう。

17　ベルクソンの予見不可能性概念については、本章の第4節でより正確な定義を与える。

18　ロイド・モーガンの立場を徹底するのであれば、各階層に固有の内在的関係性を研究する個別科学と、階層間の外在的関係性について研究する学際的研究だけあれば十分だということになるだろう。

19　「自然主義的一元論」という立場は、『比較心理学』では「科学的一元論（scientific monism）」（CP, p. 33, 36, 365）とも呼ばれる。

20　「自然主義的」や「超自然主義的」という用語は、ロイド・モーガン自身が度々用いているものであり、必ずしもウィラード・ヴァン・オーマン・クワイン（米 1908-2000）以降の意味での「自然主義」に対応するものではない。とはいえ、『創発的進化』の末尾には「進化論的自然主義」という補遺が付されており、そこでの主要な考察対象がロイ・ウッド・セラーズ（米 1880-1973）の『進化論的自然主義』（1922）であるということを踏まえると、息子のウィルフリッド・ストーカー・セラーズ（米 1912-1989）を介した何らかの繋がりを想定することは可能である。

のシンポジウムにおいて、ウィーラーはベルクソン哲学を有害無益なものとして断罪している。

超空間的かつ超時間的な「エンテレキー」（ドリーシュ）、「組織化する要素」（エルドリッジ）、「神性」（アレクサンダー）、あるいは「エラン・ヴィタル」（ベルクソン）といったものによって、有機的組織化が起動されることも導かれることもない。［……］そのような形而上学的作用に訴えることは、我々が「無機的」世界と交流するためには、百害あって一利なしであることが示されてきた。（Wheeler[1927], p. 41）

改めて強調しておくが、私はトンケデックと共に、ベルクソンの創造概念を〈宇宙内在的創造〉として理解することを提案する。次節では、ベルクソンから影響を受けたとされるもう一人の創発主義者、すなわちアレクサンダーとの相補的読解を通して、ベルクソンの創造論を再構成する。そうすることで、ロイド・モーガンに由来する誤解を解くことにしよう。

4　アレクサンダーとベルクソン

アレクサンダーは、19世紀後半のイギリスの哲学界で支配的だった観念論の伝統のなかで研鑽を積んだ後に、バートランド・ラッセル（英 1872-1970）やジョージ・エドワード・ムーア（英 1873-1958）の影響下で実在論に転向した人物として知られている。*Mind*誌に掲載された論文「実在論の基礎」

(1912)で実在論の可能性を示した後、アレクサンダーは大著『空間、時間、神性』(1920)において、時空論(STDi, Book 1)、カテゴリー論(STDi, Book 2)、創発論(STDii, Book 1)、神性論(STDii, Book 2)という四つの理論を柱とする時空の形而上学を展開する。[21]

今日ではほとんど忘却されているが、ベルクソンとアレクサンダーには密接な関係がある。アレクサンダーは1897年に*Mind*誌に『物質と記憶』の書評論文を寄稿している(Cf. RMM)。1910年代にベルクソンの著作の英訳がはじまったことを踏まえると、アレクサンダーを英語圏における『物質と記憶』の最初期の紹介者とみなしてよいだろう。もちろん、単なる紹介者にとどまるのではない。アレクサンダーは『空間、時間、神性』以降、ベルクソンからの影響を明示するようになる。例えば、本書では、宇宙の進化を駆動する衝動(*nisus*)という原理が措定されるのだが、これはベルクソンの生命の本源的エラン、いわゆるエラン・ヴィタルに着想を得たものである。[22]ベルクソンからアレクサンダーへの影響について指摘すべきことは他にも多数ある。しかし以下では、創発論と関連

21 『空間、時間、神性』は、1916年から1918年にかけてグラスゴー大学で開催されたアレクサンダーのギフォード講義をもとに編まれた著作である。本講義には、「オーストラリア実在論の父」と称されるジョン・アンダーソン(豪 1893-1962)が出席していた――彼はデヴィッド・アームストロング(豪 1926-2014)の学生時代の指導教員の一人であり、最近刊行されたアンダーソンのアレクサンダー講義の序文もアームストロングが執筆している(Cf. Anderson[2005a, 2005b])。私が支持する『空間、時間、神性』の実在論的解釈は、アンダーソンに由来するものである。しかし、今日では少数派ではあるが、約50年前までは、観念論的側面を強調する解釈も存在した(Bretschneider[1964])。

22 アレクサンダーの衝動概念の源泉は二つある。一方は、ベルクソンの生命の本源的エランであり、もう一方は、バルーフ・デ・スピノザ(蘭 1632-1677)のコナトゥスである。この点に関しては、Thomas[2013]に詳しい。

レベル	ロイド・モーガン	アレクサンダー	セラーズ	ウィーラー	ブロード
時空		1			
物質	1		1	1	
一次性質		2			
二次性質		3			
物理的					1
化学的					2
生命	2	4	2	2	3
心	3	5	3		4
社会			4	3	
神性		6			

図2　最初期の創発主義者における実在の諸レベルの比較（Blitz[1992], p. 126）

する議論に焦点を絞り、アレクサンダー哲学のなかでベルクソン哲学がどのような理論的貢献をもたらしたのかを見定めることにしたい。

4-1　『空間、時間、神性』の概略

アレクサンダーの創発論は、階層的なモデルを導入している点では、ロイド・モーガンの創発論に似通っている。[23]しかしながら、アレクサンダーのモデルのみ、他の論者とは決定的に異なる点がある。この点について確認するために、科学哲学者デヴィッド・ブリッツが作成した、当時の主要な創発論者——ロイド・モーガン、アレクサンダー、ロイ・ウッド・セラーズ、ウィーラー、ブロード——が想定していた階層を比較した図を参照しておこう。

図2を見れば、次のようなことがわかる。例えば、ロイド・モーガンの場合、物質を基底レベルとみなし、そこから生命や心といった高次のレベルが創発してくる、といった階層を想定している。セラーズの場合は、やはり物質を基底レベルとみなしているが、生命や心の後に

社会というレベルの創発を考えている。また、アレクサンダーの「一次性質」と「二次性質」、ブロードの「物理的」と「化学的」のように、物質のレベルをさらに細分化している論者もいる。さて、ここでアレクサンダーの基底レベルに注目していただきたい。他の論者の場合、いずれも物質が基底レベルであるが、アレクサンダーの場合だけ、「時空」が基底レベルとなっている。また最高次のレベルに関しても、他の論者は心や社会を想定しているが、アレクサンダーだけが「神性(Deity)」という謎めいたものを想定している。この点をどのように理解すればよいだろうか。

アレクサンダーの創発論の独自性を理解するためには、『空間、時間、神性』で展開される時空の形而上学の全体像を把握しておく必要がある。可能な限り簡潔に整理してみよう。(以下で示す整理は、本書の末尾に付した補論①の主要な論点を要約したものである。議論の導出経緯などの詳細については、こちらを参照されたい。)

①時空の実在:アレクサンダーの用語法では、我々が日常的に経験するあらゆる具体的対象(私、アメーバ、コップなど)は「経験的存在(empirical existence)」と呼ばれる。そして「実在(reality)」とは、こうした経験的存在を構成する素材(stuff)ないし母体(matrix)にほかならない。この意味において、究極的実在、つまりすべての経験的存在を構成する最も基礎的な存在者は、時間と空間の連続的統一

23 アレクサンダーとロイド・モーガンは相互影響関係にある。アレクサンダーは『空間、時間、神性』において、階層的なモデルの起源として、心身問題に関するロイド・モーガンの論文(MB)に言及している(STDii, pp. 45-46)。ロイド・モーガンもまた『創発的進化』の序論部において、創発に関する最重要の先行研究として『空間、時間、神性』の議論を紹介している(EE, pp. 9-14)。

体たる時空（Space-Time）である。ただし、時空の部分（いわゆる時空点ないし時空領域）である点‐瞬間（point-instant）または純粋出来事（pure event）は、時空に存在論的に依存する限りにおいて実在するとされる。

②**時空による決定**：経験的存在は、点‐瞬間の複合体（complex）にほかならない。それゆえ、経験的存在が示すあらゆる特徴は、すべて時空における点‐瞬間の配置的性質として決定（determination）されている。

③**経験的存在が示す二種類の特徴の区別**：経験的存在が示す特徴は二種類ある。一方は、あらゆる経験的存在が所有する特徴（「存在する（exist）」や「関係をもつ（have relation）」など）である。他方は、一部の経験的存在しか所有していない特徴（「赤い」や「甘い」など）である。現代的に言い換えれば、これは、すべての存在者によって例化されている性質と、一部の存在者によってのみ例化されている性質との区別である。アレクサンダーの用語法では、前者は「普及的（pervasive）特徴」、後者は「可変的（variable）特徴」と呼ばれる。

④**決定論と自由の両立可能性**：②と③より、時空による決定には二種類のものがある。一方で、普及的特徴の決定は、「基礎的決定（fundamental determination）」と呼ばれ、他方で、可変的特徴の決定は、「経験的決定（empirical determination）」ないし「創発（emergence）」と呼ばれる。このような区別を導入することで、普及的特徴はすべて時空の基礎的決定によって決定されるという意味での決定論（determinism）と、新しい可変的特徴の出現による自由（freedom）とを同時に主張することができる。

⑤**神性**：この世界には、我々にとって既知の可変的特徴だけでなく、未だ見ぬ可変的特徴が出現するかもしれない。そうした来るべき可変的特徴ないし創発的質（emergent quality）は「神性」と総称

される。

右記の①〜⑤が、アレクサンダーの時空の形而上学の主要な論点であるが、同時代の他の創発主義者と比較する際に特に重要なのは、③と④の論点である。アレクサンダーは確かに、他の論者と同様、物質（一次性質、二次性質）、生命、心といった実在の諸レベルを想定している。だが、③や④に見られるように、アレクサンダーにとっては、時空には、あらゆる経験的存在者に見出されるような普及的なパターンへと収束していく方向と、そうしたパターンから逃れる可変的・創発的なパターンが絶えず生み出されていく方向という二種類の方向性がある、ということの方がよほど重要なのだ。

以下では、こうした議論のなかで、ベルクソン哲学がどのように活用されているのかを確認していくことにしたい。そうすることで、アレクサンダーの時空の形而上学のポテンシャルを見定めると共に、ロイド・モーガンとは別の仕方でベルクソンの創造概念を理解する筋道を示す。

4-2　ベルクソンへの言及①――持続は経験的存在の素材である

何よりも重要なのは、ベルクソンの時間論からの影響である。アレクサンダーは『空間、時間、神性』の冒頭部で、「この分析〔時空概念の分析〕のために最も重要な要件は、持続（duration）における継起（succession）として経験的に与えられた時間の本性をはっきりと理解することである。〔……〕おそらく今日において、時間を真剣に受け止めた最初の哲学者はベルクソン氏である」（STDi, p. 44）と述べている。アレクサンダーによれば、空間と時間は分割不可能な統一体として実在しているが、抽象的に捉える場合には、空間は三次元に広がる延長（extension）であり、時間は不可逆的で推移的な継起（irreversible transitive succession）であるという（*Ibid.*, pp. 50-66）。ベルクソンの時間論は時間のこのような特徴づけの先駆的な例として評価されている。[24]

しかしながら、アレクサンダーがベルクソンの時間論を重視するのは、自身と同様の時間の特徴づけを導入したという理由だけではない。この点については、『空間、時間、神性』の翌年に刊行された『スピノザと時間』(1921)の冒頭部でこう述べられている。

> もし、ここ25年の最も特徴的な思想の特色を挙げるよう求められたら、私は時間の発見と答えるだろう。[……]私が思うに、我々は時間を真剣に受け止めて、時間が何らかの仕方で事物を構成する不可欠な要素であるということを認識しはじめたばかりである。実際ベルクソン氏は、時間が究極的実在であると述べている。(ST, p. 15, 傍点は引用者による)

繰り返すが、アレクサンダーにとって、実在とは経験的存在を構成する素材のことであり、最も基礎的な実在は時空である。そして引用部を踏まえるのであれば、このような意味での実在論は、ベルクソンから着想を得たものであると解釈できる。実際、『創造的進化』における「持続は我々の存在の基底であり、我々が感じているように、我々と通じ合う事物の実質そのものなのである」(EC, p. 39)という一節は、アレクサンダーの議論と対応する。

このように、アレクサンダーによるベルクソンに対する肯定的評価の第一の要点は、経験的存在を構成する素材、あるいは「宇宙を活気づける原理(the animating principle of the universe)」(STDi, p. 36)としての持続を発見したことである。

4-3　ベルクソンへの言及②――いかなる意味においても宇宙の外部は存在しない

第二の論点は、アレクサンダーの存在（existence）概念にかかわる。彼の定義では、存在とは時空領域の占有（occupation of space-time）にほかならない。例えば、ある存在者（existent, entity）Eが存在するというのは、Eが特定の時空領域を占有することである。アレクサンダーは存在概念にこれ以外のいかなる意味も与えていない。それゆえ、彼の存在概念は一義的であると言える。

24　アレクサンダーは、「不幸なことに、空間と時間の関係に関するベルクソンの理解は、彼の哲学のなかで最も重要であると同時に最も困難なものであり、最も曖昧なものだ」（*Ibid*., p. 36）というように、ベルクソンの空間論に不満を示してもいる。ここでアレクサンダーは、ベルクソンの時間の空間化批判を否定的に捉えているように思われるかもしれない。あるいは逆に、ベルクソン主義者からすると、アレクサンダーの時空概念は、結局のところベルクソンが「時間の空間化」と呼んだ事態にほかならず、つまり時空とは空間化された時間なのではないか、と思われるかもしれない。しかしながら、実際のところアレクサンダーは、ベルクソンの時間の空間化批判に言及し、これを重要な指摘として受け止めている（*Ibid*., pp. 148-150）。アレクサンダーは、ひょっとするとベルクソンは空間に対して実在の地位を与えていないのではないかという所感を表明しているだけであり、ベルクソンの空間論を全面的に否定しているわけではない。

以下は単なるアイデアにすぎないが、『物質と記憶』における具体的延長（étendu concrète）概念を踏まえるのであれば、両者の距離はさらに縮まると思われる。具体的延長とは、空間とは区別されるものであり、我々の感覚に直接的に与えられているそれ自体としては未分割の拡がり（extensif）である。またそれは、緊張と伸張（extension）という持続のリズムの両極のうち、後者において把握できるものである。アレクサンダーの場合も同様に、持続と結びついた空間（時空の属性としての空間）と、時空から抽象された三次元の空間という区別を設けている。こうしたことを踏まえると、アレクサンダーの時空とベルクソンの持続はほとんど同一視可能な概念なのではないかと思われる。この点については、本書の主題から大きく逸脱するため、別の機会に検討することにしたい。

管見では、存在概念の一義性と関連する次の論点については、先行研究においてもまったく指摘されていない。それは、アレクサンダーは時空によって構成される世界の外部に何らかの存在の領域があることを決して認めないということである。このことは、ウィリアム・モンタギュー（米 1873-1953）、エドウィン・ホルト（米 1873-1946）、アレクシウス・マイノング（独 1853-1920）の存在論に対する批判のうちに見出される（*Ibid.*, pp. 200-203）。アレクサンダーの診断によると、彼らはいずれも、思考の対象になりうるものはすべて何らかの意味で存在するということを想定している。また、これは「存在（existence）よりも広大で包括的な有（being）」（*Ibid.*, p. 200）あるいは「時空において存在するものがその部分であるような「存立（subsistence）」の世界または最高類（*summum genus*）」（*Ibid.*, p. 201）を想定することにほかならないという。[25] こうした論敵の立場と対照すると、アレクサンダーは存在論の領域が時空の内部に限定されるという立場を採用しているように思われる――量化の領域を時空に限定すると言い換えてもよいだろう。

　さらに付言しておくと、アレクサンダーの立場は、デヴィッド・ルイス（英 1941-2001）が「様相実在論」と呼んだ立場とも対立すると思われる。[26] というのも、アレクサンダーの立場では、時空によって構成される現実世界（the actual world）の外部にある複数の可能世界（possible worlds）の存在を認めるわけにはいかないからだ。実際彼は、哲学を「可能的なものに関する学（science）」（*Ibid.*）とみなしたラッセル[27]や、「我々の経験世界はたくさんの可能世界の一つである」（*Ibid.*）と考えたゴッドフリート・ヴィルヘルム・ライプニッツ（独 1646-1716）との対照のもと、自身の立場は次のようなものだと述べている。「逆に、我々にとって、形而上学とは現実世界に関する学である――もっとも、それは現実世界のアプリオリな特徴にのみかかわるのだが。可能世界という概念は、抽象によって何か重要なものが取り除かれてしまった現実世界を拡張したものである。その重要な要素とは時空である」(*Ibid*., p. 178)。

以上で見てきたように、アレクサンダーの存在論では、時空によって構成されるもの以外のいかなる存在の領域も、時空によって構成される現実世界の外側にある可能世界の実在も認められない。以下では現代の分析形而上学の用語法に従って、この立場を「現実主義(actualism)」と呼ぶことにしよう。

私の見るところ、アレクサンダーの現実主義は、ベルクソンの議論と無関係ではない。というのも、興味深いことに、モンタギューたちの立場を批判する箇所の直前で、アレクサンダーは『創造的進化』における無秩序と無の観念に対する批判的考察を参照しているからである。

25 「有」という概念は、「時空領域の占有」という限定的な意味ではなく、より漠然とした意味での存在概念として用いられている。また「存立」という概念は、基本的にはマイノングの用法に準拠していると思われる。なお、アレクサンダーが参照しているマイノングの著作は『想定について』(1902)である。

26 「私は、われわれの世界はたくさんある世界のうちのひとつにすぎないと主張する世界の複数性テーゼ、すなわち様相実在論を擁護する」(Lewis[1896], p. 2/邦訳2頁)。なお、アレクサンダーは、可能世界意味論を思考の道具としても用いることに関しては、必ずしも批判しないと思われる。

27 アレクサンダーが参照しているのは、ラッセルの『神秘主義と論理』(1917)所収の論文「哲学における科学的方法について」である。そこでラッセルは、第一に、哲学の命題は一般的でなければならないということ、第二に、哲学の命題は、現実世界がどのようなものであれ、すべての可能世界において真であるようなものでなければならないということを指摘している。「哲学とは可能的なものに関する学である」というのは、哲学的命題のこれら二つの特徴を要約したものである(Russell[1917], pp. 110-111/邦訳125-127頁)。

我々が思考したり経験したりできる無（nothing）は、まったくの無（nothing-at-all）ではなく、何かしらの対象であり、有の一部である。〔……〕ベルクソン氏は、我々が秩序（order）と呼ぶものとは異なる〔何かしらの〕秩序として無秩序（disorder）を解釈し、我々の経験の範囲をなすものとは異なるものとしてのみ無の観念を認めた。（*Ibid*., pp. 199-200）

ベルクソンの無秩序と無の観念に対する批判的考察のうち、アレクサンダーの議論と密接に関係するのは、「ある事物の非存在（non-existence）を想定する判断」（EC, pp. 289-290）に関する議論である。ベルクソンによれば、例えば「対象Aは存在しない」というのは、「対象Aが単に可能的なものとして存在する」と想定した上で、現実と照合して、この想定が誤りであることを述べる判断である。ここで現実と照合するというのは、「この可能的なものの場所に、それとは異なり、それを追い出すある実在が存在する（il y a）」（*Ibid.*）というのを確かめることにほかならない。にもかかわらず、可能的なものの実在を認めたり、非存在それ自体の実在を認めたりするのは、誤りである。「対象Aは存在しない」と判断するとき、存在しているのは、可能的なものや非存在ではなくて、対象Aとは異なる何らかの現実的なものなのだ。

アレクサンダーの議論に戻ろう。彼は「存在を作るためにさらにいくつかの規定を追加せねばならないような裸の（bare）有や中立的な（neutral）有といったカテゴリーなどない」（STDi, p. 198）という自身の主張を擁護するために、ベルクソンの議論を参照している。アレクサンダーは、ベルクソンの存在論を、自身の存在論と同様に、現実主義を提唱する立場として捉えている。アレクサンダーはべルクソンと共に、単に想定できるというだけで時空ないし宇宙の外部に存在の領域を拡張する議論を棄却するのである。

実際、ベルクソンは『思想と動くもの』所収の「第二緒論」において、現実的なものと可能的なものをすべてはじめに置くことから出発する哲学に対して、次のような批判を差し向けている。

したがって、そのような哲学は我々の世界とはまったく別の世界にもあてはまる。それよりも、実在の波動をたどる真に直観的な哲学の方が、どんなに有益だろう！〔……〕たとえ一性が存在するにせよ、それは探求の最後に結果として現れるものであり、それを原理として最初に置くことはできない。そしてその一性は豊かで充実して連続する一性、つまり我々の実在の一性であり、極度の普遍化から生まれてどんな可能世界にもあてはまる抽象的で空虚な一性ではない。実際、そのとき、哲学は新しい問題に対して、常に新しい努力を要求することになるだろう。（PM, pp. 26-27）

これは『空間、時間、神性』よりも後に書かれたものだが、ベルクソンとアレクサンダーが足並みを揃えていることの何よりの証左である。

4-4　ベルクソンへの言及③——予見不可能性と未完了の時間

最後の論点は、未来の予測・予見の不可能性の内実にかかわる。アレクサンダーは、ピエール＝シモン・ラプラス（仏 1749-1827）の有名な思考実験（ラプラスの悪魔）に対して、次のような批判を加えている。

私の理解では、空間と時間の観点から一定数の瞬間における宇宙の条件が与えられると、空間と時間の観点から未来全体を計算することができる、というのは真理である。しかし、未来はどのようになるだろうか、未来は空間的かつ時間的な質以上のどのような質をもつだろうかということは、すでにそれを知っているのでなければ、あるいは〔未来の時間を〕生きてそれを見るのでなければ、彼〔ラプラスの悪魔〕は知ることができない。(STDii, p. 328, 傍点は引用者による)

ラプラスに対するよくある反論の一例にすぎないように思われるかもしれないが、アレクサンダー哲学のテクニカル・タームが散りばめられている点には注意が必要である。この議論は、先述した(4-1節)④の議論、すなわち決定論を認めつつ自由を擁護するという議論と関連する。一方で、「空間的かつ時間的な質」というのは、時空の基礎的決定による普及的特徴のことである。アレクサンダーによれば、任意の瞬間における時空の全状況を知ることで、普及的特徴に関する未来の状況はすべて予測できる。これは、決定論に関する主張である。他方で、後半で述べられる「空間的かつ時間的な質以上の質」というのは、時空の経験的決定による可変的特徴ないしは創発的質のことであり、このような質に関しては予測できないとされる。これは自由に関する主張である。

なお、この議論は単に認識論的な観点から展開されているのではない。アレクサンダーによれば、創発的質について知るためには、「時間の経過と共に生命〔などの創発的質〕が創発するまで待たねばならない(must wait)」(*Ibid.*, p. 327)。そして、この主張を正当化する根拠として、ベルクソンの議論が導入される。

結局のところ、それ〔ラプラスの思考実験〕は、時間を非実在とみなしている、あるいは同じことだが、宇宙が完成していると想定している。これは、ベルクソン氏の表現では、すべてが与えられている（*tout est donné*）ということである。〔……〕ともかく、神でさえ予測できない宇宙の一部がある。それは、神自身の未来である。（*Ibid*., p. 329, 傍点は引用者による）

このように、アレクサンダーは「すべてが与えられている〔という前提は誤りである〕」というベルクソンの謎めいた主張を持ち出しつつ、「時間は非実在である」または「宇宙は完成している」といった存在論を前提するのでなければ、未来の創発的質の予測可能性を主張することはできない、と指摘する[28]。それゆえ、アレクサンダーの予測不可能性についての主張の内実を理解するためには、ベルクソンの主張を理解する必要がある。

「すべてが与えられている〔という前提は誤りである〕」という主張がどのような文脈に登場し、どのような理論的役割を与えられているのかを確認しよう。ベルクソンは『創造的進化』の第一章で、徹

28　同様の記述は、時空の構造を説明する箇所でも述べられる。「もし時空がそのような全体〔諸部分からなる全体〕であるならば、すべては一度に与えられているだろう。しかし、時間というもの（あるいは、同じことだが空間というもの）は、ベルクソン氏が適切に述べているように、一挙に（altogether）与えられているわけではない。そのように〔時空を諸部分からなる全体と〕考えることは、時間の実在を無視すること、すなわち時間を真剣に受け止めないことである」（STDi, p. 339）。

底的機械論（mécanisme radical : MR）と徹底的目的論（finalisme radical : FR）という二つの立場を批判する。前者のMRは、以前の状態による以後の状態の決定の連鎖として世界の展開を考える立場である。後者のFRは、未来に置かれたプログラム（目的）の実現として世界の展開を考える立場である。いわば、MRは原因を前に置き、FRは原因を後ろに置く。一見すると、これらは正反対の立場に思えるが、ベルクソンは「同じ理由で受け入れられない」（EC, p. 39）と述べる。そしてその理由こそが、「すべてが与えられている」というFRとMRの暗黙の前提にほかならない。ベルクソンはMRを代表するラプラスに対して次のように批判している。

> 実際、機械論的説明の本質は、未来と過去を現在の関数として計算可能なものとみなすことで、すべては与えられていると主張することにある。この仮説に立つとき、計算を実行することができる超人的な知性ならば、過去、現在、未来を一挙に（d'un seul coup）見通すことができるだろう。（*Ibid.*, pp. 37-38）

引用部から推測されるように、「すべてが与えられている」というのは、「実在の全体が永遠のうちに（dans l'éternité）ブロックとして（en bloc）置かれている」（*Ibid.*, p. 39）ということの言い換えである。要するに、「すべてが与えられている」というのは、ベルクソンが永久主義的な時間描像[29]を棄却する際に用いるテクニカル・タームとして理解することができる。

では、ベルクソン自身はどのような時間論を採用しているのだろうか。杉山直樹が指摘するように、ベルクソンの時間論の根幹にあるのは、現在・過去・未来という時制（tense）の区別ではなく、未完了・完了という相（aspect）の区別である（杉山 [2006], pp. 78-83）。もっとも、未完了・完了という区別について、ベルクソン自身が明示的に述べているわけではない。しかしながら、例えば『意識の直接与件』における「我々の意識に現れる限りでの持続や運動の本質は、絶えず形成途上（en voie de formation）にあることだ」（DI, p. 89）という主張は、持続や運動が未完了の進展であることを端的に示している。

　これに関連して、未完了の進展として捉えられる事象、例えば心的行為に関しては、その未来の状態を予見することは不可能とされる。にもかかわらず未来の予見可能性を主張するのは、本来であれば自然に行為が完了した後でなければ、当の行為を引き起こした先行条件が何であるのか指摘できないのに、行為がまだ継続している最中に、それを人為的に完了相のもとで把握することに由来する誤謬である――これがいわゆる「回顧的錯覚」である。

　以上を踏まえて、「すべてが与えられている〔という前提は誤りである〕」という主張の内実を整理しておこう。一見真逆に見えるMRとFRは、時間を完了相において把握することで、永久主義的な存在論を密輸入しているという点では同罪であり、またいずれの立場においても、「事物の継起が単なる見かけであることには変わりはない」（*Ibid.*, p. 40）。このような静的時間論を採用すると、持続の実

29　本書では、森田 [2019] に従って、過去・現在・未来にあるすべての事物・出来事の実在を認める立場を「永久主義」と呼ぶことにしよう。なお、永久主義には、時間の経過を認めるかどうかというオプションがありうるが、ベルクソンは時間の経過を認めない標準的な永久主義を想定していると思われる。それゆえ、本書においても、ベルクソンと同様に、静的な永久主義だけを考えることにしたい。

効的な働きが見過ごされ、ひいては持続がもたらす予見不可能な新規性も見過ごされてしまう。

このように、「すべてが与えられている〔という前提は誤りである〕」という主張は、時間に関する存在論的な主張に関わっている。それゆえ、この主張を持ち出すアレクサンダーもまた、単に認識論的な観点から未来の予見不可能性を主張しているわけではなく、ベルクソンと同様に、〈新規性の創発〉を擁護する立場が採用すべき時間存在論にコミットしている。その存在論とは、宇宙は未完了の進展として持続し、そうであるがゆえに、宇宙の未来は最初から与えられているのではなく、開かれている、というものだ。実際、アレクサンダーは、自身が採用するのは、時空または宇宙を「成長宇宙(a growing universe)」(STDi, p. 66) とみなす立場だと明示的に述べている。[30]

4-5　本節および本章のまとめ

本節の議論をまとめるために、本章全体の議論を振り返っておこう。まず第1節において、トンケデックの解釈を踏まえて、ベルクソンの創造概念を〈宇宙内在的創造〉かつ〈新規性の創造〉として解釈することを提案した。次いで第2節では、ベルクソンの創造論が1920年代の初期創発論者たちに影響を与えたことを確認した。だが、第3節で見たように、ロイド・モーガンの解釈を通して、ベルクソンの創造論は〈新規性の創造〉を主張した先駆的な例ではあるが、創発を説明するために超自然的な力能を導入した〈宇宙外在的創造〉を主張しているという誤解が広まった。

それでは先述の議論を踏まえて、まずはこの誤解を解くことにしよう。ロイド・モーガン（またはウィーラー）の誤解の根元にあるのは、ベルクソンが〈新規性の創造〉を説明するために自然に外在的な力能を要請しているという疑念であった。しかしながら、アレクサンダーの理解を踏まえると、ロイド・モーガンの解釈に対して次のような反論が可能となる。ベルクソンが経験的存在を構成する実在として要請しているのは持続だけである（4-2節）。実際、無の観念に対する批判的考察に示されるように、ベルクソンは何らかの意味で宇宙の外部の存在を認める論者とは異なる（4-3節）。〈新規性の創造〉と〈宇宙内在的創造〉を両立するためには、宇宙の未来は最初から与えられているのではなく、開かれているといった成長宇宙説を採用すればよい。むしろ、それ以外の時間存在論（永久主義）では、予測不可能な新規性に関する存在論的創発を主張することはできない（4-4節）。

さらに言えば、とりわけ最後の論点を強調することによって、ロイド・モーガン自身の立場を批判することができる。ロイド・モーガンの創発論では、新しい関係性の創発ということで、結局のところ既成の階層間の関係性を説明しているにすぎない。それゆえ、この世界においてもはや新しい関係性など創発しないとしても、ロイド・モーガンの議論は成立してしまう。これに対して、ベルクソン〈またはアレクサンダー〉の立場では、成長宇宙説を採用することによって、存在論的な〈新規性の創造〉を擁護している。

以上の議論を通して、ベルクソンの創造的進化論はロイド・モーガンの創発的進化論とはどのよう

30　標準的な哲学史的理解では、いわゆる「成長ブロック宇宙説」を最初に提唱したのはブロードだとみなされている。しかし、エミリー・トーマスが指摘するように、ブロードの時間論は、そもそもアレクサンダーの時間論の影響下で構築されたものである（Thomas[2019]）。なお、アレクサンダー研究では、彼が採用しているのは、永久主義なのか成長ブロック宇宙説なのか、という解釈上の問題がある。この問題に触れた上で、トーマスは、神性概念の役割を強調する解釈を通して、アレクサンダーが少なくとも『空間、時間、神性』の時点では、未来の非実在を主張していたと結論づけている。本節で提示した私の解釈は、トーマスの解釈を支持し、これを補完するものとして位置づけられる。

な意味で異なるのかを確認することができた。では、ベルクソンの創造的進化論はどのような世界観を提示しようとしているのか。それは、4-2節から4-4節で確認した三つの主張の組み合わせとして理解できる。

① **存在者を構成する素材**（持続）**の一元論**：あらゆる存在者の素材であるという意味において、持続は実効的な働きをもつ究極的実在である。

② **現実主義**：単に想定可能なもの（絶対無や可能的なもの）は実在せず、持続によって構成されるものだけが存在する。（ここで「実在」とは、存在者を構成する素材という意味であるため、単に想定可能なものが実在しないというのは、そうしたものが存在者を構成する役割を果たしていないということである。）

③ **成長宇宙説**：持続とは未完了の進展であり、宇宙の未来は開かれている。

本章の結びとして、この三つの主張の関係について述べておこう。まず、②の現実主義に関する主張は、①の存在者を構成する素材（持続）の一元論からの帰結である。次いで、②の現実主義（特に様相に関する現実主義）を採用した場合、偶然性をどのように説明するのかという一般的課題があるが、これを説明するのが③成長宇宙説である。永久主義を採用する場合、未来の状態は、認識論的に予見不可能なだけで、存在論的にはすでに与えられているが、成長宇宙説を採用する場合、未来の状態は存在論的に開かれており、予見不可能な新規性が実際に（en réalité）創造される。

ベルクソンの創造的進化論が提示しようとする世界観は、このような関係において、①存在者を構成する素材の一元論、②現実主義、③成長宇宙説を組み合わせたものである。ただし、本章では、適宜ベルクソンのテクストに立ち戻りつつも、基本的には外在的な読解格子を挿入することで、その輪郭を下書きしてきただけである。次章以降では、組織化・個体化の理論に焦点をあてて、創造的進化論を構成する各論を詳細に検討することで、本章で素描した世界観を支える議論の詳細を明確にしていきたい。

第二章　生物とは何か
——個体性と老化の問題

はじめに

　ここからしばらくのあいだ、「生物とは何か」という問いをめぐるベルクソンの理論的考察を検討することにしたい。ベルクソンによれば、あらゆる具体的対象のなかでも、ただ生物だけが個体である。後ほど検討を加えるが、ベルクソンの用語法において、個体（individu）とは、諸部分の総和には還元しえない全体、すなわち諸部分が相互浸透的に組織されたひとつのまとまりである。個体としての生物は、文字通り分割不可能（indivisible）であり、あるがままの姿でしか捉えられないがゆえに、知覚や科学によるありとあらゆる分節を跳ね除ける。この意味で、生物は「自然的に閉じられたシステム（système naturellement clos）」（以下「自然的システム」）と呼びうる特権的対象とされる。

　こうした見解は、前章で確認した古典的な創発主義者たちの基本方針と足並みを揃えている。ただし、ベルクソンにとって、「生物は個体である」という主張を打ち出すことは出発点にすぎない。同時代のさまざまな生物学上の問題、あるいはその背後に控える形而上学的問題と真摯に向き合いながら、ベルクソンは「生物は個体である」ということそれ自体に踏み込んだ考察を加えていく。まさにこの地点に、彼の議論の独自性が色濃く現れる。本章以降の三つの章では、とりわけ老化（第二章）、遺伝（第三章）、行動（第四章）という三つの側面から、自然的システムとしての生物に関するベルクソンの理論的考察を詳細に検討する。そうすることで、組織化・個体化の理論の基盤をなす議論を再構成していきたい。

早速、最初の話題に入ろう。本章の主題は、生物の個体性と老化との関係である。『創造的進化』の冒頭部では、生物と無生物を区別すべき理論的根拠が探究される。ベルクソンによれば、生物を特権的対象とみなすべき根拠となるのは、「個体性を示す」という事実と「老化する」[1]という事実である。一見すると、これは生命が満たすべき特徴を枚挙していく枚挙主義的な生命の定義に思われるかもしれない。だが、そうではない。ここでベルクソンは、個体性と老化を不可分のものとして捉え直すことで、生物という存在者を理解するためのひとつのモデルを提示しようとしているのだ。

本章では、ベルクソンの議論の独自性を捉え直すために、『創造的進化』第一章の冒頭に位置する「有機体」と「老化と個体性」という節を、ル・ダンテクの『個体性と個体主義の誤り』（1889, 以下『個体主義の誤り』）と照合しつつ読み直してみたい。ベルクソンとル・ダンテクとのあいだには、後者が執筆した『創造的進化』の書評論文に端を発する確執がある。[2]先行研究において、この確執に言及される際には、ル・ダンテクは科学主義的な生物学者であったが、ベルクソンは生命の哲学者であった、という表面的な対立点が強調されることが多い。[3]だが、これとはまったく別の地点に、より深刻な対立点を見出すこともできる。その対立点こそ、ほかでもない個体性と老化をめぐる問題なのである。私の見立てでは、この対立点を押さえることによって、ベルクソンの個体論と老化論を、独立した理論ではなく、自然的システム概念の規定に関わる不可分の理論として理解することができる。本章の主眼は、このような視点から、ベルクソンの個体論と老化論を再構成することである。

1 『創造的進化』における個体論と老化論の位置づけ

まずは、本章の議論全体の導入として、『創造的進化』における個体論と老化論の位置づけを教科書的に整理することからはじめよう。

①**個体論の位置づけ**：個体性に関しては、『創造的進化』（あるいはベルクソンの全著作）では、基本的には否定的に捉えられている。というのも、すでに何度か言及したように、ベルクソンが重視するのは、生物個体ではなく、生命進化の連続的進展の方だからである。例えば、事実上の個体論に相当す

1 今日における生物学的老化の定義は、細部の違いはあれ、老化生物学の最初の教科書的著作と見なされるアレックス・コンフォート（英 1920-2000）の『老化生物学』（1956）に由来する統計学的定義が採用されている。「老化とは劣化のプロセスである。我々が老化を計測しているとき、計測されるものは、生存力の減少と脆弱性の増大である。［……］老化それ自体は、暦年齢の増大に伴う死の確率の増大として現れる」（Comfort[1956], p. 17）。しかし、老化の原因に関しては、現代生物学においてさえ、背景とする科学理論に相対的に複数の競合理論が対立している状況にある。

2 両者の関係については、本書の序章も参照されたい。

3 Soulez & Worms[1997] では、ひとつ前の注で確認したような学問上の対立点が強調されている（pp. 126-127）。

る「有機体」という節では、「個体性には無限の程度があり、いかなる場所でも［……］個体性は充分に実現されていない（n'est pas réalisée）」（*Ibid*., p. 12, 傍点は引用者による）と述べられる。この否定的規定は、個体の構成要素（細胞など）それ自体が一定の自律性を示すという共時的側面と、親の胚と子の胚のあいだで生殖要素が連続しているという通時的側面から説明される。なお、これは古典的生気論に見られる内的合目的性（finalité interne）の概念を批判する文脈で主要な論拠をなす論点でもある（*Ibid*., pp. 42-43）。

②老化論の位置づけ：老化に関しても足早に確認しておこう。『直接与件』や『物質と記憶』では、持続の諸特徴は、基本的には意識的存在者に限定して論じられていたのだが、『創造的進化』においてはじめて、生物という存在者にも見出されることが明示的に認められるようになる。[4] 老化現象はその端緒となる。というのも、老化現象は、持続の諸特徴のうち、「決して後戻りしない（ne revenir jamais en arrière）」という特徴、すなわち「不可逆性（irréversibilité）」という特徴を端的に示唆するからだ。ベルクソンは老化現象を手がかりにして、「何かが生きているところには、どこかで時間が記入される帳簿が開かれている」（*Ibid*., p. 16）ということに確証を得るのである。

以上に示したことは、ベルクソン研究においては既知の事柄に属す。しかし、こうした理解にとどまると、次の二つの問題が手付かずのまま取り残されてしまう。①個体性に関しては、大局的な視点から見ると、否定的に捉えられるというのは確かである。だが、否定的規定を重視するあまりに、肯定的規定が看過され、個体性概念そのものの内実が捉えられていない。[5] あるいは、個体性は「実現されていない」という論点を過度に強調すると、あらゆる個体性は単なる見かけ（apparence）だということになる。②老化に関しては、老化現象を手がかりにして生物に不可逆性という持続の特徴が見出されるという帰結だけが受け止められているが、そのためにベルクソンが行った論証の内実が未解明にとどまっている。

こうした問題が生じる原因は、個体論と老化論を独立した問題とみなすことにある。むしろ二つの理論は不可分の問題として扱われねばならない。では、「不可分の」というのはいかなる意味においてなのか。私の読解方針を明確化するために、ヴォルムスの見解と対照することにしよう。

> 目下のところ、ベルクソンが提示しているのは、生物に関する三つの特徴である。これらの特徴によって、少なくとも仮説的には、生物はすでに特定の持続の度合いを付与されている。ここで問題となっているのは、個体性（*individualité*）、老化（*vieillissement*）、そして〔絶えず〕その進路を刷新する進化への帰属（appartenance à *évolution*）である。（Worms[2004], p. 191）

ここでは、『創造的進化』第一章冒頭部で展開されている議論の目的について述べられている。その目的とは、個体性、老化、進化への帰属という三つの特徴づけを通して、生物が持続することに確証を得ることである、というものだ。[6] 私はこの読解方針に基本的に賛同する。ただし、細部においては

4 三宅岳史が指摘するように、ベルクソンは『直接与件』においては生物にとっての過去の実在に関して留保を加えていたが（三宅[2012], pp. 61-64）、『創造的進化』においては老化現象を手がかりにして生物にも留保なく認められるようになった（*Ibid.*, pp. 96-99）。

5 ベルクソンの「個体性」概念についての唯一の体系的研究であるGilson[1985]ですら、『創造的進化』における個体性の肯定的規定についてはほとんど触れていない。

異を唱えたい。ヴォルムスは、この引用部の直後で、「個体性による生物の定義は不十分である」が、「老化による定義はさらに先に進むことができる」と述べている（*Ibid.*）。この通り、ヴォルムスの解釈では、個体性と老化という特徴づけが不可分であるのは、生物に段階的に持続を導入する役割を担うという意味においてである。[7] これに対して、私の解釈では、個体性と老化という特徴づけが不可分であるのは、個体性を示す場合には必ず老化し、逆もまた真である（*vice versa*）というより強い意味においてである。

さしあたり、一点テクスト的根拠を挙げておこう。ベルクソンは「老化と個体性」の冒頭部において、人間、滴虫類、木といった事例を挙げて次のように述べている。

> 確かにこれら二つの極端な例〔人間と滴虫類〕では、有機体が完全に個体化している。しかし、これらのあいだに、個体性がはっきりと示されておらず、どこかで老化が起こっているとしても、何が老化しているのか正確には言えないような事例〔木など〕が他にたくさん見つかるだろう。
> （EC, p. 16, 傍点は引用者による）

ここでは、個体であると言える事例と老化すると言える事例が同時に議論されている。人間と滴虫類、すなわち高次の生物と低次の生物の場合、「個体である」かつ「老化する」とみなすことができる。しかし、挿し木の事例に見られるように、木の場合、どこからどこまでが個体なのかは曖昧であり、「何が老化しているのか正確には言えない」。こうした記述に注目するのであれば、「個体性を示す場合には必ず老化し、逆もまた真である」と解釈することに問題はないだろう。

2　有機体はいかなる意味で無機物とは異なるのか——個体性の肯定的規定の明確化

本節では、個体論と老化論を統一的に理解するための予備的作業として、有機体と無機物の区別に関する議論の検討を通して、まずは個体性の肯定的な特徴づけについて考察する。その後に、肯定的規定の内実を厳密に捉えるためには、老化について考察する必要があることを示す。

2-1　個体性の肯定的規定①——有機体は組織された物体である

ベルクソンの問題設定を見失わないように、まずは次のことを指摘しておきたい。「有機体」と「無機物」の区別とは、フランス語の字義通り「組織されている物体（corps organisé）」と「組織されていない物体（corps inorganisé）」の区別にほかならない。有機体と無機物を区別すべき理論的根拠を探求する際に問題になっているのは、「組織化（organisation）とは何か」または「構成（composition, constitution）とは何か」ということである。[8] これを念頭に置いた上で、議論の細部を確認していくことにしよう。

議論の出発点となるのは、有機体と無機物は構成素材の差異によっては区別されないという論点で

6　「進化への帰属」という論点は、遺伝をめぐる問題として次章で個別的に扱う。

7　Worms[2004]において、個体性よりも老化による特徴づけの方が先に進むと理解されているのは、先ほど言及した内的合目的性概念を批判する文脈を重視しているからである（Worms[2004], p. 191）。

8　『創造的進化』には、他にも脱構成（décomposition）や再構成（reconstitution）といった構成の関連語が頻出する。本書では、これらの語を組織化の関連語として解釈する。

ある。「おそらく〔無機物と同様に〕生体もまた、延長のある部分から構成され（consiste, lui aussi, en une portion d'étendu）、その部分は他の部分と結びついて〈全体〉と連携し、物質のいかなる部分をも支配する同じ物理化学の法則に従っている」（*Ibid.*, p. 12）。このように、有機体と無機物はいずれも（宇宙）全体における延長する部分から構成されると考えられている。

では、構成素材の共通性という前提に抵触せずに、どのようにして有機体と無機物を区別することができるだろうか。ベルクソンの答えは、有機体は自然に個体性を示すというものだ。

生物は自然そのものによって切り離され閉じられる。〔①〕生物は互いに補完し合う異質的諸部分から構成されている（se compose）。〔②〕それは互いに巻き込み合うさまざまな機能を遂行する。生物とは個体なのであり、他のいかなる対象も、たとえ結晶でさえも、生物と同じようには個体であると言われることはないだろう。なぜなら、結晶は部分同士の異質性も機能の多様性ももたないからである。（*Ibid.*, p. 12）

以下では便宜的に、①〈対象を構成する諸部分が異質的である〉という基準を解剖学的基準と呼び、②〈対象を構成する諸部分が担う機能が多様であり、かつそれら諸機能が相互補完的に連携する〉という基準を生理学的基準と呼ぶことにしよう。ベルクソンが「個体」と呼ぶのは、これら二つの基準を同時に満たす複合的対象である。

以上で見てきたように、有機体と無機物は、共通の素材から構成されているが、構成様態の差異（解剖学的基準と生理学的基準を満たすかどうか）によって区別される。このように、ベルクソンの個体性概念は、まずは有機体の特殊な構成様態ないし組織化様態を指し示すものとして理解できる。

2-2　個体性の肯定的規定②——有機体は組織化の過程である

では、否定的規定を踏まえた上で、それでもなお個体性が単なる見かけではないと言えるのはどのような意味においてなのか。この点について考察を加えていこう。

ある対象が個体であるためには、解剖学的基準と生理学的基準を満たす必要がある。とりわけ後者の基準に着目すると、個体性が完全に実現するということは、「いかなる部分も有機体から切り離されたまま生きていけない」（*Ibid.*, p. 13）ということを含意する。しかしながら、これには反例がある。それは生殖という事実である。生殖が示唆するように、生殖細胞という有機体の部分は、有機体全体から切り離されても、新しい有機体を再生産（reproduction）することができる（*Ibid.*, p. 13）。このように、「生殖する傾向（tendance à se reproduire）」（*Ibid.*）が認められる以上、個体性は完全には実現されないということになる。このことから、先ほど確認した否定的規定が与えられる。

これを認めた上で、ベルクソンは次のように述べる。「しかし、それでもやはり生命は個体性の追求を示していて、自然に切り離され、自然に閉じられたシステムを構築する必要がある」（*Ibid.*, p. 15. 傍点は引用者による）。これは、生殖が示唆するように、個体性が完全には実現されないというのは確かだが、それでもやはり、何らかの自然な分節があるという意味では、個体性は単なる見かけではないということだ。そして私の見立てでは、ここで自然な分節を説明する役割を担うものこそ、老化な

9　ここで「延長」というのは「具体的延長」のことである。具体的延長については、本書第一章注20を参照されたい。

のだ。
より詳細な説明を加えていこう。個体性の肯定的規定は、解剖学的基準と生理学的基準に基づく有機体の定義である。さらに言えば、これは有機体を構成する諸部分の共時的関係に着目した定義である。このような定義にとどまるのであれば、ベルクソンの有機体についての理解は、古典的生気論のものと大差ないということになるだろう――例えば、モンペリエ学派を代表するフランソワ・マリー・クザヴィエ・ビシャ（仏 1771-1802）の「生命とは死に抵抗する諸機能の総体である」(Bichat[1800(1994)], p. 57）という定義を想起されたい。しかし、こうした古典的生気論とは袂を分かち、ベルクソンは次のように付け加える。「個体性には無限の程度があり、いかなる場所でも〔……〕個体性は充分に実現されていない」（EC, p. 12）。これは先ほど確認した個体性の否定的規定である。ただし、だからといって、個体性は単なる見かけであるといったことがすぐさま帰結されるわけではない。

完全な定義はできあがった実在にしか適用されない。生命の諸特性〔例えば個体性という特性〕は、決して完全には実現されず、絶えず実現の途中にある（toujours en voie de réalisation）。（*Ibid.*, p. 13）

ここで着目すべきは、「生命の諸特性は〔……〕絶えず実現の途中にある」ということだ。本書の第一章（4-4節）ですでに確認したように、ベルクソンの時間論において根本的なのは、未完了と完了という相の区別にほかならない。この論点を踏まえると、ベルクソンは有機体を、完了相にある定義可能な対象としてではなく、未完了相にある定義不可能な過程として捉えようとしている。[10]であるならば、先ほど（本章2-1節で）与えた規定を修正しておく必要があるだろう。構成要素の共時的関係に着目した解剖学的・生理学的基準が厳密に適用可能なのは、「組織された」または「個体化された」といった完了相にある状態に対してのみである。だが、有機体はそのような状態に存する対象ではない。有機体とはむしろ未完了の過程なのだから、個体性という状態ではなく、「個体化する傾向 (tendance à s'individuer)」(*Ibid.*) によって把握されねばならない。それゆえ、厳密に言えば、有機体とは「組織されつつある物体 (corps s'organisant)」または「個体化されつつある物体 (corps s'individuant)」なのである。

以上を踏まえると、次のように考えることができる。有機体と無機物を区別すべき理論的根拠を探求する文脈に限って言えば、個体性の否定的規定が意味しているのは、個体性を共時的関係にのみ着目して定義することはできないということである。実際『創造的進化』において、「個体性が空間において完全になることは決してない」(*Ibid.*) と述べられることはあるが、「個体性が時間において完全になることは決してない」とは一度も述べられない。むしろ、ベルクソンは有機体を「時間における個体性 (individualité dans le temps)」において捉えようとしているのではないか。少なくとも、彼が「老化と個体性」において、老化現象を分析した後に、有機体または自然的システムを「持続間隔そのもの (intervalle même de durée)」(*Ibid.*, p. 22) と呼んでいるのは事実である。

本節の議論をまとめよう。個体論と老化論は、有機体に持続を導入するための段階的な議論であるだけではなく、有機体の特殊な構成様態、あるいは有機体が「組織されつつある物体」であるということを説明するための相補的な理論だと思われる。より正確には、個体性の肯定的規定(解剖学的基準

10 「生命の定義」をめぐるベルクソンの見解については、本書第六章で改めて検討する。

と生理学的基準）は自然的システムの共時的側面に着目した規定であるが、老化は自然的システムの通時的側面に着目した規定である。

3 『創造的進化』におけるル・ダンテクへの言及

本節と次節では、当該の議論の論敵だと思われるル・ダンテクの議論を検討する。本節では、予備的作業として、ベルクソンがル・ダンテクの『個体主義の誤り』の問題設定を（少なくとも暗黙のうちに）前提にしている可能性を、テクストを読み解きつつ指摘していきたい。

注意深く読むならば、『創造的進化』におけるル・ダンテクへの言及は、いささか奇妙である。ル・ダンテクの名は、テクスト上は老化の原因を何らかの物質の増減によって説明する理論の一例として言及されるにすぎない（EC, p. 18, n. 1）。また、彼の理論は、説明の枠組みをアプリオリに与えているというまったく同じ理由で、チャールズ・セジウィック・マイノット（米 1852-1914）の理論と同時に棄却される。にもかかわらず、明確な理由が一切提示されることなく、ル・ダンテクの理論の方が「もっともらしく深みがある」（*Ibid.*, p. 18）と述べられているのだ。なぜだろうか。

この言葉は、ベルクソンが暗黙のうちに『個体主義の誤り』の問題設定に依拠しているために発せられたものだと考えることができる。その一端を示しておこう。ベルクソンは老化の問題を検討する際に、次のような前置きからはじめている。

特に私の身体を考えてみると、私の意識と同じように、身体も幼年から老年へと少しずつ成熟しているのがわかる。私と同様、私の身体も老化するのである。それどころか、成熟も老化も厳密に言えば、私の身体の属性でしかない。それに対応する私の意識的人格の変化に同じ名前を与えるのは、比喩にすぎない。（*Ibid*., p. 15, 傍点は引用者による）

これは、老化を精神の変化ではなく、あくまでも身体の変化の問題として議論するという宣言である。ここで着目すべきは、ル・ダンテクもまた『個体主義の誤り』の老化論（IEI, pp. 84-140）の冒頭部（ベルクソンが参照を指示している箇所）で、まったく同型の議論を展開しているということだ。ル・ダンテクの老化論は、「持続‐年齢（l'âge-durée）」と「構造‐年齢（l'âge-structure）」という二つの年齢概念の区別から出発する（*Ibid*., pp. 86-89）。前者の年齢概念は、任意の対象が一定の期間存続していることを示す。これに対して、後者の年齢概念は、任意の対象のある瞬間における分子構造の状態を示す。持続‐年齢に基づく理解では、「私は32歳である」というのは「私は32年間存続している」という意味で把握される。ここでル・ダンテクが指摘するのは、持続‐年齢による理解は「私の同一性」を前提する必要があるということだ。この前提は、ル・ダンテクが提唱する同一性の基準に抵触する。その詳細は次節で検討するが、さしあたりここでは、次の点を押さえておけばよい。ル・ダンテクの考えによれば、持続‐年齢は単なる比喩にすぎないのであって、より正確には、人格的老化（持続‐年齢）は生理学的老化（構造‐年齢）に「付随する（survenir）」（*Ibid*., p. 140）のである。

先ほど引用したベルクソンの前置きのうちに、ル・ダンテクの議論に対する目配せを看取することは容易いだろう。これにとどまらず、『創造的進化』第一章には、『個体主義の誤り』と共通の問題設定をいくつか見出すことができる。[11] もう一点指摘しておくと、第1節で述べたように、ベルクソンは個体性と老化を不可分のものとして考察する際に、人間、滴虫類、木といった事例を持ち出すのだが、これらの事例もル・ダンテクが個体性と老化について議論する際に検討している事例なのである。[12] こうした事情を踏まえると、テクスト上は見えにくいのだが、ベルクソンがル・ダンテクに対する反論として自身の理論を構築している可能性はきわめて高い。

以下では、ベルクソンとの比較に役立つ範囲でル・ダンテクの議論を整理し（第4節）、それに対する反論としてベルクソンの議論を再構成することにしよう（第5節）。

4　ル・ダンテクの個体論と老化論

そもそもル・ダンテクとは何者なのか。彼の名は、今日では生物学史においてもほとんど忘却されている。しかし、ベルクソンが活躍した時代には最も重要な生物学者の一人として知られていた。[13] 若かりし頃のル・ダンテクは、ごく一般的な——凡庸なわけではない——実験生物学者として、原生生物の消化作用に関する重要な実験をいくつか行なっている。だが、主著『新しい生命論』（1896）以降、彼はきわめて思弁的な生物学の体系構築へと向かう。後期ル・ダンテクは、生物学者というよりも、生物学の哲学者であったと言ってもよいだろう。[14] 実際、同時代の哲学者ドミニク・パロディ（仏 1870-1955）は次のように証言している。

> ル・ダンテクにとって、生命は［……］化学的な現象でしかない。それは本質的に同化（*assimilation*）によって定義される。［……］そのような態度が意味しているのは、絶対的な唯物論、最も厳密なデテルミニスム、そして個体性の否定である。（Parodi[1920], pp. 54-55）

この証言に見られるように、ル・ダンテクの思想のうちには「個体性の否定」という信念に貫かれた一種の形而上学が見出される。この視点から捉えると、本節で検討する『個体主義の誤り』は、彼の生物学の哲学の基盤となる理論が定式化される著作とみなすことができる。以下では、『創造的進化』

---

11 『個体主義の誤り』第一部は、「デテルミニスムと生気論」（*Ibid.*, pp. 15-37）、「時間における個体性」（*Ibid.*, pp. 38-58）、「E・D・コープと種の形成における意識の役割」（*Ibid.*, pp. 59-71）、「デテルミニスムに対するいくつかの反論」（*Ibid.*, pp. 72-83）という四つの章から構成されているのだが、これが『創造的進化』第一章の議論構成と類似している——ただし、両者はことごとく真逆のことを主張している——ことも指摘しておきたい。

12 具体的には、『個体主義の誤り』第二部第八章「滴虫類の加齢」（IEI, pp. 105-107）、第九章「植物の老い」（*Ibid.*, pp. 108-123）、第十二章「相称動物の老い」（*Ibid.*, pp. 134-140）を参照されたい。

13 発達心理学の祖とされるジェン・ピアジェ（仏 1896-1980）は最初期の論文「生物学と戦争」において、ベルクソンとル・ダンテクに言及している（Piaget[1918]）。ピアジェ研究者にはよく知られているのだが、ピアジェ思想の鍵概念である「均衡化（équilibration）」の源泉は、ベルクソンの「生への注意」とル・ダンテクの「同化」である。このことからは、ル・ダンテクがかつてはベルクソンと同程度に重要な人物と見なされていたことが窺い知れる。

14 アルフレッド・ビネ（仏 1857-1911）が「この著作の主要な欠陥はきわめて仮説的な性格である」（Binet[1896], p. 354）と証言している通り、『新しい生命論』以降のル・ダンテクの思想は、実証科学に従事する者には検証不可能な哲学的仮説と見なされた。ただし、本書の第三章や補論②で触れるが、フレンチ・ネオ・ラマルキズムの中心的人物として、ル・ダンテクがフランスの生物学業界で大きな影響力をもっていたことは確かである。

と対照する際に有用だと思われる、第一章第二部「時間における個体性」(IEI, pp. 38-50) と第二章「ひとはなぜ老化するのか」(*Ibid*., pp. 84-140) を中心に、個体性 (4-1節)、同化と異化 (4-2節)、老化 (4-3節) についての理論を確認する。

4-1 時間における個体性

「時間における個体性」の主眼は、個体主義の誤りを指摘し、これに対する代案を示すことにある。一言で言えば、個体主義の誤りとは、「二つの異なる瞬間において、与えられた個体を、同じ名前で示す習慣」(*Ibid*., p. 38) に由来する日常的な言語使用である。ル・ダンテクの考えでは、このような言語使用は、日常生活においては有用であるが、科学的説明に転用すると問題が生じることになる。それは次のような仕方で論証される。(以下は、ル・ダンテクの用語法に従って、彼の議論 (*Ibid*., pp. 38-39) を再構成したものである。)

ル・ダンテクは次のような問いを立てる。

ル・ダンテクの問い:時刻tにおいて存在する対象Aは、時間軸方向に間隔dt (intervalle dt) だけ延長した時刻$t+dt$において、時刻tと同一のものだろうか。

この問いに対して、彼は二つの可能な解答を提示する。

L1 間隔dtがどんなに小さいものであったとしても、間隔dtを経ることによってAは必ず変化dA

を被る。それゆえ、時刻 t において存在するAは、時刻 $t+dt$ において存在するA＋ dAとは異なる対象である。

Ｌ２　時刻 t と時刻 $t+dt$ において、観察される対象が類似した特徴を示す場合には、時刻 t において存在するものと時刻 $t+dt$ において存在するものを同じAという名前で示してよい。

次にル・ダンテクは、どちらの解答が正しいかを検証するために、石灰の化学反応という事例を挙げる（*Ibid*., p. 42）。ある時点において、x、y、zと呼びうる三つの生石灰の集塊があり、かつ空気中に十分な水分と炭酸が含まれているとする。一定の時間を経た後に観察すると、そこには何があるだろうか。この場合、Ｌ１とＬ２に対応する次のような解釈が可能である（*Ibid*., pp. 42-43）。

Ｌ1'　観察の始点において存在する生石灰と、観察の終点において存在する消石灰と炭酸石灰とは、異なる対象である。

Ｌ2'　観察の前後で存在する対象が見かけ上類似している（生石灰、消石灰、炭酸石灰は、いずれも白色の粉上の物質として知覚される対象であり、それらは見かけ上類似している）のだから、x、y、zという名前で指示可能な同じ対象が存続している。

ここで、Ｌ2'を支持する者はいないだろう。ル・ダンテクもまたＬ2'を棄却する。しかし、ル・ダンテクにとって重要なのは、Ｌ1'を支持すべき根拠である。Ｌ1'という解釈が成立するためには、CaO、$Ca(OH)_2$、$CaCO_3$を見比べて、それぞれCaは同一であるが、それ以外の要素が異なるということを識別する必要がある。このことを踏まえてル・ダンテクは、観察される対象の「分子構造」に着目して、その構成要素となる「分子の同一性」を識別する場合のみ、「同一性」に関する言明が可能になると考える（*Ibid.*）。これに対して、L2'は、時間を通して存続する対象があるという暗黙の前提L2ゆえに生じる誤りである（*Ibid.*, p. 43）。

まとめよう。ル・ダンテクにとって、一定の時間間隔を通して同一性を保持するような対象、つまり変化することのない対象は、分子のみである。ゆえに、複合的対象（＝構成された対象）の同一性に言明するためには、その構成要素たる分子の同一性に言明するほかない。一見して明らかだが、時間における個体性の問題とは、いわゆる通時的同一性の問題に相当する。ル・ダンテクは、分子の同一性という基準を設けて、複合的対象の通時的同一性、あるいは時間における個体性を否定するのである。

4-2 同化と異化

ところで、生物という対象は、比較的長い時間間隔において連続した変化を被る対象の典型例である（*Ibid.*, p. 47）。それゆえ、ル・ダンテクの基準からすると、生物に同一性を認めることは難しそうに思える。しかし彼は、生物においては、生体の構成要素たる「形成物質（matière plastique）」が、時間を通じて変化しないことを示せば、同一性を確保できると考える。ここでル・ダンテクは、「同化」という生命現象に着目する。「同化現象のおかげで、種の形成物質は、自らを再現するのであり、表面化している基礎的な生命の反応の最中でも自分自身に同一的なのである」（*Ibid.*, p. 49）。同化のおかげで、形成物質の分子構造は時間を通して同一性を保持する、というわけだ。

とはいえ、『個体主義の誤り』が執筆された１８９０年代には、形成物質の構造については明らかになっていなかった（*Ibid.*, pp. 48-49）。それゆえ、ル・ダンテクは生体を構成する形成物質の全体をプラスティド[15]という単位で近似することを提案する（*Ibid.*, p. 49）。これは次のように正当化される。同化において、形成物質の維持には不必要な付随物が必ず産出される（*Ibid.*, p. 49）。『個体主義の誤り』では明示されないが、『新しい生命論』において、この作用は「異化（désassimilation）[16]」と呼ばれる（TN, p. 247）。異化ゆえに、生体全体をみた場合には、プラスティドという生物の同一性を示す単位と、付随物という生物の同一性とは無関係の単位が混在していることになる。それゆえ、個体主義者のように生体全体に名前を与えるよりも、プラスティドという単位を用いた方がより正確に生命現象を記述できるのである。

以上を踏まえて、ル・ダンテクは「a+Q=λa+R」と表現される「同化の方程式」というモデルを導入する（IEI, pp. 49-50）。この方程式において、ａはプラスティド、Ｑは環境から取り入れられた物質、λは１以上の係数、Ｒは同化に伴う付随物を表現する。要するに、このモデルが示しているのは、すべての生物は栄養物を環境から摂取して同化を行い、それに伴う異化によって何らかの老廃物を生み

15　プラスティドは『新しい生命論』において生命現象の基礎的単位として導入されるものである（TN, pp. 25-28）。さしあたり、細胞のようなものと考えておけばよい。

16　現代生物学で「異化（catabolisme）」と呼ばれる働きとル・ダンテクが「異化（désassimilation）」と呼ぶ働きは異なる点には注意が必要である。前者は、多糖から単糖へ、脂質から脂肪酸へ、核酸からヌクレオチドへ、たんぱく質からアミノ酸へというように、複合物質をその構成要素へと分解してエネルギーを取り出す代謝過程である。これに対して、後者は、同化という代謝過程のなかで、不必要な物質が付随的に生み出されることを意味する。

出すということである。

4-3　老化

第二章「ひとはなぜ老化するのか」の目的は、同化の方程式モデルを用いて老化現象の本性を確認することである。すでに確認したように、ル・ダンテクは持続 - 年齢と構造 - 年齢の区別から議論をはじめる。これらを区別する必要があるのは、二つの年齢概念が異なる老化観を提示するからである。一方で、「持続 - 年齢の観点では、人間は生まれてからずっと老化している」(*Ibid.*, p. 87)。他方で、「構造 - 年齢の観点では、[……] ただ成体の形態においてのみ、いわば発達がすでに終わった後で、老化を特徴づける兆候が示される」(*Ibid.*)。ここで、持続 - 年齢が私の同一性を前提することはすでに確認したので、これが分子の同一性によって棄却されることも推測できるだろう。彼は構造 - 年齢に基づいて、純粋に化学的な現象として老化を記述するのである。

ル・ダンテクにとって、老化の本性を解明する鍵となるのは付随物Rの役割である。「この項〔R〕からなる付随物のいくつかは、一般的には固体の状態でプラスティドの表面に沈殿する。こうして、それらの付随物はプラスティドの全体をほとんど殻で覆う」(*Ibid.*, p. 96)。ル・ダンテクはこの現象を「被覆(encroûtement)」と呼ぶ。生体が持続すればするほど被覆は増大するが、この被覆の増大はプラスティドの年齢、すなわち構造 - 年齢を示している(*Ibid.*, p. 97)。また彼は、さまざまな事例を通して、被覆が増大するにつれて生物の機能が損なわれることを示す。このことから、同化に伴う付随物の蓄積こそが老化の原因であり、老化の内実は被覆によって生体にさまざまな障害が生じることである、と帰結される。

ル・ダンテクは次に、成長と老化の切り替わりについて論じる。「諸器官は、その機能編成のあいだは同化し、〔機能編成の〕休息のあいだは破壊される。同化が破壊よりも優勢なあいだは成長しているが、これら二つの作用が拮抗しているときには大人の状態である」(*Ibid.*, p. 126)。これが表しているのは、生物には、同化による成長が優勢な期間と異化が優って破壊が優勢な期間があり、異化が優勢になる期間から老化がはじまるということである。

最後に、ベルクソンとの比較において最も重要な論点を確認しておこう。ル・ダンテクは、「a+Q=λa」という状態は不可能であると指摘している(*Ibid.*, p. 93)。これは、いかなる場合でも、付随物Rの産出は不可避的であること、したがって老化は不可避的であることを示している。その上で、彼は次のように述べる。

> キチン質〔節足動物や甲殻類の外皮の主成分〕による外的な被覆という現象を老化の原因とみなすことができるだろう。なぜなら、それは有機体の機能に障害をもたらすからである。しかし、それは若返り(rajeunissement)によって、すなわちキチン質の脱皮によって修正される。(*Ibid.*, p. 137, 傍点は引用者による)

これは、すべての生物にとって、付随物の蓄積それ自体は不可避的であるが、脱皮のような被覆を消去する機能をもつ生物にとって、老化は可逆的な現象であることを示している。[17]

これまでの議論をまとめておこう。ル・ダンテクは、分子の同一性という基準に基づいて複合的対象の時間における個体性(通時的同一性)を否定する(4-1節)。次いで、一見すると時間における個体性を認めることはできないように思える生物という複合的対象に関しても、同化の働きに着目すると、プラスティドという基礎的単位は時間における個体性を維持している、と考える（4-2節）。そして、同化の方程式モデルを用いて分析すると、老化現象は、成長の後に生じるものであり、権利上は可逆的な現象である、と帰結することになる（4-3節）。

5 ベルクソンの個体論と老化論の再構成

本節では、これまでの議論を踏まえて、ベルクソンの個体論と老化論を相補的な理論として再構成することを目指す。具体的には、次の二点を示すことが本節の目的である。第一に、ベルクソンは「老化と個体性」において、ル・ダンテクの老化論およびその暗黙の形而上学的前提を退けることで（5-1-1節）、老化を不可逆的な現象とみなす立場を間接的に擁護すると共に（5-1-2節）、〈有機体は持続間隔に存する〉、あるいは〈有機体は時間における個体性を示す〉ということを論証している（5-1-3節）。第二に、一連の議論を踏まえると、本章の第2節で提示した作業仮説、すなわち、ベルクソンの個体論と老化論を、有機体の構成様態の共時的側面と通時的側面についての理論として、相補的に理解することができる（5-2節）。

5-1 ベルクソンの老化論の再構成――ル・ダンテクに対する反論として

ベルクソンの老化論の論理構成は、やや複雑なものである。というのも、ベルクソンの議論は、老化の可逆性を主張する生物学理論に対する反論として展開されるからである。彼の指摘によれば、老化の可逆性を主張する論者には、生体内の何らかの物質の増減だけに注目するという共通点がある――しかし、どのような物質に注目するかは論者によってまったく異なる！――のだが、それは彼らがアプリオリな説明枠組みを措定しているせいである（EC, p. 18）。ベルクソンにおいて老化の可逆性を退ける論証は、まずは物質の増減による老化の説明が立ち行かなくなるという反証、次にアプリオリな説明枠組みを有機体に適用することの不可能性の指摘、という二つの作業を通してなされる。以下では、ベルクソンの老化論をル・ダンテクに対する反論として再構成することで、次の二点を示すことにしたい[18]。①老化の不可逆性が直接的に導出されるわけではなく、ル・ダンテクの理論を崩すことで不可逆性を主張する余地が確保されるにすぎないこと。②直接的に導出されているのは、有機体の時間における個体性であること。

17　今日我々が「アンチ・エイジング」と呼ぶものと対照すると、ル・ダンテクの「若返り」に関する主張がいかに過激なものであるかがよくわかる。アンチ・エイジングは、老化現象を遅らせることを意味するものであり、厳密に言えば若返りではない。これに対して、ル・ダンテクが主張する若返りは、被覆を消去することによって構造‐年齢をリセットすることを意味するため、本来の意味での若返りである。脱皮という事例を持ち出しているので眉唾に思われるかもしれないが、ル・ダンテクと同様の存在論（4-1節）を前提した上で、老化現象を代謝モデルで捉えるのであれば、権利上はこのような若返りを想定することができる。実際に、可能であるかどうかは事実上の問題にすぎない。ル・ダンテクの若返りに関する主張を否定することは、一見して思われるほど容易ではないのだ。

18　なお、私が調査した限り、『創造的進化』で参照される生物学者の著作や論文のなかで、老化の可逆性に関する議論が展開されているのはル・ダンテクの著作だけである。それゆえ、老化の可逆性を主張する論者として、ル・ダンテクだけを検討対象にすることには問題はないと思われる。

本題に入る前に、一点補足しておこう。それは、« vieillissement » というフランス語の多義性である。この語は、「ワインの熟成（vieillissement du vin）」[19]という用例に示されるように、有機体の改廃（destruction）だけでなく、成長や成熟といった意味も含む。ベルクソンもこうした多義性を意識してこの語を用いている。それゆえ、便宜上引き続き「老化」と訳出するが、ベルクソンの用語としては有機体に生じる変化一般を指すものとしてこの語を用いることにし、必要に応じて「老化・成長」と表記する。

5-1-1　アプリオリな説明枠組みとその形而上学的前提

まずは議論の見通しをよくするために、アプリオリな説明枠組みとは何か、そしてこの枠組みはいかなる形而上学的前提に由来するものなのかということを確認しておこう。

> 事実、科学が操作する諸々のシステムは、絶えず更新される瞬間的現在に存するのであって、過去が現在と一体となっているような、実在的で具体的な持続に存するのでは決してない。〔……〕〔二つの異なる瞬間を結ぶ〕間隔（intervalle）において流れることになるもの、つまり実在的時間はどうでもよくて、この時間が計算に入ることなどない。もし数学者がこの間隔に身を置くと言っても、彼が身を移すのは常に特定の点、特定の瞬間、つまり時間 t の末端なのであり、このとき、時点Tまでの間隔はもはや問題にならない。（*Ibid.*, p. 22）

ここで問題になっているのは、対象の変化を説明するときに、変化の始点と終点に相当する二つの異なる瞬間（例えば時刻tと時刻$t+dt$）だけに注目して、これらを結びつける間隔（例えば間隔dt）を流れる時間を無視する、ということである。この場合、対象の変化の説明は、二つの異なる瞬間における諸部分の配置の変化の説明に還元されることになる。これがアプリオリな説明枠組みであり、老化の可逆性を主張する根拠である。というのも、この説明枠組みに依拠すると、少なくとも権利上は、有機体の現在の瞬間における諸部分の配置が、以前の瞬間における諸部分の配置とまったく同じ状態になる、といった事態が可能だからである。

ところで、この説明枠組みをすべての対象に適用できるのは、すべての対象が「瞬間的現在に存する」――瞬間的現在において余すところなく現れている――とき、かつそのときに限る。瞬間的現在に存する限りにおいて、任意の瞬間における複合的対象の形式は、この瞬間における構成要素の配置の形式に還元されることになり、ひいては対象の変化も、二つの異なる瞬間における配置の変化として説明可能になる、というわけだ。以上がアプリオリな説明枠組みの形而上学的前提である。

これに対して、ベルクソンが擁護しようとする立場では、瞬間的現在に存する対象は一部の対象に限られる。それは、「人為的に閉じられたシステム（système artificiellement clos）」（以下「人為的システム」）[20]、すなわち、我々が知覚する諸物体や、科学が操作する孤立系（système isolé）や閉鎖系（système clos）にほかならない。これに対して、有機体のような自然的システムは、瞬間的現在ではなく、間隔を流れる時間に存するとされる。もしこの形而上学的立場が正しいとすれば、有機体の変化を説明する際に、間隔を流れる時間を無視すべきではない、ということが帰結する。

19　これはル・ダンテクが老化について分析する際に最初に検討する事例である（IEI, p. 91）。

ル・ダンテクの立場は、アプリオリな説明枠組みに基づいて、老化の可逆性を主張する立場の典型例にほかならない。ル・ダンテクの老化論においては、実際に付随物を消去する能力（例えば脱皮）をもつかどうかは事実上の問題であるが、理論上は付随物の消去は常に可能である。[21] これは、老化現象は、事実上は不可逆的だが、権利上は可逆的だということだ。また、老化や成長といった有機体の変化を説明するために導入される同化の方程式「a+Q=λa+R」というモデルは、左辺と右辺が示す二つの異なる瞬間における生体の状態を、プラスティドの総体を表現する項aを基準とする生体の構成要素の配置の変化として説明するモデルであるため、アプリオリな説明枠組み以外の何ものでもない。

とはいえ、ただ単に「間隔を流れる時間を無視すべきではない」と批判されたところで、ル・ダンテクにはこの主張を受け入れる道理はないだろう。逆にベルクソンには、同化の方程式モデルの破綻を示すことによって、自らの主張を正当化する責任がある。次節でベルクソンの論証を再構成しよう。

5-1-2　外因説と内因説——ル・ダンテクの老化論に対する反証と代案

アプリオリな説明枠組みを措定する老化論者に対して、ベルクソンは次のように反論する。

それら（思春期や更年期のような劇的変化、または昆虫の変態）がある特定の年代に起こり、しかも非常に短い期間に起こるとしても、徴兵の知らせが満20歳の男子に来るように、単にある年代に達したという理由で、その変化がそのとき突然外から（*ex adrupto*, du dehors）やって来るのだと主張する人はいないだろう。明らかに、思春期のような変化は、生まれたときから、いや生まれる前から、毎瞬間準備されていて、この重大な局面までの生物の老化は、少なくとも部分的には、この漸進的な準備に存している。要するに、老化において本質的に生命と関わるのは、感覚不可能で、〔分割しようとすると〕無際に分割される、形態変化の連続なのだ。もっとも、有機体の改廃現象が老化に伴うことに疑いの余地はない。老化の機械的な説明はこの現象に注目しているのである。この説明は、硬化に関する諸事実に注目し、残存物質が次第に蓄積し、細胞の原形質が次第に肥大することを指摘するだろう。しかし、この眼に見える結果の下には、内的原因（cause interne）が隠れているのだ。（*Ibid*., p. 19）

ル・ダンテクの主張と対比すると、ベルクソンの反論の要点は次の三点である。

①外的原因による老化の説明の困難：生物の生活史（life history）において、何らかの劇的変化が生じるというのは経験的事実である。だが、ル・ダンテクの老化論では、このことをうまく説明できない。同化の方程式モデルでは、老化の原因は付随物の蓄積や被覆とみなされるが、そもそもこの付随

20　「物質を互いに隔絶された物体に分割することは我々の知覚に相対的であり、質点の閉じたシステムを構成することは我々の科学に相対的である」（EC, p. 12）というように、「人為的に（artificiellement）」という語は「我々の知覚や科学に相対的に」という意味で用いられている。ただし、ベルクソンが次のように留保を付け加えている点には注意が必要である。「確かに、科学がシステムを隔絶させて閉ざす操作は、完全に人為的なものではない。もしこの操作に客観的根拠がないなら、ある場合にはその操作がまったく適切であるのに、別の場合には不可能であることを説明できないだろう」（EC, p. 10）。なお、人為的システムについては、本書第四章で検討する。

21　SF的な想定かもしれないが、生命科学が進歩すれば、生体外部に生じる被覆だけでなく、生体内部に生じる蓄積を消去することができるかもしれない。これが可能となれば、それはル・ダンテクが言うところの「若返り」が実現する。

物は、環境から摂取した物質の残滓であり、有機体の外側からやって来るものだ。それゆえ、同化の方程式モデルは、老化を外的原因によって説明するモデルにほかならない。だが、幼虫から成虫への変態のような劇的変化を外的原因だけで説明することは、ある年代に達したというだけで徴兵の知らせが突然外からやって来ると述べるに等しい。これは馬鹿げた仮説だろう。[22]

②内的原因による老化の説明という代案：昆虫の変態のような劇的変化を説明するためには、老化や成長といった変化が「規則的な段階（des phases bien réglées）」（*Ibid.*, p. 15）を経て生じる現象であるということを認める必要がある。また、この規則性を説明するためには、発生の初期段階から漸進的に老化を推進する内的原因を認めるべきである。

③有機体の本性：②の代案が正しいとすれば、有機体は形態変化の連続であるということが帰結する。この点については、「生物の発達（évolution）は、胚の発達と同様、持続の連続的記録、現在における過去の残存を含意しており、したがって少なくとも見かけ上の有機的記憶力（mémoire organique）を含意しているのである」（*Ibid.*, p. 19）とも述べられる。

このように、ル・ダンテクの老化論に対するベルクソンの反論は、①生活史において生じる劇的変化（昆虫の変態など）という経験的事実を持ち出すことで、外的原因による説明の不備を指摘した上で、②内的原因による説明という代案を提示するというものだ。また②の代案が正しいとすれば、③有機体を連続的な形態変化の過程として捉え直す必要が生じ、間隔を流れる時間の実在を擁護することができる。

ここで、②の代案の妥当性を検証するひとつの方法は、実際に老化の内的原因と見なしうる生物学的事実が存在するかどうかを確かめることだろう。先の引用部において、規則的な段階を経て生じる変化は「生まれたときから、いや生まれる前から、準備されていて」（傍点は引用者による）と述べられることからも推測されるように、ベルクソンが内的原因として想定する生物学的事実は遺伝である。ただし、ベルクソンの遺伝論の内実については紙幅を割いた検討が必要であるため、本書の第三章で個別的に議論する。さしあたり、ここでは、外的原因による説明（以下「外因説」）に対する代案として、遺伝を根拠とする内的原因による説明（以下「内因説」）が提示されているということを押さえておけばよい。

5-1-3　老化と時間における個体性

以上で見てきたように、生活史における劇的変化の事例を通して、外因説よりも内因説の方が有機体の変化をうまく説明できることが示され、また、外因説を棄却することで間接的に老化の可逆性も棄却されるため、老化の不可逆性を主張する余地が確保される――直接的に不可逆性が導出されているわけではない。そして、内因説が正しいとすれば、有機体は間隔を流れる時間に存する連続的な過程として捉え直されることになる。[23]

しかし、当然のことながら、ル・ダンテクにも反論の機会が与えられねばならない。再び昆虫の変

22　引用部において、「もっとも、有機体の改廃現象が老化に伴うことに疑いの余地はない。老化の機械的な説明はこの現象に注目しているのである」（EC, p. 19）と述べられているように、同化の方程式モデルによる説明を全面的に否定しているわけではない点には注意が必要である。老化を外的原因だけで説明することが問題なのであって、説明そのものが完全に誤りだというわけではない。本書で繰り返し指摘するが、ベルクソンは科学的説明をそっくりそのまま否定するわけではなく、限界を指摘しているだけなのだ。

態の事例について考えてみよう。同化の方程式「a+Q=λa+R」を用いてこの事例を分析するのであれば、左辺に幼虫の状態、右辺に成虫の状態をあてはめることになる。ル・ダンテクには、内因説に従うべき理由など一切ない。むしろ、変態の事例が外因説に対する反証にならないことを示すために、外的原因に相当する項Qによって変化を説明することは正当な権利として認められるべきである。また、変化の始点と終点に注目するだけでは説明が困難なのであれば、始点と終点のあいだに無際限に中間段階を措定して変化の過程を詳細に追跡することも認められるべきである。このように、内因説を提示するだけでは、外因説の立場から昆虫の変態の事例が反証にならないことを示すという余地が残る。そして、そのような説明は科学的説明としてはきわめて妥当なものだろう。

だが私の考えでは、このように最大限譲歩したとしても、同化の方程式モデルでは時間における個体性（通時的同一性）を説明できないという問題が残る。このモデルでは、分子と同様の役割を担うものとして、プラスティドという基礎的単位を措定することによってのみ、有機体の時間における個体性を説明することができる。だが、幼虫から成虫への変態のような劇的変化の前後で、プラスティドが一定不変に保たれているというのは、困難な想定だと思われる。というのも、不完全変態ならまだしも、完全変態における蛹化の過程では、成虫原基と、生存のために必要ないくつかの系（神経系や呼吸器系）を除いて、ほとんどの細胞組織は溶解してしまっているからだ。ここで、プラスティドが一定不変だと言えるだろうか——少なくとも私には首肯できない。一定不変でないとすると、昆虫の変態の事例において、時間における個体性が保持されていると主張することはできない。

ここで我々は次のことを想起せねばならない。それは、有機体の時間における個体性を擁護するというのは、そもそもル・ダンテク自身の動機である、ということだ（4-2節）。しかし、前の段落で示した通り、同化の方程式モデルは挫折する運命にある。それでもなお有機体の時間における個体性を擁護する立場を維持したいのであれば、ル・ダンテクは自身の暗黙の形而上学的前提を取り下げるべきだろう。その前提こそが、すべての対象は瞬間的現在に存するという前提にほかならない。この前提に基づくために、有機体の現在の状態をその直前の状態に還元することになり、そこから、有機体の変化を（あたかも化学変化であるかのように）構成要素の配置の変化として説明する、同化の方程式という枠組みが召喚されることになるのだ。

以上を踏まえると、ベルクソンの老化論のひとつの目的は、有機体を、間隔を流れる時間に存する対象とみなすことによって、その時間における個体性を擁護することにあるのではないか、と考えることができる。「老化と個体性」の結論部を見てみよう。

生物または自然的システムに関する知識は、持続間隔そのものを対象とする知識であるが、人為

23　こうした議論の経緯は、ル・ダンテクとの対照によって見えやすくなるとはいえ、ベルクソンのテクストを注意深く読むだけでも押さえることはできる。ただし、論証の細部を理解しようとすると、ル・ダンテクという仮想敵を想定することは避けられない。例えば、内的原因が個体の誕生以前から準備されていると考えるべき理由は、テクスト上まったく語られない。だが、ル・ダンテクと対照すると、次のように考えることができる。まずル・ダンテクには、「内的原因を看過しているわけではない」という反論が可能である。なぜなら、老化の直接的な原因は付随物の蓄積や被覆であるが、そもそもこの不要な物質は同化に由来するものであり、そして同化は生体に内的な働きだからである。しかし結局のところ、同化によって生体に生じる規則的な変化は説明できない。というのも、同化モデルでは、個体と環境との相互作用によって老化を説明するため、個体が属する環境に応じて付随物の蓄積量が変動するはずだからである。同化という生得的な働きに訴えることができない以上、内的原因は個体の誕生以前から準備されていると考えるほかない。

的システムあるいは数学的知識は、その末端を対象とする知識である。(*Ibid*., p. 22)

ここで述べられているのは、無機物は瞬間的現在に存する対象であるが、有機体が持続間隔そのもの(二つの異なる瞬間を結びつける間隔を流れる時間)に存する過程であるということだ。だが、ル・ダンテクという仮想敵と対照するのであれば、引用部の主張は、〈無機物(または人為的システム)は時間における個体性を保持しないが、有機体(または自然的システム)は時間における個体性(通時的同一性)を保持する〉という主張と結びついている、と考えることができる。

5-2 本章の結び——ベルクソンの個体論の共時的規定と通時的規定

本章では、ル・ダンテクとの対照を通してベルクソンの老化論を読み直すことによって、①間接的にではあるが、老化の不可逆性が擁護可能であること、②老化という特徴づけを通して有機体を持続間隔と同定することには、有機体の時間における個体性を擁護するという役割があること、以上二点を確認した。この長い確認作業が必要だったのは、そうすることではじめて、本章の第2節で示した作業仮説、すなわち〈ベルクソンの個体論と老化論は有機体(または自然的システム)の個体性(有機体の特殊な構成様態)に関する相補的な理論である〉という仮説を正当化することができるからである。ここでは、本章のまとめとして、個体論と老化論を相補的な理論とみなすことで、有機体と無機物がどのように区別されるのかをまとめておくことにしよう。

一連の議論は、有機体と無機物は共通の素材から構成されるという前提のもとで提示されている。ベルクソンにおいて、この前提に抵触せずに両者を区別することが可能なのは、両者を構成様態の差異によって区別するからであった。つまり、有機体は、個体性の肯定的規定（解剖学的基準と生理学的基準）と、老化（時間的基準）という二つの側面によって規定される特殊な構成様態を示すことで、無機物とは区別されるのである。

具体的に見てみよう。まず、個体性の肯定的規定（解剖学的基準と生理学的基準）を用いると、有機体と無機物は次のように区別される。一方で、有機体を構成する諸要素は異質的であり（解剖学的基準）、それらが担う機能は多様であり、かつ相互補完的に連携する（生理学的基準）。他方で、無機物を構成する諸要素は等質的であり（解剖学的基準）、それらが担う機能は一様であり、かつ相互外在的で連携しない（生理学的基準）。これは、共時的側面に着目した規定である。

このような共時的側面に着目した区別は、老化（時間的基準）という通時的側面に着目した規定とも無縁のものではない。例えば、無機物が老化しないというのは、無機物が瞬間的現在に存するということであるが、これは、無機物においては、それを構成する時間的諸部分など一切ないということである。それゆえに、無機物という複合的対象は、各瞬間において相互外在的な諸部分の単なる寄せ集めとして現れることになる。これに対して、有機体が老化するというのは、有機体が持続間隔に存するということであり、ここでは、それを構成する時間的諸部分が決して切り離せないものとなっているということである。それゆえに、有機体という複合的対象は、異質的で相互補完的に連携する諸部分が相互浸透的に結びついた全体として構成されることになる。[24] このように、老化（時間的基準）はシステムの構成に関する通時的側面に着目した規定なのだが、それは共時的側面の条件になっているのである。

24　この論点については、本書の序章で確認した『直接与件』の議論を想起されたい。

このように考えると、個体性を示す場合には必ず老化し、逆もまた真であるということにも内実が与えられる。有機体は、老化によって一定の間隔において持続し、この有限な持続間隔において、異質的で相互補完的に連携する諸部分が相互浸透的に結びついた全体として個体性を示す。有機体は、有限な持続間隔に存するちょうどその間（intervalle）だけ、共時的個体性を示すのである。有機体はすぐさま生殖によって次の世代にとって代わられるかもしれない。しかし有機体は、この定められた短い期間だけは、単なる作用・反作用の連鎖に還元されることなく、この連鎖に抗って自らの個体性を示すことができる。個体性と老化は有機体の自由を保証するのだ。自由の内実については、有機体の行動の理論を検討する第四章に譲ろう。

補遺　自然死と事故死

実を言うと、ル・ダンテクは『新しい生命論』において、「死」と関連する理論を展開している。[25]先に見た通り、すべての生物は、絶えず自らを維持する構造の調整作用、つまり同化を示す。だが、「死がこの協調作用を破壊し、個体性が中断する」（TN, p. 289）。ル・ダンテクにとって、生物の時間における個体性を担う単位であるプラスティドが破壊されること、これこそが死にほかならない。ここで注目すべきは、彼が「自然死（la mort naturelle）」と「事故死（la mort accidentelle）」という概念的区別を提案していることである（*Ibid.*, p. 285）。一方で自然死とは、付随物の蓄積を原因とする老化に基づく死であり、他方で事故死とは、それ以外の要因による死である。この区別を設けた上で、ル・

ダンテクは、自然死は非常に稀であるため考慮する必要がなく、事故死の方が本質的だと主張する(*Ibid.*)。この点について、『新しい生命論』では、理論的な根拠が与えられていない。しかし、『個体主義の誤り』では、被覆の除去による若返りという論点が追加されることで、少なくとも節足動物や甲殻類には自然死が存在しないということが論証されている。

さて、ベルクソンはまさにこの論証を棄却して、有機体を持続間隔と同定するのであった。そうすると、次のようには言えないだろうか。ここでベルクソンは自然死について言明しているのだ、と。管見では、ベルクソン哲学のうちに、死について語るための契機が見出されることはほとんどない。だが私の見立てでは、ベルクソンは老化論を通して、事故死ではなく、自然死の実在を主張している。[26]

この論点を踏まえるのであれば、個体性の否定的規定を踏まえた上で、それでもなお個体性が単なる見かけではないと主張することができる理由も明らかになる。有機体という存在者は、生殖の過程の一部であるという意味では、生命の連続的進展の一部であるが、老化がもたらす自然死によって有限な持続間隔として構成されるという意味では、自然に時間における個体性を示すのである。そして、このような時間における個体性は、他の誰のものでもなく、当の持続間隔を生きる有機体のものなのである。

25 別の文脈ではあるが、ベルクソンはル・ダンテクの『新しい生命論』も参照している(EC, p. 34, n. 2)。

26 『創造的進化』第三章の「そのエランは有限で一度しか与えられない」(*Ibid.*, p. 254)という重要なテクストは、個々の生物が有限な時間しか存在しないということを前提に提示されている。これまで確認してきたように、ル・ダンテクとの対照によって「老化と個体性」を読むのであれば、ベルクソンは『創造的進化』の冒頭部で、エラン・ヴィタルの重要な規定を導出するための準備をしていたということになる。

第三章　何が個体発生を導くのか
――個体性と遺伝の問題

はじめに

おそらく多くの読者が「アンチ・エイジング」という言葉を耳にしたことがあるだろう。アンチ・エイジングの実践のひとつに、抗酸化作用のある食品を摂取するというものがある。酸化は老化の原因であるため、これを抑え込むことで老化に抗おうというわけだ。しかしながら、いくら抗酸化作用のある食品を摂取したところで、老化を完全に避けることはできない。それは、前章の第5節（5-1-2節）で確認したように、老化には代謝に関与する外的原因（外界から摂取され、身体に蓄積されるもの）だけではなく、個体の誕生以前から準備され、老化を促進するような内的原因があるからだ。個体発生を方向づける役割を担うその内的原因こそ、本章の主題である遺伝（hérédité）である。

ベルクソンにとって、遺伝とは、現在の生物に遠隔的過去（祖先の記憶）を継承する働きである。個々の生物は、自身の歴史（個体発生の歴史）を背負っているだけでなく、自身に先立つものたちの歴史（系統発生の歴史）を背負っている。遺伝のおかげで、個々の生物は、世代を超えて相互浸透的に結びつき、ひとつの連続的進展をなすのだ。そうすると、組織化・個体化の運動もまた、世代ごとに再開される断続的な運動ではなく、世代を超えて超個体的な仕方で継続される未完了の進展として捉え直されることになる。こうした意味において、遺伝とは「有機的記憶力」（EC, p. 19）の別名なのである。

実を言うと、私が本章で確認したいのは、たったこれだけのことである。しかしながら、この些細な結論を引き出すためには、ある問題を解明する必要がある。それは、ベルクソンの遺伝論の生物学的内実である。

当時の生物学業界の状況を踏まえると、遺伝が生物学的事実であったと言えるかどうかは疑わしい。周知の通り、現代の遺伝学の基礎となったグレゴール・ヨハン・メンデル（独 1822-1884）の遺伝学が再発見されたのは、『創造的進化』が刊行される直前の１９００年のことである。また、再発見されたとはいえ、専門の生物学者たちが一斉にメンデル遺伝学を受け入れたわけでもない。例えば、染色体の発見者として生物学史に名を刻むトマス・ハント・モーガン（米 1866-1945）でさえも、当初はメンデル遺伝学に対して否定的な態度を示していた（Morgan[1909]）。

その頃のフランスの生物学業界の状況は、遺伝学にとってはより一層ひどいものであった。というのも、当時のフランスは、メンデル遺伝学よりも、獲得形質の遺伝（l'hérédité de l'acquis : HA）を支持する生物学者の方が多いというかなり特殊な状況だったのである。ＨＡとは、個体において後天的に獲得された形質が次世代に遺伝し、種に固有の形質として固定される、という考えである。一般に、ジャン＝バティスト・ラマルク（仏 1744-1829）に由来するとされるこの考えは、現代では基本的には誤りとみなされている。当時の生物学業界でも、現在観察される生物のあらゆる形質の由来をＨＡに帰す立場、すなわちラマルク主義に対しては、主流ではなかった。生物学史の標準的見解によると、フランスの特殊な状況は、前章で紹介したル・ダンテクをはじめとするフレンチ・ネオ・ラマルキズムの学統に名を連ねる生物学者――アルフレッド・マチュー・ジアール（仏1846-1908）、ユリアン・コンスタン（仏1857-1936）、そしてエティエンヌ・ラボー（仏1868-1956）――によってもたらされたとされる[1]。

こうした時代背景（特にフランスの状況）を踏まえると、老化の内因説を遺伝という生物学的事実によって正当化するというのは、非常に困難な試みだったと言える。にもかかわらず、ベルクソンにそれが可能だったのは、彼自身が遺伝に関する生物学的論争の渦中に飛び込んでいったからにほかならない。彼は、フレンチ・ネオ・ラマルキズムが支配する当時のフランスにおいて、その最大の論敵であったヴァイスマンの学説に賛同しつつ、ＨＡに対する批判者として、真正面から生物学者と対決するのだ――独自の遺伝理論を携えて。

本章の主眼は、ヴァイスマンからの理論的影響関係の内実を解明しながら、ベルクソンの遺伝論の文字通り生物学的内実を解明することである。ただし、生物学的内実を解明した後に、哲学的議論との関連についても考察を加えることにしよう。

1　フレンチ・ネオ・ラマルキズムと遺伝学の関係についてはBuican[1984]を参照されたい。特にメンデル遺伝学との関係についてはMarion[2004]に詳しく、ここでは、フランスにおいてメンデル遺伝学受容が停滞した最大の要因として、ル・ダンテクとラボーがとりあげられている。

1 『創造的進化』における獲得形質の遺伝をめぐる問題

『創造的進化』第一章の後半部は、進化論の諸学説を批判的に検討しながら、ベルクソンが自身の進化論を構築していく道のりとして理解できる。しばしば指摘されるように、ベルクソンの進化論の主要な生物学的源泉としては、ネオ・ラマルキズムの代表的な論客であるエドワード・ドリンカー・コープ（米 1840-1897）の名を挙げることができる。[2] コープは進化の深い原因として個体の心理的努力を重視した――例えば、キリンの首が長いのは、高所の食物を食べるために自発的に努力した結果だ、という具合に。ベルクソンも生命を意識とのアナロジーで捉えるため、コープの影響を強調することは妥当であるように思える。（同時代の進化論の諸学説に対する批判的考察については、本書第五章第1節で確認する。）

とはいえ、ベルクソンはコープの理論に留保を加えている。それは、コープがHAを自説の中心に据えているという点である。だが、HAは生物のもつ自発性を擁護することができるものであり、むしろベルクソン哲学と折り合いがいいのではないかとも考えうるため、彼がHAを批判する理由は必ずしも明確ではない。[3] また、本章の冒頭でも述べたように、ベルクソンはHAの問題についてのみ生物学上の論争そのものに参入している――ベルクソンのHA批判は哲学的議論ではない。なぜそれほどまでにHAの問題に執着する必要があるのだろうか。『創造的進化』の校訂者アルノー・フランソワが指摘する通り、我々はベルクソンのHA批判の裏側に、ヴァイスマンの学説を重視する姿勢を見出すことができる（François[2008], p. 103）。

ヴァイスマンは発生学や遺伝学の黎明期に活躍したドイツの生物学者であり、とりわけ主著『生殖質』（1892）における遺伝論の体系によって知られている。後ほど詳しく確認するが、生殖質説は、①体細胞と生殖細胞の区別、②個体の経験を通して獲得された体細胞の形質が、生殖細胞に継承されることの不可能性（＝体細胞から生殖細胞への作用の否定）、③胚を媒介して世代間で継承される生殖質の連続性の存在、という三つの論点を中心に組み立てられている。モーガンも報告しているように、生殖質説はHAを批判する論者たちに高く評価されてきた（Morgan [1926], pp. 30-31）。今日においても、HAを批判する主要な論拠となっているのは、ヴァイスマンの学説である。[4]

標準的な解釈では、ベルクソンはヴァイスマンの学説の基本的なところには同意している、と考えられている。というのも、ベルクソンはヴァイスマンの生殖質説に言及した直後に、自身の進化論の中心をなす生命の連続的進展に関する主張を提示しているからである。

2　金森 [1994] は、『創造的進化』の生物学的源泉として、進化の方向性を重視するアイマーの定向進化説と、進化を心理的なものとみなすコープのネオ・ラマルキズムを評価している。

3　これは金森 [1994] の解釈であるが、私はそもそもの想定が間違っていると思う。というのは、コープの学説において、生物がもつ自発性を擁護する役割を担っているのは、HAではなく、心理的努力そのものだからである。心理的努力を（個体の水準にとどめて）措定するとHAが要請されることになるのは確かだが、心理的努力を（個体の水準にとどめずに）認めてHAを棄却するというベルクソンの方針にまったく不明瞭なところはない。些細な解釈上の問題であるため本文中では議論しないが、本章（特に第4節）のひとつの目的は、このことを示すことにある。

4　例えば、進化ゲーム理論の提唱者として知られるジョン・メイナード・スミスは、生殖質説を二重らせん構造の発見者フランシス・クリックが提唱した「分子生物学のセントラルドグマ」と結びつけて、「分子的ヴァイスマン主義」として再定式化を試みている（Maynard Smith [1995]）。

ヴァイスマンが力説する「生殖質の連続性」の理論では、生み出す側の有機体〔親〕の生殖要素は、その特性を、生み出される側の有機体〔子〕の生殖要素に直接伝える。（EC, p. 26）

生殖質が連続的なものではないとしても、少なくとも発生＝遺伝エネルギーの連続性は存在する。このエネルギーは、ほんの一瞬、つまり胚生に推進力を与えるときだけ消費され、そして、できるだけ早く新しい性的要素のなかで取り戻され、そこでもう一度機会が来るのを待つことになる。この視点から見ると、生命は、発達した有機体を媒介しながら胚から胚へと移りゆく、ある流れとして現れる。（*Ibid.*, p. 27）

もっとも、二つの目の引用部の「生殖質が連続的なものではないとしても」という記述に見られるように、ベルクソンが何らかの留保を加えているのは事実である。[5] とはいえ、生命の連続的進展という考えが生殖質の連続性というテーゼを考慮したものであるという事実は揺るがないだろう。このような事情を踏まえて、フランソワは「ヴァイスマンは『創造的進化』の主要な生物学的源泉の一人とみなされねばならない」（François[2008], p. 106）と結論づけている。

しかしながら、ベルクソンがHA批判を展開する「獲得形質の遺伝」（EC, pp. 77-85）という節において、ヴァイスマンのHA批判の中核を担う②体細胞から生殖細胞への作用の否定という主張は、ベルクソン自身のHA批判の直接的な論拠にはなっていない。この節で実際に彼が試みているのは、HAについての独自の解釈を提示することで、系統発生（ある生物種が過去から現在に至るまでにたどった進化の過程）をHAによって説明する議論を封殺することである。それゆえ、ヴァイスマンの学説をべルクソンが生命の連続的進展という考えを導き出すためのヒューリスティックとみなす従来の解釈では、ベルクソンに対するヴァイスマンの影響の本質的なところを看過してしまっている。[6]

以下では、両者のHA批判を比較することで、ヴァイスマンからベルクソンへの理論的影響の内実を明確化し、「ベルクソンはいかなる意味でヴァイスマン主義者なのか」という問いに解答することを目指す。また、このようなアプローチを通して、ベルクソンの進化論における遺伝の役割と意義を明らかにすることにしたい。

2 ヴァイスマンの生殖質説

本節では、ベルクソンとの比較に役立つ範囲で、ヴァイスマンの遺伝論の要点を整理していくことにしよう。ただし、ヴァイスマンの理論は、時期によって内容が異なるので、生殖質説の構築に至るまでの変遷を追跡することにしたい。

5　François[2008]は、発生学者のルイ・ルール（仏 1861-1942）からの影響を考慮してその説明を試みている（François[2008], p. 106）。

6　Pearson[1999]の解釈は、『創造的進化』におけるヴァイスマンの影響を重視するものである。しかし、その解釈では、ヴァイスマンからの影響に、生命の連続的進展というベルクソンの着想にとってのヒューリスティックな価値しか見出していないように思われる。実際、ベルクソンがHAを批判するのは、生命の連続的進展を強調するためでしかない、という見解が示されている（Pearson[1999], pp. 39-40）。

生物学史ではよく知られていることだが、ヴァイスマンのＨＡ批判は、外在主義に対する態度決定と密接に結びついている。さしあたり本章では、環境的諸条件が個体の形質に影響を与えることを認める立場を「外在主義」と呼ぶことにしよう。ヴァイスマンと外在主義との関係については、さまざまな解釈がある。とはいえ、初期の著作や論文では系統発生が環境の影響を直接的に被ると考えられていたのに対して、『生殖質』では系統発生の説明において環境要因が考慮されなくなる、という解釈方針は共有されている。[7] そのため、本節では、初期の論考は扱わず、生殖質説の雛形が形成される時期の論考に焦点をあてて、ヴァイスマンがＨＡ批判を通してどのように自説を展開してきたのかについて検討する。

ヴァイスマンがＨＡ批判の立場を明確に打ち出すのは、１８８３年にフライブルグ大学で行なわれた講演をもとにした論文「遺伝について」においてである。その序文のなかでヴァイスマンは、自身の基本的な考えについて、以下のように述べている。

> 私の見解では、これ〔遺伝の基盤〕は生殖細胞の物質でしかないだろう。そして、これは何よりも世代から世代へとその変わることなき遺伝的傾向（Vererbungstendenzen）を継承するのであり、その運搬者、すなわち個体の運命から影響を受けることはない。（Weismann[1892a], p. 75, 傍点は引用者による）

> 遺伝は世代から世代へと通り抜ける胚の分子的な物質の連続性に基づいている。（*Ibid*, p. 76）

ここでの主要な論点は二つある。ひとつは、世代間で継承されるのは生殖細胞に含まれる分子的な物質のみであり、個体がその生涯を通して獲得した形質が継承されることはない、という論点である。これは、体細胞から生殖細胞への作用の否定というＨＡ批判の理論的根拠の雛形のようなものだ。もうひとつは、生殖細胞を通じてのみ親から子へと伝達される「遺伝的傾向」という概念が提示されていることである。

ところで、この論文のなかでは、ＨＡが受容されてきたひとつの理由として、ＨＡなしには種の変化が説明できないと考えられてきたことが挙げられている（*Ibid*, p. 90）。言い換えれば、ここでヴァイスマンは、ＨＡが系統発生の機構因として受け入れられてきたことを問題視している。そして、この文脈において、ヴァイスマンは生理学者チャールズ・ブラウン＝セカール（仏 1817-1894）の立場を批判的に検討する（*Ibid.*, pp. 91-93）。ベルクソンのＨＡ批判でも同様に、ブラウン＝セカールが中心的な批判対象となるため、この点について詳しく検討しておくことにしよう。

ブラウン＝セカールは１８６９年に、自身の実験結果に基づいて、ＨＡを擁護する論文を発表している（Brown-Séquard[1869]）。その実験とは、脊髄や坐骨神経が人為的に切断されたことによっててんかん状態を引き起こしたモルモットが、子孫にてんかん状態を遺伝した、というものだ。この実験に

7　ＨＡを批判したヴァイスマンは、その生涯を通して、反外在主義的な立場を先鋭化させていくというのが標準的な解釈であるが、外在主義的側面を強調する解釈も存在する（Winther[2001]; Weissman[2011]）。しかし、ヴァイスマンの外在主義を強調する論者においても、『生殖質』では個体発生の位相でしか環境要因が考慮されていない、という解釈は一致している。例えばWinther[2001]の解釈では、『生殖質』を中心とする「階層的な外在主義」と呼ばれる時期においては、環境要因は個体発生に関わるデテルミナントとビオフォアのみに影響を与えるとされる（Winther[2001], p. 542）。

対してヴァイスマンは、ブラウン＝セカールの実験において観測されるＨＡは一種の「感染（Ansteckung）」であって「遺伝（Vererbung）」ではないと指摘している（Weismann[1892a], p. 92）。ただしこの時点では、「感染」と「遺伝」の区別の妥当性については必ずしも明瞭ではない。

ヴァイスマンは、１８８５年に開催されたドイツ自然研究者会議の第五八回大会での発表をまとめた１８８６年の論文「自然選択における有性生殖とその意義」（以下「有性生殖論」）において、再度ブラウン＝セカールに言及している。この論文でヴァイスマンは、「てんかんは形態学的形質（morphologischer Charakter）ではなく疾患（Krankheit）である」（*Ibid*., p. 375）という区別を導入する。ここで「形態学的形質」と呼ばれているものは、規則的な「真の遺伝（wirkliche Vererbung）」（*Ibid*., p. 377）または「生殖質の構造に最初から与えられていた潜在的なもの」（*Ibid*., p. 324）によって生じる。これに対して、「疾患」は一定不変に伝達するものではない——ここでは、精子や卵子といった生殖要素に浸透しながら、疾患を伝達する微生物が想定されている（*Ibid*., pp. 376-377）。

このように、ヴァイスマンは、ブラウン＝セカールとの対決を通して、仮にＨＡが観察されるとしても、それは不規則的な疾患によって伝達されるものであり、潜在的な遺伝的傾向に基づいて形態学的形質を形成する発生学的なメカニズムには大きな影響がない、という自身の仮説を補強する。しかし、世代間で遺伝的傾向が継承されるというだけでは、系統発生についての説明としては不十分だろう。なぜなら、遺伝的傾向というプログラムに従って個体発生を繰り返すだけならば、新しい形態学的形質が生じる余地がないからである。そもそもＨＡ批判によって外在主義的な説明を禁じている以上、系統発生を説明するためにはまったく別の代案が必要となる。

「有性生殖論」では、外在主義的説明に対する代案として、系統発生を説明するために有性生殖ないしは減数分裂の役割が強調される。簡潔に言えば、有性生殖の役割とは「二つの遺伝的傾向の混合（Vermischung zweier Vererbungstendenzen）」（*Ibid.*, p. 345）にほかならない。精子と卵子は共に祖先から継承した遺伝的傾向を保持している。だが、二つの傾向は有性生殖の過程で混合する。この混合によって、精子の系列と卵子の系列が再現するはずだった形態学的形質とは異なる形質が生じることになる。もちろん、この新しい形質が自然選択のテストを受けることは確かだが、ヴァイスマンの強調点は変異そのものが有性生殖によってもたらされるという点にある。

これまで見てきたように、ヴァイスマンはＨＡ批判を通して、生殖細胞を媒介として進展する遺伝的傾向の連続性、すなわち生殖質の連続性を主張する。また、ＨＡのような外在主義的説明の代わりに、有性生殖による遺伝的傾向の混合という仮説を提案する。これらの学説は、当時の進化論の文脈において、「系統発生は個体発生の機構因である」（Haeckel[1874], p. 5）という主張でよく知られる、エルンスト・ヘッケル（独 1834-1919）の反復説を補う役割を担ったと考えることができる。ただし、「遺伝について」と「有性生殖論」の時点では、その漠然とした方向性が示されるだけで、理論の詳細については語られていない。ヴァイスマンが実際に生殖質の物質的構造についての理論を構築するのはその後刊行される『生殖質』においてである。

『生殖質』では、染色体に相当するイダント、生殖質の物質的基盤であるイド、体細胞の組織学的な構造決定を担うデテルミナント、細胞の特徴を決定する最小単位のビオフォアという四つの階層が前提される。[8] 以下では、個体発生と系統発生の二つの観点からその理論を整理することにしよう。

細胞分裂によって、生殖細胞と体細胞が分離したとき、生殖細胞においては、イドはイダントの形で保持されるので、デテルミナントへの解体が生じない。これに対して、体細胞においては、デテルミナントへの分解が進み、イドが次第に分化していく。前者の理論は生殖質の連続性を説明し、後者の理論は個体発生を説明する。また、イドからデテルミナントへの分解過程は不可逆であるため、体細胞から生殖細胞への作用が否定されることになる。ここで理論的な実質を伴ったＨＡ批判が成立する。

ところで、個体発生の過程でデテルミナントの配分を担うイドは、「潜在的な構造ポテンシャル」(Weismann[1892b], p. 105) とも呼ばれる。ヴァイスマンは『生殖質』第八章のなかで、有性生殖と減数分裂の過程によって、この「潜在的な構造ポテンシャル」が攪乱されるという議論を展開している。「有性生殖の過程によって、二つの個体の遺伝的物質は、子孫において一つの物質へと統一する」(*Ibid.*, p. 308) という記述は、有性生殖によって結合した卵子のイドと精子のイドが、一度二倍になった後に減数分裂によって半減するということを意味している。世代間で有性生殖と減数分裂が繰り返されることで、個体発生の構造ポテンシャルの複雑性が漸進的に増大することになり、これによって系統発生が説明される。

本節の議論をまとめよう。ヴァイスマンの生殖質説は、①体細胞から生殖細胞への作用の否定によるＨＡ批判、②生殖質に保持される潜在的な遺伝的傾向に基づく個体発生、③有性生殖による生殖質の攪乱を原因とする系統発生、という三つのテーゼとしてまとめることができる。以下では、この三つのテーゼを念頭に置きつつ、ベルクソンのＨＡ批判について検討することで、ベルクソンとヴァイスマンの類似点と相違点を明らかにしたいと思う。

3　ベルクソンの遺伝論①——獲得形質の遺伝批判と偏差の遺伝モデル

まずは、『創造的進化』でHAが批判される文脈について確認しておきたい。HA批判はコープの学説を批判する文脈に関わる。だが、他の進化論の諸学説がその理論的不備を真正面から批判されているのに対して、コープの学説を検証する箇所では、コープの理論的不備への批判というよりも、HAをめぐる論争そのものに紙幅が割かれている。また、そこで批判すべき対象として槍玉に挙げられているのは、コープではなく、先述したブラウン＝セカールである。

『生殖質』が出版されたのと同じ1892年に、ブラウン＝セカールはヴァイスマンへの応答を目的とした短い論文を提出する（Brown-Séquard[1892]）。ブラウン＝セカールの論文の要点をまとめると、ヴァイスマンが想定するような疾患を伝達する微生物は存在せず、仮にその存在を認めたとしても、それが生殖細胞に浸透しうる理由が不明瞭であり、神経系の特定の部位に干渉する理由も説明できない、ということになる（*Ibid.*, p. 687）。これらの論点を踏まえて、ブラウン＝セカールはHAの妥当性を再度主張する。

ベルクソンのHA批判を検討する前に、もう一点確認しておきたいことがある。それは、HAにつ

8　生殖質の物質的構造については主に『生殖質』の第一章で語られる（Weismann[1892b], S1）。

9　『生殖質』の結論部では次のようにまとめられている。「有機体の反復を可能にするような物質が、これまでに増大してきた複雑性は、生物の系統発生のなかで徐々に産出される。そして最終的に、物質の複雑性はきわめて高い程度にまで到達する」（Weismann[1892b], p. 616）。

いてのベルクソンの最終的な態度決定に特に貢献したと思われる、生理学者アルベール・シャラン（仏1856-1907）の１８９６年の論文「病理学における遺伝」である。[10] シャランは、ウサギに毒性物質を注射して、その子孫を観察するという実験を行なっている。彼の観察によれば、毒性物質は有機体内を循環することで、体細胞と生殖細胞を共に変質させる（Charrin[1896], p. 5）。そして、この毒性物質はときどき子の世代に伝達されうる（*Ibid.*）。シャランは、毒性物質に対する免疫の遺伝も考慮に入れているのだが、「免疫の遺伝はいつも稀なことである」（*Ibid.*）とされる。

シャランの実験からベルクソンが導き出す帰結は二つある。まず、特定の相同器官だけに影響を与えるようなＨＡはありえないということが挙げられる。[11] 次いで、そのようなケースを考えるときには、シャランが言うような免疫が想定されねばならないが、それはきわめて例外的である、と帰結される。これらの論点を総括するかたちで、ベルクソンは次のように述べている。

> 生殖質に現れる変化をＣと呼ぼう。［……］体細胞のある部分の変容によって引き起こされた生殖細胞の変容が、形成中の新しい有機体の同じ部分に同じ変容を引き起こすのは、その有機体の他のすべての部分がＣに対して免疫がある場合だけだろう。（EC, p. 83）

以下では、ここでベルクソンが考えている遺伝モデルを詳細に検討し、その再構成を試みる。

次頁の図３は、ベルクソンの遺伝モデルを図式化したものである。ここでは議論の簡略化のために、親の生殖細胞をGa、子の生殖細胞をGdとし、親の体細胞についてはSa1、Sa2、Sa3、子の体細胞についてはSd1、Sd2、Sd3とする。生殖質もしくは胚については、親の場合をGPa、子の場合をGPdとする。また、Sa1-Sd1、Sa2-Sd2、Sa3-Sd3は相同器官であるとみなす。さらに、任意の細胞が外的環境に起因する変化Cの影響を受けた場合、例えばSa1に変化が生じた場合は、Sa1Cと表記する。（ただし図中では、変化Cの影響を受けた細胞を灰色で示している。）

ブラウン＝セカールの実験のように、人為的にもたらされた変化Cが親のSa1に及んだとする。体細胞から生殖細胞への作用を認めるのであれば、Sa1に生じた変化Cは親のGaの構造の全体に影響を与えることになる。この場合の親の状態は、GaC、Sa1C、Sa2、Sa3となる（図3の親の有機体を参照）。次に、生殖によってGaCの情報が子に伝達され、子の生殖質GPdCが生じる（図3の子の生殖質を参照）。GaCにおいて保存されている変化Cは、生殖過程でGPdに継承された後、発生過程で体細胞系列と生殖細胞系列の双方に継承される。それゆえ理論上は、子の状態はGdC、Sd1C、Sd2C、Sd3Cとなるはずである（図3の子の有機体を参照）。ここで親と子の体細胞系列を比較すると、Sa1C-Sd1C、Sa2-

10　フランソワは、自身の論文および『創造的進化』の注釈のなかで、シャランの実験の重要性について指摘している（François[2008], p. 103; EC, p. 439）。「この論文［シャランの１８９６年の論文］はきわめて重要である。なぜなら、ベルクソンは［……］獲得形質の遺伝に関する決定的な議論をそこから引き出しているからである」（EC, p. 439, Notes sur la note, p. 82）。

11　ここでは、シャランがガブリエル・ドラマール（仏 18??-19??）とギュスターヴ・ムーシュ（仏 1864-1945）と共に行った別の実験が考慮されている。この実験を通して、ベルクソンはブラウン＝セカールのＨＡモデルを次のように解釈する「妊娠中のモルモットの肝臓、腎臓を傷つけると、この損傷は子に遺伝した。これは単に母親の器官の損傷が、特定の「細胞毒素」を生み出して、この毒素が胎児の相同器官（organe homologue）に作用したからである」（EC, p. 82, 傍点は引用者による）。ここでは、親と子の特定の相同器官にしか影響がないという見解が示されているが、後ほど示すように、ベルクソンは「偏差の遺伝」モデルを通してこの立場を批判する。

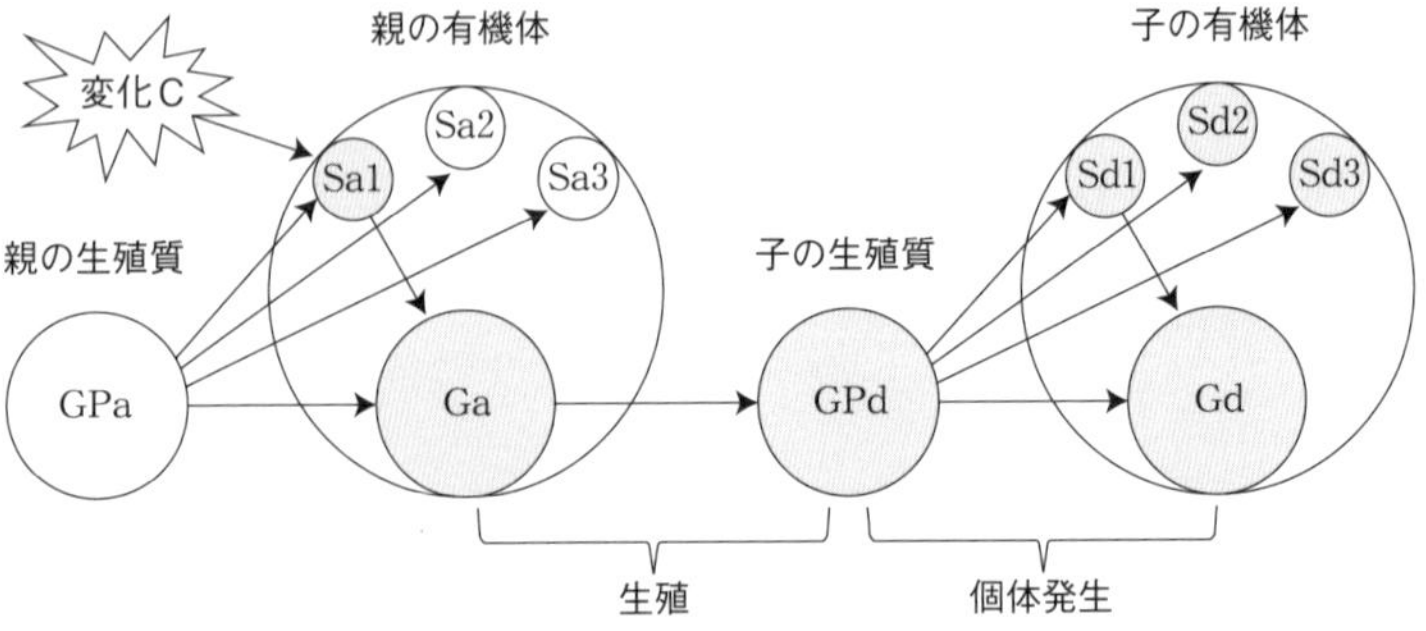

図3　ベルクソンの偏差の遺伝モデル

Sd2C、Sa3-Sd3Cとなっており、相同器官S2とS3の系列においては親と子のあいだに差異が見られる。それゆえ、親の有機体とまったく同じ状態が子の有機体において再現されるためには、Sd2とSd3が変化Cに対する免疫をもっている必要がある。だが、シャランの実験が正しいとすれば、そのような免疫は非常に稀なものである。

ベルクソンは自身の遺伝モデルについて以下のように語っている。

> 我々としては、偏差（*écart*）の遺伝と形質（*caractère*）の遺伝の区別を導入するよう提案したい。新しい形質を獲得する個体は、まさにそのことによって、以前の〔親の〕形態からも、その個体が保持する生殖細胞、あるいは、たいていは減数分裂した生殖細胞が発達しながら再生産するはずだった形態からもずれる（*s'écarte*）ことになる。〔……〕遺伝するのは偏差であって、形質ではないだろう。（*Ibid.*, p. 84）

ここで「偏差の遺伝」と呼ばれているものが、シャランの議論を援用しながらベルクソンが提唱する遺伝モデルである。また「形質の遺伝」と呼ばれているものは、ブラウン＝セカールが想定する遺伝モデルであり、親と子の体細胞系列の関係が、Sa1C-Sd1C、Sa2-Sd2、Sa3-Sd3となっている状態を指す。具体的に言えば、てんかんの状態だけが親と子の間で継承され、その他の部位においては親と子のあいだに差異が見られない状態がこれにあたる。しかし、図3で示したように、親の場合と子の場合で生殖質の状態は異なる。生殖質は個体発生の条件となるので、親の場合と子の場合で再現されるはずの形態にはずれが生じ、Sa1C-Sd1C、Sa2-Sd2C、Sa3-Sd3Cとなる。これが偏差の遺伝である。もちろん、GPdにもたらされた偏差がどのように発現するかは未知であるが、少なくとも形質の遺伝が実現するためには、Sd2とSd3に変化Cに対する免疫がなければならない。だが、この免疫はきわめて稀なものである。かくして、ブラウン＝セカールが想定するような形質の遺伝の規則性は否定されることになる（*Ibid*., p. 85）。まとめると、ベルクソンの偏差の遺伝モデルが示しているのは、偏差の遺伝という規則に加えて、Sd2およびSd3に免疫があるという条件を加えた場合にしかＨＡは生じない、ということである。

厳密に言えば、ベルクソンは、体細胞が生殖細胞に影響を与えるケースだけではなく、変化Cが体細胞と生殖細胞に同時に影響を与えるケースを考えている（*Ibid*., p. 83）。ただし、ベルクソンのＨＡ批判の要点は、変化Cを原因とする偏差が個体発生の段階で体細胞と生殖細胞の双方に継承されるということにある。つまり、体細胞から生殖細胞への作用を認めるかどうかは、ここでの批判の論点に組み込まれていない。これに対して、ヴァイスマンは、体細胞から生殖細胞への作用の不可能性を論拠として、ＨＡ批判を試みていた。いわば、ヴァイスマンが権利上ＨＡを批判しているのに対して、ベルクソンは事実上の例外事例としてＨＡを批判していることになる。ここにＨＡ批判に関する両者の相違点がある。

しかし、偏差の遺伝というモデルは、系統発生のメカニズムは説明できない。なぜなら、偏差の遺伝自体が規則的でありえても、偏差を伝達するという定義上、その規則性は進化における種の拡散を規定するものでしかないからである。偏差の遺伝によって、相似器官（例えば人間とホタテガイにおける眼）の発生を説明するためには、莫大な数の変異が同じ方向へ導かれ、蓄積されると想定しなければならない（*Ibid.*, p. 85）。しかし、Sd2とSd3の免疫が規則的でない以上、それは一定の方向に器官を複雑化するような規則性を説明できない。であるならば、偏差の遺伝は進化の多様性を説明する原理にしかなりえないだろう。このように、偏差の遺伝というモデルの第一の意味は、HAを持ち出して相似器官の出現を説明する立場を封殺することにある。

ところで、図3で示したように、偏差の遺伝というモデルが成立するためには、個体発生の源泉に「遺伝的傾向」の連続性を看取する、というヴァイスマンの主張が前提されている必要がある。実際、ベルクソンが『創造的進化』で参照するヴァイスマンのテクストは、『遺伝についての論文集と関連する生物学的課題』所収の論文「有性生殖論」である。具体的には、「疾患」と「形態学的な形質」を区別することによって、生殖質の「遺伝的傾向」の連続性に基づく個体発生のメカニズムを重視する立場が明確化される頁が参照される（*Ibid.*, p. 81, n. 1; Weismann[1892a], pp. 376-378）。また、ベルクソンは「自然な性向（aptitude naturelle）」（EC, p. 80）ないしは「自然な傾向（tendance naturelle）」（*Ibid.*, p. 81）という語を用いているが、これらは「減数分裂した生殖細胞が発達しながら再生産するはずだった形態」の原因と見なされる。以上を論拠として、生殖質に保持される「遺伝的傾向」の連続性に基づく「形態学的形質」の発生という理論こそが、ヴァイスマンがベルクソンに与えた本質的な影響であるとみなすことができるだろう。

HA批判についてのヴァイスマンとベルクソンの相違点と類似点をまとめておこう。前者が体細胞から生殖細胞への作用の否定によってHAを全面的に否定したのに対して、後者は偏差の遺伝という新しい遺伝モデルを導入することによって、いわばHAを修正している。この点にヴァイスマンとベルクソンのひとつの相違点がある。ただし、HA批判を通して、個体発生の機構因として遺伝的傾向を重視するという点で彼らは一致しており、ここに両者の類似点がある。

4 ベルクソンの遺伝論②――系統発生論の観点から

本節では、ベルクソンの系統発生論に考察対象を移し、両者の異同について確認することにしよう。HA批判の文脈では、体細胞から生殖細胞への作用の是非にヴァイスマンとベルクソンとの相違点を見た。系統発生論に着目すると、両者の相違点は有性生殖の役割にある。ヴァイスマンの場合、有性生殖による撹乱が系統発生の原理であることは、すでに見た通りである。これに対して、ベルクソンの場合、必ずしも明示的に述べられているわけではないが、有性生殖に積極的な意義を見出していない[12]。例えば『創造的進化』第一章では、有性生殖の効用は不明瞭であり、植物にとっては不必要な贅沢品であると述べられる（*Ibid.*, p. 60）。これは、有性生殖によって進化の一般的な方向性が規定されることはない、ということだろう。有性生殖に対する彼の態度がはっきりと示されているのは、先

12 ベルクソンの進化論または生命哲学のひとつの根本的特徴は、雌雄性（sexualité）に関する議論の不在である。

ほど見た偏差の遺伝について述べられる箇所の「減数分裂した生殖細胞が発達しながら再生産するはずだった形態」(*Ibid*., p. 84, 傍点は引用者による)という記述である。ここから、ベルクソンが有性生殖(あるいは生殖そのもの)に「形態学的形質」を再生産する役割しか与えていない、ということが推測できる。

ところで、大雑把に見ると、当時の生物学の系統発生の説明は、有性生殖による撹乱を採用するか、外在主義とHAの組み合わせを採用するかの二者択一だった。それゆえ、ヴァイスマンの有性生殖論を棄却する論者の多くは、外在主義とHAの組み合わせを選択し、結果的に遺伝によって系統発生を説明することを諦めるという方針をとっている。フレンチ・ネオ・ラマルキズムの学統に属する生物学者、例えばル・ダンテクは、その典型例とみなすことができる。[13] しかしながら、ベルクソンは、HAを批判しつつ、有性生殖による撹乱にも積極的な役割を与えないという特異な道を選択している。HAを退けた上で、系統発生における有性生殖の意義を排除するというベルクソンの姿勢は、遺伝的傾向そのものに変異の源泉を見て取るということの裏返しである。ベルクソンは、進化論の諸学説の利点と問題点を総括する箇所で、一定の方向に器官を複雑化する遺伝的変化について考えている(*Ibid*., p. 88)。そして、このような遺伝的変化の深い原因となるものこそ、異なる系統間で保存される遺伝的傾向、すなわち生命の本源的エランにほかならない(*Ibid*.)。

本源的エランについては、本書の第五章や第六章で検討するため、ここでは遺伝論の内実を見定めるために最低限の論点を整理するにとどめよう。(なお、以下は教科書的な整理であり、本書の第五章ではやや踏み込んだ解釈を提示する。)

①本源的エランの定義:ベルクソンによれば、宇宙には二つの逆向きの運動がある。一方は、エン

トロピーが不可逆的に増大する「物質」の運動であり、他方は、そのような運動を「遅らせる（*arrêter*）」（*Ibid.*, p. 247）「生命」の運動である。[14] こうした描像のもとで、エラン・ヴィタルは「なまの物質に働きかける傾向」（*Ibid.*, p. 97）と定義される。

②**エランの有限性テーゼ**：「エランは有限で一度しか与えられない」（*Ibid.*, p. 254）。こうした制約ゆえに、生命は一度に物質を征服することができず、個々の生物を媒介することでしか進展しえない。[15] このとき個々の生物は、生命の推進力全体ではないが、全体の何かを部分的に引き受けている（*Ibid.*, p. 54）。

③**系統発生の説明**：地球上に現存するさまざまな生物種は、自らが引き受けたエランの傾向に沿って、自らが身を置く環境が提出する問題に対して、さまざまな仕方で解答を与えることによって、何らかの「生存様式」（*Ibid.*, p. 250）を発明してきた。

ベルクソンは系統発生を説明する際に個体と環境との相互作用を重視するわけではないため、外在主義者ではない。だが、右記の①～③を踏まえて言えば、生命と物質、あるいは上昇と下降という二つの運動傾向のせめぎ合いを認めるという意味では、ある特殊な意味での適応主義者ではある。この

---

13 ル・ダンテクがコープのネオ・ラマルキズムを擁護するのは、遺伝ではなく、環境との機能編成（fonctionnement）によって生物を説明するためである（IEI, pp. 59-71）。

14 この点については、本書第七章で触れる。

15 「生命全体が進化、すなわち不断の変容であることに疑いの余地はない。しかし生命は、それを一時的に預かる生物を媒介にしてはじめて進展することができる。生物が作り上げる新しさが増大し、成熟するためには、ほとんど同じような何千何万という生物が、空間と時間中で反復される（se répètent）必要がある」（EC, p. 232）。

点についても、第五章で改めて確認することにしよう。

以上の論点を踏まえると、ヴァイスマンとベルクソンの系統発生論の異同を明確にできる。ヴァイスマンの場合、遺伝的傾向は有性生殖によって撹乱されるため、種の拡散を説明することはできるが、相似器官をもたらすような収斂進化を説明することはできない。これに対して、ベルクソンの場合、エラン・ヴィタルという生命の一般的な運動傾向が保持されるような仕方で遺伝的傾向を捉え直すため、収斂進化を説明することができる。すべての生物はエラン・ヴィタルという共通の傾向に沿うため、異なる系統間であっても、環境が提出する問題が類似している場合には、その問題に対する解答が類似する可能性も高くなる。このような理路で、相似器官が出現する可能性が確保される、というわけだ。

まとめておこう。ベルクソンがヴァイスマンから継承したのは、生殖質に保持される遺伝的傾向の連続性に基づく形態学的形質の発生という理論である。ただし、ヴァイスマンが系統発生の原因と見なした有性生殖による撹乱は、ベルクソンにとっては種の拡散しか説明できないものと見なされている。その代わりに、ベルクソンは遺伝的傾向に「なまの物質に働きかける傾向」という新しい規定を加えることで、種の拡散と収斂を同時に説明する視点を確保している。[16] このように、ヴァイスマンは、ただ単に生命の連続性という主張のヒューリスティックとしてのみ評価されているわけではない。ヴァイスマンが提示した形態学的形質の発生の基盤となる遺伝的傾向という理論なくして、ベルクソンは自らの進化論を構築することはできなかったと言える。この意味において、ヴァイスマンは『創造的進化』の主要な生物学的源泉の一人と見なされねばならないだろう。

5　遺伝、老化、個体

最後に、これまで確認してきたことを踏まえて、遺伝によってどのように老化を説明することができるのかについて考察していくことにしよう。

前章で確認したように、ベルクソンは、まず個体性の肯定的規定（解剖学的基準と生理学的基準）を通して、個体の構成様態を共時的側面から特徴づけ、次いで老化論を通して、通時的な側面からの特徴づけを追加する。そうすることで、有機体は、持続間隔に存する対象、形態変化の連続、未完了の組織化の過程（組織されつつあるもの）として捉え直されるのであった。私の見立てでは、遺伝論を通して、このことがより詳細に説明可能になる。

遺伝論と老化論を結びつけるのは、本章の冒頭で引用したヴァイスマン主義の雰囲気をまとったあの一節である。改めて引用しておこう。

生殖質が連続的なものではないとしても、少なくとも発生＝遺伝エネルギーの連続性（continuité d'énergie génétique）は存在する。このエネルギーは、ほんの一瞬、つまり胚生に推進力を与えるときだけ消費され、できるだけ早く新しい性的要素のなかで取り戻され、そこでもう一度機会が来るのを待つことになる。この視点から見ると、生命とは、発達した有機体を媒介しな

16　HAを論拠とするコープは、個体の心理学的努力を能動的な適応概念として提唱したが、これに対してベルクソンは、能動的な適応を個体にとどめず、遺伝的傾向という水準に拡張している。この点についても、本書の第五章で検討する。

がら胚から胚へと移りゆく、ある流れとして現れる。（*Ibid.*, p. 27）

ここから次の二つの論点を読み取ることができる——これら二点は、« génétique » というフランス語が「発生的」とも「遺伝的」とも訳出できることに関わる。①このエネルギーは個体発生の初期段階で一度だけ与えられる有限なものである。この規定から、未完了の過程としての有機体の組織化（老化・成長）は有限な過程であることが帰結する。このエネルギーが尽きた場合には、組織化（成長）が停止し、有機体は「組織されていない物体」になる——つまりは自然死に至る。②このエネルギーは生殖細胞においては保存される。つまり個体発生に必要なエネルギーは、個体にとっては有限だが、生殖細胞系列にとっては有限ではない。

さて、ベルクソンの老化論の掛け金は、老化・成長は発生の初期段階から準備されている内的原因に基づいているという想定にあった。ここで、個体発生を推進する発生＝遺伝エネルギーが実在するのであれば、内的原因はもはや想定ではなく根拠となる——実際、エネルギーの有限性に関する規定は、いわゆるテロメア説（細胞分裂を繰り返す度に「テロメア」と呼ばれる染色体の末端部が短縮することを老化の究極的要因とみなす学説）を考慮すれば、今日でも擁護可能なものだろう。[17] さらに言えば、発生＝遺伝エネルギーは個体にとって有限であるため、原理的に衰退するしかない。それゆえ、仮にル・ダンテクが想定するような若返り——以前の状態とまったく同一な状態への回帰——が可能であったとしても、自然死の過程が停止することはない。この意味において、老化の不可逆性は不可避的となる。このように、ベルクソンを個体発生に関するヴァイスマン主義者とみなすのであれば、老化論は補うことができる。[18]

ここで、前章で確認した議論を想起しよう。ベルクソンの老化論は個体論と密接に結びついており、これらの理論は有機体と無機物を区別すべき理論的根拠の探求に関わるものであった。であるならば、ベルクソンがヴァイスマン主義者であるのは、単に生物学的な問題関心ゆえではない。ベルクソンは何よりもまず、有機体と無機物を区別する基準として持続間隔・瞬間的現在（または未完了・完了）という形而上学的区別を導入した形而上学者なのであり、そして有機体を持続間隔に存する未完了の組織化の過程と捉えるという形而上学的立場を徹底するために、ヴァイスマン主義者になったのである。ここで徹底というのは次のことを意味する。有機体が未完了の組織化の過程であると言えるのは、それが老化・成長するだけでなく、その背後に「生殖する傾向」（*Ibid*., p. 13）が控えているからである。これは、より厳密に次のように言うこともできる。個々の有機体（組織されつつあるもの）は、発生＝遺伝エネルギーが尽きると無機物（組織されていないもの）へと解体（décomposition）されてしまうが、それでもなお、生殖を通して続けられる生命の組織化の運動全体は、未完了の進展として継続される。このような意味で、ベルクソンのヴァイスマン主義は、有機体を発生論的に考察する存在論のひとつの徹底なのであり、自前の遺伝理論を構築した非凡な努力も、こうした存在論の徹底のために捧げら

17　逆に、ル・ダンテクの老化論は、現代では外因説の一種の老廃物蓄積説に位置づけられるが、老廃物の蓄積を老化の唯一要因とみなし、テロメアが示唆するような生物の側の内的なプログラムを考慮しない立場は、ほぼ存在しない。現代では、内因説を基本とし、外因説を組み合わせるハイブリッドな立場が一般的である。

18　なお、老化生物学史において、ヴァイスマンはいわゆる「消耗仮説（wear and tear theory）」を提唱した人物として知られ、しばしば内因説やプログラム説の起源とされる。それゆえ、生殖質説の影響下にあるベルクソンが同種の老化論を展開することは必然であると言える。

れたものなのである。

第二章と第三章では、個体性・老化・遺伝をめぐる問題の検討を通して、生物（自然的システム）の特徴づけを確定してきた。後の議論のために、これまでの要点を整理しておくことにしよう。

1　**個体性の共時的規定**（**個体性の肯定的規定**）：個体とは、解剖学的基準と生理学的基準を同時に満たす複合的対象である。ここで、二つの基準は次のように定義される。

i　**解剖学的基準**：構成要素となる諸部分が異質的である。

ii　**生理学的基準**：構成要素となる諸部分が担う機能が多様であり、かつそれら諸機能が相互補完的に連携する。

2　**個体性の通時的規定**（**老化**）：個体とは、有限な持続間隔に存する（一定の期間だけ時間軸方向に延長する）複合的対象である。ここで、持続間隔の終点は、老化がもたらす自然死によって決定される。老化は次のように定義される。

i　**老化**：老化とは、成長と同時に進行する過程であり、胚生の初期段階（誕生時）に与えられた発生＝遺伝エネルギーが衰退していく過程である。

3　**個体間の通時的連続性**（**遺伝**）：個体が存する持続間隔は、生命の連続的進展という長大な持続の部分である。ここで、諸々の持続間隔の連続性は、遺伝によって保証される。

このように、個体性の共時的規定（個体性）、個体性の通時的規定（老化）、個体間の通時的連続性（遺伝）という三つの特徴づけを通して、生物は未完了の組織化・個体化の運動のなかに置き直される。しかし、ここまでの議論は、組織化・個体化の運動の輪郭を素描しているにすぎない。次章以降では、この輪郭線に沿って、そこに彩りを加えていくことで、組織化・個体化の運動の内実を明らかにしていきたい。

第四章　ミクロな世界で蠢く生物たちの自由
——個体性と行動の問題

はじめに

本書ではこれまで、「生物とは何か」または「生命とは何か」という問いと向き合いながら、未完了の組織化・個体化の運動がどのようなものなのか素描してきた。生物とは、物質的対象の一種である。だが、他の物質的対象、例えば結晶などとは違い、生物は相互補完的に連携し合う諸部分から構成されている特殊な物質的対象、個体である（共時的な個体性）。また、生物が個体であるのは、誕生から現在に至るまでの個体発生の歴史（老化の歴史）、あるいは誕生以前から脈々と進展してきた系統発生の歴史（遺伝の歴史）を背負っているからだ。そして、そうした生物個体をかたちづくる生命の連続的進展が、「組織化」ないし「個体化」と呼ばれる運動なのだ。

ところで、これまで見てきた議論は、基本的には生物の構造（structure）や形態（forme）をめぐるものである。生物が共時的な個体性を示すということは、生物が物質的対象には見られない複雑な内部構造をもつということだ。あるいは、老化・成長に関しても、幼虫から成虫への変態を、ある形態から別の形態への突然の変化としてではなく、連続的な形態変化の過程として捉え直すことが問題となっていた。しかし、本章では、少し角度を変えて、生物の行動（action）という観点から、生物という特殊な物質的対象について考察してみたい。

あらゆる生物は行動する。日本語で「動く物体」を意味する動物はもちろんのこと、植物でさえそうである。植物の行動ということですぐさま思いつくのは、ハエトリグサのような食虫植物だろう。ハエトリグサは、捕虫器の役割を果たす二枚の葉を所有しており、そこに獲物が入ってくると、一瞬で葉を閉じて獲物を閉じ込める。このように、動物だけでなく、植物にも行動は観察される——もちろん、これは極端な事例である。ただし、「あらゆる植物は行為する」というならば、多くの人々が首を傾げるにちがいない。一般に「行為（acte）」というのは、生物の活動のうち、一定の意志を伴う活動を指す。これに対して、「行動（action）」は、反射的・機械的な反応（réaction）を含む生物の活動全般を指す。ハエトリグサの捕食が反射的・機械的な反応ということには異論がなくとも、それが行為であるかと問われれば、すぐさま首肯するのは難しいだろう。

おそらく、19世紀後半から20世紀初頭の生物学者のなかにも、植物が行為することを積極的に認める論者は存在しない。しかし、ゾウリムシのような低次の有機体になると話は別である。ベルクソンの時代にも、生物の行動をすべて反射的・機械的な反応として記述しようとした生物学者たちに対して、徹底的に抗戦した人物がいた。その人物の名は、ハーバート・スペンサー・ジェニングス。思弁によってではなく、あくまでも観察的事実に依拠しながら、ミクロな世界で蠢く生物たちの自由を擁護した稀有な生物学者である。そして、低次の有機体の自発的行動（行為）に関するベルクソンの考えは、本人が認める通り、基本的にはジェニングスと同一のものである。

こうした背景を踏まえて、本章では、ジェニングスのゾウリムシ研究にも触れながら、ベルクソンの行動論を検討していく。ただし、その目的は、ただ単に生物の行動の類型を確認することではない。行動をめぐる問題は、個体と外界の関係をめぐる問題とも深くかかわる。さまざまな行動を通して、生物個体は自身が身を置く外的環境とどのような関係を結んでいるのか。この点を確認すべく、本章では、個体と外界の関係をめぐる『物質と記憶』の議論に遡行することにしたい。『物質と記憶』、『創造的進化』、ジェニングスのゾウリムシ研究を往還しながら、生物の行動や、個体と外界の関係について考察し、さらには個体性・老化・遺伝といった論点がそこにどのようにかかわるのかを明確にすること、これが本章の主眼である。

やや複雑な議論になるので、本章の道筋を示しておこう。まず第1節では、個体性・老化・遺伝の関係を『物質と記憶』の有名な逆円錐スキームを用いて整理する。そうすることで、生物個体について行動の観点から再検討する必要性を示しつつ、本章の行く末を暗示しておく。続く第2節では、『物質と記憶』を手がかりに、『創造的進化』の自然的システム（生物のシステム）と人為的システム（無生物のシステム）の区別を再検討し、自然的システムと外界（外的環境）の一般的関係を明確にすることを目指す。第3節は、本章の中心をなす箇所である。そこでは、「低次の有機体のように、老化や遺伝を観察しえない有機体であっても、それを持続間隔に存するシステムとみなしうるか」という問題を、ジェニングスと『物質と記憶』を往還しつつ検討してみたい。それによって、ジェニングスとベルクソンの議論の関係を示しながら、自然的システムと外界（外的環境）の個別的関係が明確になるだろう。最後に第4節で、本章までの議論を踏まえて、個体性、老化、遺伝、行動の関係を総括することにしたい。

1　生命の現在と生命の記憶力――個体・老化・遺伝の関係を見定める

まずは、個体、老化、遺伝の関係を『物質と記憶』の逆円錐スキーム（図4）に照らし合わせて手短に整理することにしよう。（記憶（souvenir）や記憶力（mémoire）に関する議論は、本書の第五章でも触れるため、ここではあくまでも概念付置を確認するにとどめる。）

図4において、底面ABは即自的かつ自動的に保存される記憶・過去の総体を示し、平面Pは物質界を示す。頂点Sは「私の現在」ないし「私の身体（mon corps）」と呼ばれるものである。ベルクソンが「記憶力」と呼ぶのは、保存された記憶・過去を現在に継承する働きに相当する――我々の意志とは関係なく、というのが重要である。大雑把に言えば、この図は、私の身体（頂点S）が記憶・過去（底面AB）を動員しながら、物質界（平面P）で行動するというあり方を直観的に示している。

ところで、「私の現在」たる頂点Sは、瞬間的現在に存するわけではない。それは、「私の身体」は現れては消えていくものではなく、一定の厚み（時間の幅）をもっている。なるほど、底面ABに保存される記憶・過去がすべて動員されることなどはめったにないだろう。[1]だが、頂点Sは常に記憶・過去と接触している。それゆえ、「私の現在」はしばしば「厚みのある現在」と称される。

さしあたり以上の確認にとどめて、個体・老化・遺伝の関係に移ることにしよう。『物質と記憶』において、底面ABは、あくまでも個体の生涯における歴史の総体である。だが、図4を生命進化の全過程とみなすのであれば、次のようなアナロジーが成立する。まず、生物個体は頂点Sに位置づけられる。そして、老化・成長は生物個体を一定の持続間隔に存するものとして組織する働きであるため、頂点Sが「厚みのある現在」であることに概ね対応する。最後に、遺伝は「有機的記憶力」と呼ばれることからもわかるように、底面ABに保存された記憶・過去を頂点Sに継承する働きである。

このように見てみると、個体とは「生命の身体」であり、老化は「生命の現在」であり、遺伝は「生命の記憶力（有機的記憶力）」である、と言い換えることができるだろう。

もっとも、以上の議論は、単なる置き換えにすぎない。だが、このように考えると、個体論・老化論・遺伝論だけでは、「頂点Sが平面Pにおいて行動する」に相当する議論が不足していることがわかる。要するに、我々は今のところ、行動論を手にしていない。ただし、それは主として『物質と記憶』で語られる理論である。そこで、本章の以下では、『創造的進化』と『物質と記憶』を往還しながら、行動論の主要な論点をピックアップしていくことにしたい。

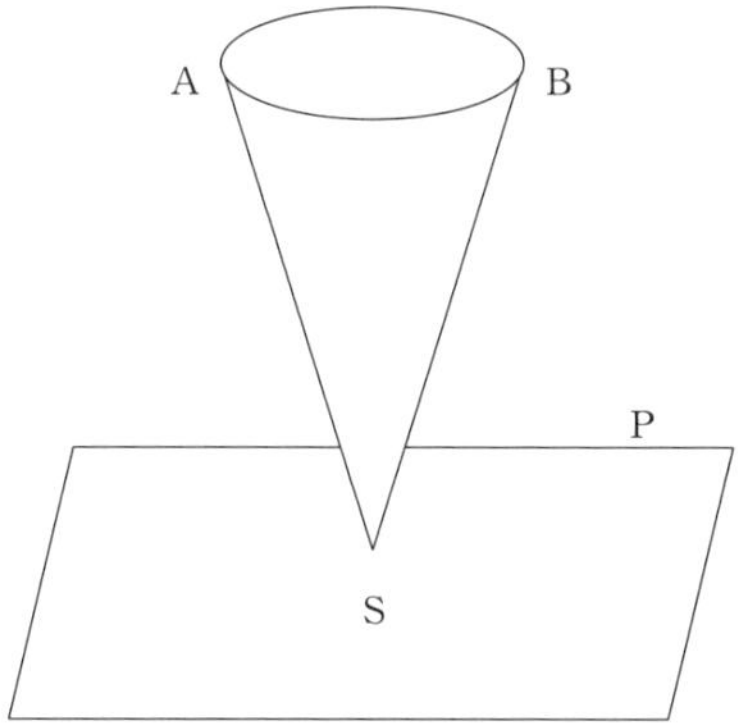

図4　逆円錐（MM（p. 169）をもとに作成）

1　序文で見た全人格的行為としての自由行為は、すべての記憶・過去を要約した行為の典型例である。だが、そうした行為は一生に一度あるかないかといったきわめて稀なものである。

2 生体と外界の一般的関係

2-1 自然的システムと人為的システム

まずは、「自然的に閉じられたシステム」と「人為的に閉じられたシステム」という二つのシステム概念について改めて整理しながら、ゆるやかに本題に入っていくことにしよう。一方の「自然的に閉じられたシステム」というのは、共時的な個体性を自然に満たすシステムのことである。そうしたシステムの典型例としては、有機体（＝組織された物体）が挙げられる。他方の「人為的に閉じられたシステム」というのは、共時的な個体性を自然に満たすわけではなく、何らかの人為的操作によって切り出されたシステムのことである。そうしたシステムの典型例としては、結晶のような無機物（＝組織されていない物体）が挙げられる。このように、二つのシステムの区別は、生物と無生物を区別するために導入されるものだ。この点については、本書第二章でも確認した通りである。

ベルクソンによれば、人為的に閉じられたシステムをもたらす操作の典型例は、知覚と科学である。

> 物質を互いに隔絶された物体に分割すること（subdivision）は我々の知覚に相対的であり、質点の閉じたシステムを構成すること（constitution）は我々の科学に相対的である。（EC, p. 12）

例えば、私の目にはコップに見える物体は、アリの目には垂直に反り立つ壁にしか見えないかもしれない。あるいは、太陽系というひとつのシステムを孤立系とみなすか、銀河系というひとつのシステムの一部とみなすかは、それを記述する科学的視点に相対的である。このように、我々の知覚が分割する諸物体や、科学が構成する孤立系や閉鎖系といったものは、「自然という生地」(*Ibid.*) から人為的に分節されたものにすぎない。また、ベルクソンによれば、「宇宙全体は思考によって構築ないし再構築されたものだ」(*Ibid.*, p. 15) というように、科学による構成を押し進めると、宇宙全体という単一の人為的システムが導出されることになる。そうした人為的な分割・構成は、「宇宙は持続する」(*Ibid.*, p. 11) ということを見過ごしてしまうのだ。

しかし、「人為的」と形容されるからといって、人為的に閉じられたシステムにいかなる客観的根拠もないというわけではない。この点について、ベルクソンは次のように述べている。「なるほど、科学がシステムを孤立させて閉鎖させる操作は、完全には人為的なものではない。もしこの操作に客観的根拠がないなら、この操作がある場合にはまったく適切であるのに、別の場合には不可能であることを説明できないだろう」(*Ibid.*, p. 10)。ここで人為的操作の客観的根拠については、「物質の側に幾何学的に扱えるシステムを構成する傾向がある」(*Ibid.*) というように述べられる。(物質の傾向については、『創造的進化』第三章で紙幅を割いて論じられるのだが、目下のところ、この問題には踏み込まない。) さしあたり「人為的システム (知覚・科学) はまったくの紛いものではない」という論点さえ確認できればよい。

これに対して、自然的システムはというと、個体性や老化を示すものとして組織化・個体化されたシステムである。しかし、先述した人為的システムの特徴づけと対比するのであれば、自然的システムの特徴づけのうち、とりわけ重要なのは「知覚の中心を占める」という論点である。こうした議論は『物質と記憶』第一章に由来するものであるため、以下ではそれを参照してみることにしたい。

2-2 『物質と記憶』のイマージュ論における知覚システムと科学システム

ベルクソンは知覚に少なくとも二つの水準を設けている。[2] 我々の日常的な知覚は、「私のさまざまな記憶で満たされ、常に一定の持続の厚みを示す知覚」（MM, p. 31, 傍点は引用者による）である。このような知覚は、具体的知覚（perception concrète）と呼ばれる。これに対して、そうした混入成分（過去・記憶）をすべて差し引いた知覚、すなわち「私がいる場所に置かれ、私が生きているままに生きているが、現在のうちに没入しており、あらゆる形態の記憶力を消去することによって、物質についての直接的かつ瞬間的なヴィジョンを獲得しうる存在がもつような知覚」（*Ibid*., 傍点は引用者による）を想定することができる。こちらの知覚は、純粋知覚（perception pure）と呼ばれる。[3] 本節で検討するのは、後者の純粋知覚と関連する議論である。

①イマージュとは何か：最初に確認しておきたいのは、物質の定義である。ベルクソンによれば、「物質とは、我々にとって、「諸イマージュ」の総体である」（*Ibid*., p. 1）。つまり、物質界はすべてのイマージュからなる全体集合として定義されている。では、イマージュとは何か。イマージュ概念は、観念論と実在論の対立を乗り越えるものとして提唱される。一方の観念論によれば、私の目の前にある益子焼の湯呑みは、私の意識に現れているだけの観念にすぎない。他方の実在論によれば、この益子焼は、それ自体で存在している実在である。観念論と実在論は、我々が認識しているものは主観的な表象であるか、客観的な事物であるかをめぐって対立している。これに対して、イマージュとは、観念論者と実在論者が「表象」や「事物」と呼ぶものの中間に位置する存在、あるいは表象や実在という区分が生じる以前の存在であり、端的に言えば、我々が知覚するままの質を即自的に備えており、[4]

かつ客観的に存在する対象である（*Ibid.*, pp. 1-2）。さらに言えば、「これらのイマージュはすべて、その要素的部分のすべてにおいて、私が自然法則と呼ぶ恒常的な諸法則に従って、互いに作用し反作用し合っている」（*Ibid.*, p. 11, 傍点は引用者による）というように、イマージュ群は相互的な作用・反作用の連鎖として存在している。[5]

②私の身体：次に、物質界における私の身体の位置づけを見ておこう。私の身体は物質界を構成するイマージュ群の一部をなしている。これは、私の身体もまた、その他のイマージュと同様、イマー

2　本書では踏み込まないが、岡嶋［2017］のより詳細な整理によれば、知覚には次の四つの水準がある。「まず（1）拡がりとしての「純粋知覚」があり、これを記憶力が収縮することによって（2）色を呈する「視覚的知覚」が形成される。さらにこの視覚的知覚を感情が分割することで（3）「直接的知覚」が生じ、これが記憶によって被覆されることでようやく、我々の（4）「具体的知覚」が構成されることになる」（岡嶋［2017］, p. 102）。

3　純粋知覚論のひとつの狙いは、知覚経験が客観的世界と地続きにあることを保証することにある。この点については、「一つの非人称の土台〔純粋知覚〕があり、そこで我々の知覚は知覚対象と一致し、そしてこの土台こそが外部性にほかならないのだ」（MM, p. 69）と述べられる。

4　感覚質の主観的側面は記憶力の二つの機能、すなわち収縮と被覆によって構成される。「要するに、記憶力はこれら二つの形式のもとで、直接的知覚の土台を記憶（souvenirs）の布地で被覆する（recouvre）限りで、また多数の瞬間を縮約する（contracte）限りで、知覚における個人的意識の主な供給物、すなわち事物についての我々の認識の主観的側面を構成する」（*Ibid.*, p. 31）。しかし、だからといって、感覚質が全面的に記憶力に由来するというわけではない。感覚質の素材それ自体は、「具体的延長、すなわち感覚質の多様」（MM, p. 244）として物質（イマージュの総体）に最初から与えられている。

5　イマージュ論に関する研究は数多く存在し、さまざまな解釈上の争点があることは重々承知しているが、本章では、あくまでも行動論を読み解くことが目的であるため、「イマージュの総体」が作用・反作用の系として措定されていることに焦点を絞ることにしたい。解釈上の争点を整理した上で、イマージュ論を簡潔に整理したものとしては、岡嶋［2017］を参照されたい。

ジュたちが織りなす作用・反作用の連鎖のただなかにある、ということだ。ただし、私の身体は、「〔……〕外からの〔他のイマージュからの〕作用のうち、自身と無関係の作用を素通りさせるだろう」（*Ibid.*, p. 33）というように、私の身体には、働きかけることのできるイマージュとそうでないものがある――例えば紫外線や赤外線など。つまり、私の身体は、イマージュ群の一部として作用・反作用のただなかにあるが、「一定の尺度で選択している（choisir）」のであり、「〔他の〕諸対象を動かすことを使命とする対象」、すなわち「作用の一つの中心」なのである（*Ibid.*, p. 14）。

③物質と知覚：このように考えると、「私の身体を取り囲む対象群〔知覚対象〕は、それらの対象に対する私の可能的作用（*action possible*）を反射するのである」[6]（*Ibid.*, p. 16）ということになる。知覚とは、物質（イマージュの総体）から、私の身体の可能的作用を反射しない対象を、いわば引き算（soustraction）することによって得られるものである。これは、私が知覚できないものの存在を認めるということでもある――例えば、人間の可視域の外側にあるからといって、紫外線や赤外線の存在を疑う者はいないだろう。かくして、物質と知覚の関係は次のように定式化される。

> 私が物質と呼ぶのは、イマージュの総体であり、物質の知覚と呼ぶのは、これら同じイマージュのうち、ある特定のイマージュ、つまり私の身体の可能的作用に関係づけられた（*rapportées*）ものである。（*Ibid.*, p. 17）

ここで、「私の身体」の箇所には、私の身体と類比的なもの、つまり「あなたの身体」や「アメーバの身体」などを代入してもよい。いずれにせよ、物質と知覚の関係は、全体集合と部分集合の関係である。

④二重システム論：こうしたことは、「イマージュ群」を主語にすると、次のように言い換えることができる。

> 同じイマージュ群が、同時に、二つの異なるシステムに参入しうる。一方のシステムは科学に属し、そこでは各々のイマージュは、自分自身〔イマージュの総体〕にのみ関係づけられる［……］。他方のシステムは意識の世界であり、そこではすべてのイマージュが、ある中心的イマージュ、つまり我々の身体によって規則づけられており、我々の身体の変動に追従している。（*Ibid.*, p. 22）

先の引用部（*Ibid.*, p. 17）と基本的には同じことが述べられているが、こちらで強調されているのは、物質界を構成するイマージュ群がまったく同時に二つの異なるシステム編成に組み込まれるということだ。[7]一方で、イマージュの総体が自分自身にのみ関係づけられる場合には、それらイマージュは科学、すなわち客観的世界に属する。言い換えれば、これは、イマージュの総体（物質界）を、いわば外側から俯瞰的に眺めると、イマージュ群は均質的な作用・反作用の連鎖として捉えられる、ということだ。他方で、イマージュ群が私の身体に関係づけられる場合には、それらイマージュは意識の世

6　本書では「可能的作用・行動」という用語を、「何も障害がなければ、即座に実行できる作用・行動」という意味で用いる。例えば、誰かが邪魔立てしなければ、私は目の前にあるコップを手にすることができるが、ここで、目の前のコップを手にすることができるというのは、私の可能的作用・行動のひとつである。

	『物質と記憶』	『創造的進化』
①	物質（イマージュの総体）	自然という生地、なまの物質
②	科学システム（①それ自体に関係づけられたイマージュ群）	科学（人為的システム）
③	知覚システム（④に関係づけられたイマージュ群）	知覚（人為的システム）
④	私の身体（③で関係づけの役割を担う）	自然的システム

図5　『物質と記憶』と『創造的進化』の諸概念の対応関係

界、すなわち主観的世界に属する。こちらは、イマージュの総体（物質界）を、「私の身体」という位置から、いわば内側から眺めると、イマージュ群は均質的なものではなく、異質性を帯びはじめる、ということである。これらのどちらが正しいというわけではなく、イマージュ群はまったく同時にこうしたシステム編成に組み込まれている。このように、「関係づけ」という道具立てを用いることによって、素材（matière）としてはイマージュの総体を確保するだけで、客観的世界と主観的世界が同時に成立することになる。以下では慣例にならって、この理論を「二重システム論」[8]と呼び、二つのシステムを「知覚システム」と「科学システム」と呼ぶことしたい。

2－3　科学システム、知覚システム、知覚の中心

ここで念のため、『創造的進化』と『物質と記憶』の諸概念の対応関係を書き出しておこう。

この対応関係を踏まえて言えば、まずは自然的システム（有機体・個体）が特権視される理由が明確になる。この点については、次のように述べられる。

特権的対象はないのだろうか。これまで述べてきたように、なまの物

[9]体は、いわば行動が通過するであろう点線を辿る知覚というハサミによって、自然という生地から切り取られている。しかし、この行動を実行する物体、この物体は、実際の行動を遂行する前に、物質にその潜勢的行動〔可能的行動〕の素描をすでに投影している。この物体は、自分の感覚器官を実在の流れに差し向けるだけで、その流れを特定の形に結晶化し、他のすべての物体を創造することができる。この物体、つまり生体（*corps vivant*）は、他のものと同じような物体なのだろうか。（EC, p. 12）

『物質と記憶』では、物質（イマージュの総体）から私の身体の可能的作用を反射しない対象を削除したものが知覚として規定されていた。つまり、私の身体がなければ知覚はない。それゆえ、私の身体は

7　この議論の論証上の役割は、観念論と実在論の争点を明確化することにある。「かくして、実在論と観念論のあいだに立てられる〔べき〕問いが明瞭になる。これら二つのイマージュのシステム相互の関係はどのようなものなのか、ということである。そして、主観的観念論とは第一のシステム〔科学のシステム〕を第二のシステム〔意識のシステム〕から派生させようとするものであり、唯物論的実在論とは第二のシステムを第一のシステムから引き出そうとするものである、ということも容易に確認できる」（MM, p. 21）。

8　『物質と記憶』における二重システム論を強調する解釈としては、『解剖』所収の平井論文（pp. 175-203）およびミケル論文（pp. 42-63）を挙げることができる。なお、後者はMiquel[2015]を本邦で開催されたシンポジウムのために更新したバージョンの拙訳である。

9　この「なまの物体（les corps bruts）」という用語は、次章以降で度々登場する「なまの物質（matière brute）」とは区別される。前者は知覚（身体に関係づけられたイマージュ群）であり、後者は物質（イマージュの総体）である。前者における「なまの」という形容詞は、おそらく「記憶によって彩られていない」という意味であろう。

他のイマージュとは区別される特権的なイマージュである。そして、引用部で示されるように、これとまったく同様の意味で、『創造的進化』の生体（自然的システム）も「特権的対象」である。

ところで、引用部に見られるように、知覚は可能的行動を素描するものである。この点を踏まえて正確に言えば、知覚があるのは、生体（自然的システム）に特定の行動可能性が備わっているからである。

先ほど見たように、『物質と記憶』でも、私の身体は、イマージュ群が恒常的に作用し反作用し合う物質界にあって「諸対象を動かすことを使命とする対象」（*MM*, p. 14）と規定されていた。また、私の身体の行動は、普遍的な作用・反作用とは異なり、「一定の尺度で選択している」（*Ibid.*）のであった。

以上を踏まえてまとめると、生体（④自然的システム）は、恒常的な作用・反作用の連鎖（①物質界＝イマージュの総体）のただなかで、選択的に行動する存在者である。また、科学（②科学システム）や知覚（③知覚システム）は、そうした行動のための道具である。

3 生体と外界の個別的関係——ジェニングスの行動生物学、あるいは『物質と記憶』

3-1 低次の有機体の移動運動をめぐる問題——ジェニングスへの言及の位置づけ

前節で確認したのは、あくまでも物質界と生体（自然的システム）との一般的関係にすぎない。実際には、各々の生物の行動可能性に相対的に、物質界と生体とのあいだにはさまざまな関係が結ばれる（それを示唆するのが知覚である）。では、ベルクソンは、この点についてどのように述べるのか。本節では、先ほどと同様に、『創造的進化』から出発し、『物質と記憶』に遡行して、対応する議論を探っていくことにしたい。また、具体的な生物学的事例を示すために、ジェニングスの行動生物学も参照する。

まずは、ヴァイスマンへの言及（EC, p. 26）の直後、つまり個体・老化・遺伝といった問題を一通り検討した直後に置かれた「生物学と物理化学」（*Ibid.*, pp. 27-39）と題された節を見ていくことにしたい。これは、MR（徹底的機械論）に対する批判が展開される箇所でもある。

議論の大筋から確認しておこう。MRが問題視されるのは、「すべてが与えられている」ということを暗黙のうちに前提しているからである（*Ibid.*, pp. 37-39）。なお、「すべてが与えられている」というのは、「過去・現在・未来が一挙に与えられているという永久主義的な時間描像を密輸入している」という意味である（Cf. 本書第一章）。そして、ベルクソンはMRを退けるために、人為的システム（瞬間的現在に存するシステム）と自然的システム（持続に存するシステム）を同一視することはできないと主張する（*Ibid.*, p. 37）。その根拠となるのは、本書第二章と第三章で見てきた老化や遺伝である。

ところで、ベルクソンはMRを退けるために次のように述べている。

しかしながら、規則的な周期で形態変化〔老化・成長〕を起こす、より複雑な有機体を考える場合、この理由は説得力を増す。持続が生物にその痕跡を残すにつれて、より明白に有機体は、単なる機械仕掛け――持続はその上を滑っていくだけで、それに浸透することはない――と区別される

ようになる。（*Ibid.*, 傍点は引用者による）

この引用部では、「より複雑な有機体を考える場合」というように、一定の留保が加えられている。なるほど、低次の有機体（アメーバやゾウリムシなど）において、老化や遺伝といった現象を観察することは困難である。実際、ベルクソンは引用部の直前の箇所で、「アメーバのようなほとんど進化しない未発達の有機体が問題になるとき、この理由〔老化や遺伝による特徴づけ〕があまり力をもたないことを我々は認める」（*Ibid.*）というように、この事実を認めている。しかし、そうすると、低次の有機体は、自然的システム（持続に存するシステム）ではなく、人為的システム（瞬間的現在に存するシステム）だということになるのだろうか。

私の考えでは、老化や遺伝を直接的に観察できないとしても、低次の有機体を自然的システム（持続に存するシステム）とみなすことは可能である。そして、その根拠となるのは、低次の有機体の比較的単純な移動運動をめぐる議論である。ベルクソンは当該の文脈で、アメーバなどの移動運動を力学的な作用・反作用と同一視する学説を退け、この移動運動のうちに、「実効的な心理学的活動（activité psychologique efficace）」（EC, p. 35）を見ようとする。ただし、ベルクソン自身はその理由を詳細に説明しない。ここで着目したいのは、当該の文脈に置かれた次の注である。

最近ジェニングスによって、滴虫類の運動についての掘り下げた研究と、向性説（tropisme）に対する鋭い批判が行われた。〔……〕これら低次の有機体の「行動型（type du conduite）」は、ジェニングスが定義するように（pp. 237-252）、反論の余地なく心理的なものである。（*Ibid.*, p. 35, n. 2, 傍点

は引用者による）

このように、ベルクソンは自身の主張を支持する根拠として、向性説の批判者であるジェニングスを参照している。[10]それゆえ、ジェニングスの議論を詳細に検討することで、低次の有機体の行動に関するベルクソンの考えも明らかになると思われる。[11]また、本章の議論に即して言えば、これは、恒常的な作用（action）・反作用（réaction）とは区別される生体（自然的システム）の行動（action）に関するベルクソンの考えを見定めるためにも役立つだろう。

10　ジェニングスが参照されるのと同じ注で、エミール・モーパ（仏 1842-1916）とポール・ヴィニョン（仏 1865-1943）も参照されるが、モーパとヴィニョンについては著作の頁数が記されているだけである。おそらく、モーパやヴィニョンもベルクソンの自説に近い立場だが、自説を擁護するために援用可能なほど議論が洗練されているのはジェニングスだった、ということだと思われる。

11　ジェニングスを検討すべき理由はもうひとつある。我々は、低次の有機体に心理学的活動を見出すというベルクソンの姿勢に対して、次のような批判を差し向けることができる。なるほど、これまでベルクソンは、哲学的議論を含むとはいえ、あくまでも老化や遺伝といった生物学的事実を考慮して、自然的システムを人為的システムと区別してきた。だが、ここでは結局のところ、力学的運動とは区別される心理学的活動ということで、〈超自然的な原理〉が導入されているのではないか、と。しかしながら、こうした批判は、ベルクソンには織り込み済みであったにちがいない。というのも、彼は当該の文脈で、〈生命原理〉を導入することの困難を指摘したアルベール・ダストル（仏 1844-1917）の『生と死』（1903）を参照しているからである。こうした事情を考慮するのであれば、ベルクソンの議論の目的は、生気論的な原理（超自然的な原理）を導入せずに、低次の有機体の行動に心理学的な働きを見出すことであるはずだ。そして、まさにこの目的のために、ジェニングスが参照されるのだと思われる。なお、ダストルへの言及については、フランソワによる『創造的進化』批判校訂版の注から多くを学んだ（Cf. EC, p. 412）。

3-2 ジェニングスの行動生物学——向性説批判、無定位運動、試行錯誤法

ジェニングスは、第一章に登場したロイド・モーガンが創始した比較心理学の系譜にも名を連ねる行動生物学者であり、とりわけゾウリムシを中心とする低次の有機体の研究で知られている。[12] なお、我々は同じく第一章において、第六回国際哲学会議の「創発」を主題とするシンポジウムに触れたが、実を言うと、このシンポジウムの司会を務めたのもジェニングスである。このエピソードからも推測されるように、ジェニングスは、生物の行動（作用）を物理化学的な作用・反作用と同一視することに対して一貫して懐疑的であった。また彼は、生気論的な原理（超自然的な原理）を一切導入することなく、あくまで観察的事実に則って生物の自発性や能動性を擁護しようとしたため、分野を問わずさまざまな思想家たちに多大な影響を与えている。[13]

ベルクソンが参照しているのは、ジェニングスの『低次の有機体における行動の研究への寄与』(1904) に収められた「低次の有機体における試行錯誤法」(Jennings[1904], pp. 237-252) という論文である。この論文集が刊行されるちょうど10年前には、ロイド・モーガンが『比較心理学』において、試行錯誤法 (the method of trial and error) に基づく行動変容の理論、すなわち学習の理論を提唱している。ジェニングスの論文の目的は、ロイド・モーガンが提唱した試行錯誤法を、遊泳性の単細胞生物の行動のうちに見出すことによって、ジャック・ロエブ（独 1859-1924）などが提唱していた向性説を退けることにある。

向性説とはどのような立場なのか。ジェニングスは、同じ論文集に収められた向性説に焦点をあてた論文のなかで、ロエブの向性説の根本をなす主張を次のようにまとめている (Jennings[1904], p. 92)。

①低次の有機体の行動型：低次の有機体の行動型は、すべて一定の方向をもつ定位運動(orientation)にほかならない。

②定位運動の機構：定位運動は、物理化学的な作用・反作用として解釈できる。つまり、刺激源に対する有機体の運動(接近や回避)は、外的誘引物質との接触によって直接的に影響を被った運動器官の収縮以外の何ものでもない。

③自発性の欠如：①と②より、低次の有機体に意志や欲望はない。

基本的に、向性説は①と②を組み合わせた学説だ。③に関しては、向性説論者によって主張されているものではなく、向性説から必然的に導かれる帰結としてジェニングスが付加したものである。もし向性説が正しいとすると、低次の有機体の行動のうちには「我々が高次の有機体において選択(choice)と呼ぶものと同様のものの兆しはまったくない」(*Ibid*., p. 250)ということになる。なぜなら、向性は外的誘引物質との直接的な接触だけで生じる完全な自動運動だからだ。ジェニングスはこの点を踏まえて、「向性はどこにも導かない。それは固定的で変更不可能なことであり、まるで結晶のようである」(*Ibid*., p. 251)と述べる。このように、ジェニングスが問題視するのは、向性だけしか行動

12 『パピーニの比較心理学』においても、ジェニングスは原始的生物の行動の研究者として、比較心理学の発展に貢献した歴史上の人物のリストに加えられている(パピーニ[2005], p. 23)。

13 ジェニングスの名は今日ではほとんど忘却されているが、私が知る限りでは、哲学の領域ではベルクソンとシモンドン、心理学の領域ではジェームズ・ギブソン(米 1904-1979)に影響を与えている。また、本家の行動生物学の領域では、カール・フォン・フリッシュ(澳 1886-1982)、コンラート・ローレンツ(澳 1903-1989)、ニコラス・ティンバーゲン(蘭 1907-1988)といったノーベル・ホルダーがジェニングスの功績を評価している。

型が存在しない場合には、行動変容の余地が一切ないということである――向性という行動型それ自体が否定されるわけではない。

次にジェニングスは、向性説に対する反例として、ゾウリムシの遊泳運動、とりわけ障害物に接触したときにとる後退遊泳と首振り運動をとりあげる（*Ibid*., pp. 238-240）。例えば、遊泳中のゾウリムシの前端が何らかの化学物質に接触するとしよう。この場合ゾウリムシは、まずは瞬時に後退遊泳し、一度停止してから首振り運動をした後に、ランダムな方向へ方向転換する。この事例を通してジェニングスは、「運動反応を誘発する刺激を受けとることで、低次の有機体はさまざまな方向へ進もうとする」（*Ibid*., p. 237）ということを強調する。この論文では、こうしたランダムな方向転換には、何の呼称も与えられていない。しかし主著『低次の有機体の行動』（1906）では、これに対して「無定位運動（kinesis）」という呼称が与えられている（Jennings[1906], p. 275）[14]。これは、刺激に対してランダムな方向になされる運動であり、定位運動とは対立する行動生物学用語である。

こうした議論を通して、ジェニングスは無定位運動を試行錯誤法とみなす。それは、無定位運動に基づく移動運動は、必ずしもよい結果を生むわけではなく失敗することもある（ゆえにランダムである）が、活発に移動運動を繰り返すなかでよりよい生存環境に到達する可能性を高めるからである（Jennings[1904], p. 247）。はじめは掛金を外すことができなかった犬が試行錯誤を繰り返すうちに次第に外し方を学習するのと同様に、低次の有機体もまた無定位運動を繰り返すなかで次第に一定の習慣を身につける（*Ibid*., p. 251）。ジェニングスは次のように述べる。「〔向性説に対して〕試行錯誤法は柔軟である。さらに、〔行動の〕可塑性はその本質的な特徴である。非常に単純な要素しかもたない最も低次の有機体の働きは、〔単純な要素しかない〕にもかかわらず発達可能なのだ」（*Ibid*., pp. 250-251）。このような道筋で、ジェニングスは低次の有機体の行動のうちに選択の兆しを見出すのである。

3-3　ルース・カップリング――ジェニングスと大沢物理学

私の見るところ、ジェニングスの議論のひとつの要点は、刺激と反応の関係にある。[15] 定位運動（または向性）という行動型は、刺激に対する直接的な反応であり、一定の方向になされる運動として特徴づけられている。そして、その反例として挙げられる行動型、つまり後に無定位運動と呼ばれることになる行動型は、刺激に対して（少なくとも）四つのステップ（後退遊泳・停止・首振り運動・方向転換）からなる間隔（interval）を挟んだ反応であり、ランダムな方向になされる運動として特徴づけられて

14　行動生物学における"kinesis"概念の訳語には、私が採用した「無定位運動」以外にも、「キネシス」や「動性」といった候補がある。行動生物学では、ジェニングス以降、"kinesis"以外にも"orientation"と対立する運動が他にも発見されている――なお、定位運動にも向性だけでなく、走性などがある。この点を踏まえる場合には、特にジェニングスが発見した運動であることを強調するために、「キネシス」や「動性」という訳語を採用してもよいと思われる。本書では、ロエブとジェニングスの論争を確認する際にしかこの用語を用いることがないので、"orientation"（定位運動）との対立が見やすくなるように「無定位運動」という訳語を採用した。それゆえ、ローレンツやティンバーゲンが"kinesis"と呼ぶものと、私が「無定位運動」と呼ぶものは同じものであると考えてよい――ローレンツもティンバーゲンもジェニングスを念頭に置いているからである。

15　ジェニングス自身は、あたかも余談であるかのように述べているのだが、向性説に対する本質的な批判は次の主張にあると思われる。「おそらく、この〔向性説が支持される〕理由の幾分かは、反応の特定の相を過度に強調して、他の特徴は重要でないと考える傾向にある。〔向性説とは違って〕刺激に対する行動（behavior）は一つの単位（a unit）であり、〔この単位を構成する〕各要素は他の要素との接続を考慮しなければならない」（Jennings[1904], p. 241）。

いる。まとめると、刺激に対する反応は、定位運動の場合は直接的かつ一対一対応であるが、無定位運動の場合は間接的かつ一対多対応である。

これは、さほど不自然な定式化ではないと思われる。実際、本邦における生物物理学の礎を築いた大沢文夫（日 1922-2019）は、晩年の論文「ゾウリムシの行動」（2005）において、ジェニングスの無定位運動に言及しつつ[16]、有名なルース・カップリングというアイデアについてまとめている[17]。その概要を以下に示そう。

大沢の考えでは、ゾウリムシ（あるいは単細胞生物）の行動型は、環境に対する入力・出力の結びつきの度合いによって分類される（大沢 [2005], pp. 275-276）。例えば、「反射」と呼ばれる行動型の場合、入力・出力は「一対一対応であって、入力から出力までがストレートに、直接的につながっている」（*Ibid.*, p. 275）。このような入力・出力の関係は「タイト・カップリング」と呼ばれる。これに対して、「自主」という行動型は、「同じ入力に対して違う出力を出す。同じ刺激に対して、そのときそのとき別な応答をするという場合である」（*Ibid.*）とされる。つまり、このような入力・出力は一対多対応であるが、ここで出力が多様であるのは、直近の入力だけでなく、それ以前の入力にも左右される細胞の状態に依存するからである。ここでの入力・出力の関係は、「ルース・カップリング」と呼ばれる。また「自発」という行動型も想定されているが、この場合の入力・出力の関係は、自主の場合よりもさらにルースな（直近の入力から解放された）ものと理解すればよい。（以上を生物物理学の観点から理論化する過程に関しては、同論文の２８１‐３０１頁または大沢 [2009] を参照されたい。）

さて、ジェニングスに由来する大沢のアイデアを踏まえると、次のように推測することができる。ベルクソンはジェニングスの議論のうちに、『物質と記憶』における自身の見解を再認したのではないか、と。というのも、『物質と記憶』にはこれと非常によく似たモデルが登場するからである。最後に、この点を検討することにしよう。

3-4 『物質と記憶』における作用可能性の三つの段階

『物質と記憶』第一章には、生物の作用可能性に関する三つの段階を区別する議論がある。[18] 物質界(イマージュの総体)のうちには、生物の数と同じだけ、「現実的作用の複数の中心」(*Ibid.*, p. 28)がある。もちろん、それら生物は、どれも同じように物質に働きかけるというわけではない。私の身体には働きかけることができないものがあるように、生物の作用可能性にはさまざまな程度がある。とはいえ、

16 大沢が「自発的方向転換」(大沢[2005], p. 277)と呼んでいるのは、ジェニングスの無定位運動のことである。

17 この論文の一部(主に前半部)は、研究者としての自身の生涯を回顧した自伝的な記述を含む。大沢はこの論文のなかで、1968年に大阪大学に赴任した際に、ゾウリムシ研究をはじめたことを述懐しているのだが、ゾウリムシを研究対象とした理由は二つ挙げられている。第一の理由は、実験設備も研究費もなかったため、大学の池に住むゾウリムシをサンプルにしたという些細なものだ——どうやら論文中にわざわざ「大阪大学のゾウリムシ」と明記しているようである。興味深いのはもうひとつの理由であり、それは、「ゾウリムシは1906年にJenningsがすべてのことを書いてあるので、その本1冊で済む」(*Ibid.*, p. 279)というものだ。もちろん、「その本1冊で済む」というのは、前者の理由と結びつく——つまり、サーヴェイのための出費を抑えられるという理由である。だが、ゾウリムシに関する「すべてのことを書いてある」がゆえに、大沢のゾウリムシ研究は、いわばジェニングスの理論に対する生物物理学からの注釈のようなものとして理解できる。実際、ジェニングスの無定位運動を説明するという動機がなければ、ルース・カップリング・モデルは構築されていないと思われる。

18 なお、当該の議論は、『物質と記憶』における論証上の役割としては、「知覚は空間を、行動が時間を処理するのと正確に比例したかたちで処理している」(MM, p. 29)という論点を取り出すために置かれている。

少なくとも概念上は、作用可能性の三つの程度を区別することができる。以下では、二重システム論を踏まえた上で、この点について整理することにしよう。[19]

①物質の作用可能性：第一段階は、さしあたり、二重システム論における科学システムにおいて成立している作用可能性、すなわちイマージュの総体にのみ関係づけられる各イマージュの作用可能性とみなすことができる。この段階では、先ほど確認した通り、恒常的な法則としての作用・反作用しか想定されていないため、あるイマージュが変化すれば、それと連動して他のすべてのイマージュも必然的に変化する。[20]それゆえ、この段階においては、そもそも作用可能性などなく、相互に規定し合うイマージュ群が存在するだけである――この場合、他のイマージュに対する各イマージュの反作用は受動的であり、いかなる意味でも能動的ではない。

これに対して、第二・第三段階は、知覚システムにおいて成立している作用可能性である。「まず注目すべきは、ひとつの厳格な法則によって、意識的知覚の拡がりと生物が自由に使える行動の強度が結びついているということだ。もし我々の仮説が正しいとすれば、この知覚は、物質から受け取った振動〔作用〕が必然的な反作用へと〔即時的に〕繰り延べられなくなるまさにそのときに出現する」(*Ibid.*, p. 28)。第二・第三段階は、この点においては共通している。

②低次の有機体の作用可能性：ただし、第二段階、すなわち低次の有機体の段階では、「知覚と反作用の過程全体は、機械的衝動に必然的運動が続くのとほとんど区別されない」(*Ibid.*)。つまり、外的作用に対する低次の有機体の反作用は、必然的ではないとはいえ、ほとんど即自的になされる。この場合、知覚は接触として現れることになる。「触覚は受動的であると同時に能動的である」(*Ibid.*)。これは、低次の有機体においては、獲物の感知と捕獲、あるいは危険の感知と回避が触覚によって同

時になされるということである。

③高次の有機体の作用可能性：第三段階、すなわち高次の有機体の段階になると、「〔作用に対する〕反作用がより不確定になり、躊躇（hésitation）にいっそうの余地を残すようになるにつれて、動物の関心をそそる対象が動物に感知される際の距離も増大していく」（*Ibid.*, 傍点は引用者による）。この場合、知覚は視覚や聴覚として現れる。「動物は視覚や聴覚によって、いっそう多くの事物と関係するようになり、いっそう遠隔的な影響まで被るようになる。そして、これらの対象が利益を約束するものであるにせよ、危険によって脅威となるものであるにせよ、約束と脅威はその期日を先延ばしするようになる」（*Ibid.*）。要するに、高次になるにつれて、有機体の作用可能性はいっそう能動的になるのである。

以上見てきたように、身体または生体の作用可能性は、①物質の作用可能性（受動的な反作用）、②低次の有機体の作用可能性（ほぼ受動的だが、わずかに能動的な反作用）、③高次の有機体の作用可能性（能動的な反作用）という三つの段階を区別することができる。

しかし、次の点には注意が必要である。①〜③の作用可能性の発展、すなわち受動的な作用可能性から能動的な作用可能性への発展は、ただ単に生体の器質的構造の複雑化の進化とみなされているわ

19 当該の議論は、「知覚は空間を、行動が時間を処理するのと正確に比例したかたちで処理している」（MM, p. 29）という論点を提示するためのものである。

20 物質界（イマージュの総体）における恒常的な法則としてのイマージュ群の作用・反作用は、「この法則に関する完全な科学があれば、それぞれのイマージュにおいて生じることが、おそらく計算可能であり予見可能である」（*Ibid.*, p. 11）ようなものとして規定される。

けではない。[21] ①の段階と、②や③の段階の本質的な相違点は、作用・反作用のあいだに躊躇があるかどうか、つまり持続間隔があるかどうかである。

この点について、平井靖史は、神経生理学者の兼本浩祐の議論[22]を踏まえて、①〜③の段階に④人間の段階を加えて、作用可能性の諸段階の発展の過程を、感覚-運動システムが時間的に拡張される過程としてモデル化している（『診断』pp. 160-185）。このモデルでは、①第一段階は作用・反作用の瞬間的な相殺、②第二段階は作用・反作用のタイト・カップリング（一対一対応）、③第三段階は作用・反作用のソフト・カップリング（一対多対応）、そして④第四段階（人間）は知覚と運動が相対的に独立しているというように、作用・反作用が次第にデカップリングしていく過程として、作用可能性の進化が定式化されている。

3-5　感覚-運動システム

これまで見てきたように、ジェニングスの行動生物学と『物質と記憶』は、生体の行動に関する基本的な考えを共有している。そのアイデアとは、生物の行動には、自動的・受動的な行動（刺激と反応の関係が直接的かつ一対一対応である行動）だけでなく、選択的・能動的な行動（刺激と反応とが間接的（躊躇的）かつ一対一多対応な行動）もあるということだ。もちろん、ただ単に両者の考えが共通しているだけであれば、ベルクソンは自身の仮説を再提示すればよい。しかし、それでもなおジェニングスを参照したのは、ジェニングスこそが低次の有機体であっても選択的・能動的に行動することを観察的事実に基づいて示した当人だったからだ。

もっとも、ベルクソンの方が一歩進んでいる点もある。それは、自動的・受動的行動から選択的・

能動的行動への発展を、刺激と反応のあいだの遅延ないし持続間隔の増大・拡張と結びつけたことである。[23] では、遅延や持続間隔の増大・拡張は何を意味するのか。それは、現在の行動に過去・記憶が介入することを示している。これは、生体内の解剖学的諸要素の分業化が高度に進んだ高次の有機体以外にも言えることである。例えば、大沢はルース・カップリングについて次のように述べている。

> 何でいろんな出力が出るのかというのは、一般的な意味で言うと、この細胞には状態があり、その状態が違うからであるというふうに考える。[……] その直前、直前の経験、ずっと前の経験、全部含めて、今どんな入力が周りから入っているかというのによっても、細胞の状態、程度が違う。（大沢 [2005], p. 276）

ここでは、ゾウリムシの無定位運動の原因として細胞状態のゆらぎが考慮されている。そして、細胞状態のゆらぎそれ自体は、直近の入力だけでなく、それ以前の過去の入力が生体内で処理されていないことによる。このように、低次の有機体であっても、内的状態は過去の影響を引きずっている。解

21　この点については、本書の第六章でロマネスとの対照を通して明確化する。

22　兼本 [2016] では、きわめて単純な生理化学的過程だけで運動するゾウリムシから、神経系をもつヒドラやクラゲが登場するまでの過程を、有機体における感覚‐運動システムが時間的に拡張される過程として素描される。なお、この議論は、先述した大沢のモデルを踏まえたものである。おそらく、兼本は『創造的進化』でジェニングスへの言及が見られることは知らないと思われるが、これは興味深い一致である。

23　なお、平井が指摘している通り、これは「意識が一定の遅延後の瞬間に発生する」という主張とは異なる（『診断』p. 168）。

剖学的諸要素の分業化が高度に進んだ高次の有機体の場合は、なおさらそうである。また、高次の有機体の場合は、知覚と運動の相対的な独立によって、内部状態のゆらぎだけでなく、過去・記憶そのものを想起し、それを表象へと変換することで、さらに多様な行動が実行可能になるのである。『物質と記憶』以降、刺激と反応のあいだに一定の持続間隔のあるシステムには、「感覚‐運動システム」という名が与えられている。

したがって、私の身体とは、受け取られる運動〔作用〕と送り返される運動〔反作用〕の通過地点（*lieu de passage*）であり、私に作用する事物と私が作用する事物とのあいだの連結線であり、一言で言えば、感覚‐運動現象の座にほかならない。（*Ibid.*, p. 169）

つまり、私の現在は、同時に感覚でもあり行動でもある。私の現在はひとつの不可分の全体を形成している。それゆえ、この運動はこの感覚につなぎとめられ、それを行動へと繰り延べるものでなければならない。かくして私は次のように結論しよう。私の現在は、諸々の感覚と運動が結合したひとつのシステム（un système combine de sensations et de mouvements）のうちに存する。私の現在とは、本質的に感覚‐運動的なものなのである。（*Ibid.*, p. 153）

以下では、この「感覚‐運動システム」という特徴づけを、有機体（自然的システム）の新たな特徴づけとして採用することにしたい。有機体（自然的システム）は、ひとつの感覚‐運動システムとして組織化・個体化されているがゆえに、恒常的な作用・反作用の連鎖（物質界）のただなかで、それに機械的・受動的に従うだけでなく、選択的・能動的に行動するのである。そして、各々の感覚‐運動システムと外界との個別的関係は、当のシステムがどの程度の過去・記憶を許容するのかにかかっているのだ。

4　行動の多重因果性

本章では、主として『物質と記憶』に遡行することで、有機体が物質界の一部でありながら、恒常的な作用・反作用の連鎖に回収されることなく選択的・能動的に行動するということを確認してきた。しかし、それゆえにかえって『創造的進化』の特異性が見えにくくなってしまったようにも見える。だが、私の考えでは、まさしく老化論と遺伝論のおかげで、『創造的進化』は一歩前進していると言える。以下では、本章の結びとして、個体性・行動・老化・遺伝の関係を整理することにしたい。

①個体性と行動：まずは、これまで見てきた個体性に関する規定と、感覚‐運動システムという新たに付加した規定との関係を明確にしよう（さしあたり通時的規定は考慮しない）。個体とは、解剖学的基準（諸部分の異質性）と生理学的基準（諸部分が担う機能の多様性と相互補完的連携）を同時に満たす複合的対象である。これに感覚‐運動システムという特徴づけを加えることで、次のことがわかる。解剖学的基準と生理学的基準だけでは、人間のように解剖学的諸要素が高度に分業化した有機体の場合、それら諸要素（消化器官、呼吸器官、循環器官、分泌器官etc.）がどのような関係にあるのかについては何も述べることができない。異質的諸部分が担う機能が多様で相互補完的だというだけでは、「すべてが

すべてに仕えているかのようだ」(EC, p. 126)。しかし、感覚‐運動システムという特徴づけを加えると、そうした異質的諸要素が「感覚‐運動システムを修復し、清掃し、保護し、このシステムに恒常的な内部環境を作ることであり、最後にとりわけ、このシステムに潜在エネルギーを送って移動運動に変換してもらうことを使命とする」(*Ibid.*, pp. 125-126) というように、相互補完的連携の内実をより明確に規定できる。つまり、〈個体とは解剖学的基準と生理学的基準を同時に満たす感覚‐運動システムである〉というのが、個体性の正確な定義である。なお、感覚‐運動システムであるというのは、物質に対して特定の仕方で働きかけるということを含意する。

②**個体性、老化、遺伝**：次に、老化・成長と遺伝であるが、これらは、個体を安定した状態 (état) ないし形態 (forme) とみなす立場を棄却するための根拠となっている[24]。この点については、改めて強調しておこう。例えば、老化・成長とは、個体が「形態変化の[……]連続」(EC, p. 19) であるということを示唆する生命現象である。そして、遺伝は、そうした連続的な形態変化の過程が、単一の個体にとどまるのではなく、世代を超えて継続していることを示唆する生命現象である。また、老化・成長にしろ、遺伝にしろ、ただ単に生命の連続性を主張するだけでなく、〈個体の現在の状態は、直近の過去だけでなく、遠隔的過去の効果によってもたらされる〉と主張するための根拠となっている。こうした事態を示すために、本書では、〈未完了の組織化・個体化の過程〉という用語を用いてきた。

③**個体性、行動、老化、遺伝**：右記の①と②を合わせると、次のように考えることができるだろう。有機体の現在の状態は、直近の原因(外的諸条件)だけでなく、個体発生要因と系統発生要因によって決定される。そして、有機体の行動は、こうして決定される状態の影響を受ける、と。『物質と記憶』の時点では、こうした議論は提示されていない。これは、『創造的進化』に固有のアイデアである。

④行動の多重因果性：さて、こうした説明は、私の見るところ、現代の行動生物学や比較心理学において、しばしば「行動の多重因果性（multi-causality）」と呼ばれるアイデアにきわめて近い。行動の多重因果性は、例えば『パピーニの比較心理学』という教科書では、次のように説明される。

行動のうち大半の事象は、多くの要因が相互に連関しあった結果として生起するという考え方。例えば、行動には環境刺激、ホルモン、遺伝子の作用、神経活動などが交絡して影響を及ぼす。このようなときに、行動が多くの要因の複合性により引き起こされたという。（パピーニ[2005], p. 469）

本書で再構成してきた個体論・行動論・老化論・遺伝論を集約すると、ここに示されるアイデアに非常に近いことはわかる。ただし、私はただ単に行動の多重因果性との類似性を指摘したいわけではない。③は、生物学者にも通用するような暫定的な定式化だが、ベルクソンの議論は生物学の議論領域をはみ出ている。例えば、有機体の現在の状態・行動が系統発生要因によって決定されるというのは、

24　ベルクソンにとって、変化や運動は単なる見かけではない。この点に関して、『創造的進化』第四章では、「むしろ形態など存在しない。というのも、形態は不動のもの（l'immobile）であり、実在は運動（movement）だからだ。実在するものとは、連続的な形態変化である」EC, p. 302）などと述べられる。あるいは同章では、「子供が大人になる（l'enfant devient homme）」と「子供から大人への生成がある（il y a devenir de l'enfant à l'homme）」という表現を区別した上で、瞬間的現在に存する項から項への移行（transition）ではなく、生成そのものの実在という論点が強調される（*Ibid*., p. 312）――こちらは、特に老化論に対応する論点である。

有機体は遺伝的に制約されているということだが、『創造的進化』はそうした遺伝的制約を打破する可能性をも考慮している。こうした点については、本書の第五・六章に委ねることにしよう。

第五章　適応と再認
――種レベルの習慣形成の運動としての組織化・個体化

はじめに

ある特定の環境において、生物の何らかの形質が、その生存や繁殖に有利に働くようになることがある。例えば、キリンの長い首は、高所の餌をとるのに有利に働き、イルカの流線形の体型は、水の抵抗を減らすのに有利に働く。また、ツバメのオスの長い尾羽は、メスを惹きつけるのに有利に働いている。一般に、こうした生存や繁殖に有利に働く形質が生み出されることを「適応（adaptation）」と呼ぶ。

ベルクソンが「組織化」や「個体化」と呼ぶものは、適応と無縁のものではない。「生命とは、何よりもまず、なまの物質に働きかける傾向である」（EC, p. 97）と述べるとき、ベルクソンは彼なりの仕方で適応を問題にしている。実際、生命と物質という二つの対立する運動がせめぎ合うなかで、生命と物質とのあだいでさまざまな暫定協定（*modus vivendi*）が締結されること、こうした適応の過程を指して、ベルクソンは「組織化そのもの」(*Ibid.*, p. 259) と呼んでいる。[1] それゆえ、ベルクソンが適応についてどのように考えているかを検討することで、組織化・個体化の内実が明らかになると思われる。

とはいえ、ベルクソンの適応概念の内実を見定める作業は、それほど容易なものではない。適応概念の詳細な分析が与えられるのは、当時の進化論の諸学説が批判的に吟味される文脈に限られる(*Ibid.*, pp. 56-61, 68-72)。そして「進化のうちに見ることになるのは、機械論が主張するような、環境への一連の適応とはまったく別のものである」(*Ibid.*, p. 102) というように、生命進化を「環境への一連の適応」と同一視する立場は明示的に退けられている。このように、一見したところ、適応をめぐる議論は、ベルクソンの進化論が「何ではないか」という消極的特徴づけにしか寄与しないようにも見える。[2]

しかしながら、私の見るところ、ベルクソンは進化の説明から適応概念を完全に排除しているわけではなく、適応概念を鋳直そうとしている。ベルクソンにとって、真の意味での適応は、受動的なものではなく、能動的なものである。適応が能動的であるというのは、生物が自らの環境と対峙するなかで、独自の問題を設定し、その問題を解決するような仕方で、何らかの新たな行動様式・生存様式を発明することにほかならない。能動的な適応、それは発明 (invention) なのだ。

では、そのような適応を可能とする条件は何か。生物は目の前の環境に受動的に従うだけでなく、環境に能動的に働きかけるために過去を利用する。ただし、過去を利用する適応の成立機序について、『創造的進化』で詳細な説明が与えられることはない。そこで私は、『物質と記憶』の再認をめぐる議論に遡行してみたい。再認とは、我々の心的活動において、過去(記憶)と現在(知覚)が結びつく現場であり、再認こそが適応の成立機序に相当するからだ。

本章では、『創造的進化』における適応概念を、『物質と記憶』における再認をめぐる議論と結びつけて理解することで、組織化・個体化の運動の内実を確定することを目指す。具体的には、次の道筋で議論を進める。第1節では、対立仮説と対照しつつ、生命の本源的エラン（élan originel：EO）に基づく進化のモデルを定式化し、このモデルを正確に理解するためには、適応概念について検討する必要があることを示す。次に第2節では、対立仮説を退ける文脈で導入される、受動的適応（adaptation passive：AP）と能動的適応（adaptation active：AA）という二種類の適応に関する規定を確認した後（2-1節）、APだけで進化を説明する学説に対するベルクソンの批判を、生物の行動の多重因果性を擁護するための議論として読み直す（2-2節）。続く第3節の目的は、AAの正体をある程度確定することである。まずは、ベルクソンが「眼が光を利用する」ということで何を述べようとしているのかについて、本書第四章で確認した論点を踏まえた解釈を与える（3-1節）。次いで、これと関連して、『創造的進化』のテクスト解釈を通して、AAが記憶力や再認と結びつくことを示す（3-2節）。最後

1　もう一点付け加えるとすると、知性的認識の権利づけを主題とする『創造的進化』第三章において、認識の形式と事物の形式の一致は、進化の過程における知性性と物質性の「相互適応によって」（EC, p. 188）保証されるのであった（Cf. 杉山［2006］）。適応をめぐるベルクソンの議論は、進化の理論だけでなく、認識の理論にも密接に結びついているのである。この点については、本書の序章で確認した通りである。

2　実際、François［2008; 2010］においてさえ、適応概念に関しては標準的な理解にとどまっている。標準的な理解とは、適応をめぐる議論は、後述する定向進化説を棄却するために用意されたものにすぎない、というものだ。これに対して、以下で私が提示する解釈は、適応論をベルクソンの進化論の中心に位置づけるものである。

に第4節で、AAの理解に寄与すると思われる範囲で『物質と記憶』の再認をめぐる議論を概観し（4-1節）、一連の議論を踏まえてAAを再認論の観点から特徴づけることにしよう（4-2節）。

1　進化の原因は何か？

『創造的進化』第一章の主たる目的は、MR（徹底的機械論）ともFR（徹底的目的論）とも異なる第三の道として、EOを深い原因とする進化の仮説を提示することにある。これまで何度か触れてきた通り、MRとFRに共通する問題は、永久主義的な時間描像を前提している点にある。改めて確認しておくと、MRの視点から見た生命進化は、以前の状態による以後の状態の決定の連鎖であり、未来の生物がどのようなあり方であるかは、過去の生物のあり方から予見できてしまう。もう一方のFRから見た生命進化は、未来に置かれたプログラム（目的）の実現の過程であり、過去から現在に至るまでの生物のあり方は、予め措定された未来の生物のあり方へと向かって収束していくにすぎない。このように、MRは生命進化の原因を過去に置き、FRは未来に置くという違いはあるが、いずれにせよ、過去・現在・未来の状態はすべて決定している。

では、MRとFRはどのように乗り越えられるのか。ベルクソン自身が述べるように、彼の立場はどちらかと言えば目的論的な立場に近い（*Ibid.*, p. 50）。しかしながら、ベルクソンはFRに二つの修正を加えている。第一の修正点は、目的を未来に置くのではなく、過去に置き直すということだ。世界の最終目標を設定していることがFRの難点なのだから、その位置をずらそうというわけだ。[3]もっとも、目的を過去に置いたところで、その目的が世界の展開のあり方を完全に決定してしまうようなプログラムであれば、問題は解決していない。そこで、厳密なプログラムの代わりに、漠然とした傾向としてのEOが導入される。EOは、「なまの物質に働きかける」（*Ibid.*, p. 97）という大まかな方向性しか定まっていない。生命進化をプログラムの実現とみなすのではなく、過去に置かれた「なまの物質に働きかける」という漠然とした傾向が、さまざまな具体的な傾向（例えば「視覚への歩み」（*Ibid.*））として定まってくる過程として捉え直すのであれば、未来がどのような状態になるかは予見できないというわけだ。ベルクソン自身の言葉を引いておこう。

> 生命とは、何よりもまず、なまの物質に働きかける傾向である。おそらく、この働きかけの方向は、予め決定されていない。それゆえ、生命は進化しながら、その道の途上に予見不可能なさまざまな形態を撒き散らすのだ。（*Ibid.*）

このように、EOを原因とする進化の仮説は、FR（またはMR）に抗して、生命進化を予見不可能な創造の過程とみなす立場を擁護するために提示されている。

もちろん、これは形而上学的な仮説である。この仮説を検証するために、ベルクソンは、当時の進化論の諸学説、すなわち、ダーウィンの微小変異説、ユーゴー・ド・フリース（蘭 1848-1935）の突然変異説、テオドール・アイマー（独 1843-1898）の定向進化説、コープの心理的努力説といった四つの学

3　この点については、「調和は前方〔未来〕よりは後方〔過去〕に見出される」（*Ibid.*, p. 51）と述べられる。

説に対する批判的考察を展開する（*Ibid*., pp. 53-88）。四つの学説を検討するにあたって、ベルクソンは相似器官の問題（あるいは収斂進化の問題）に焦点を絞る。相似器官とは、異なる系統間で観察される同じ機能を実現する器官のことである。例えば、人間（脊椎動物）とホタテガイ（軟体動物）は、まったく異なる系統進化の道のりを歩んできたが、にもかかわらず、どちらも「視覚」という機能を実現する「眼」という器官を備えている。異なる系統において、なぜこうした相似器官が生じうるのか。ベルクソンは、この問題に解答する際に、先述した四つの学説ではどのような難点が生じるのかを指摘していく。順に確認していこう。

まず、ダーウィンとド・フリースの変異説に関しては、第一に、変異の原因を、個体に内在的なまったくの偶然とみなす点[4]、第二に、変異の保存を説明するために、合目的性概念を密輸入している点、これら二点が難点とされる。

ダーウィンの微小変異説は、ある器官に感知できないほど微小な変異が生じ、それが自然選択によって削除されない場合は、遺伝によって次世代へと保存される、と説く。だが、そのような些細な変異は、いくつもの世代を経てある程度蓄積されなければ、良くも悪くも器官の機能に影響を及ぼすことはない。そうすると、この変異が自然選択によって消去されずに保存され続けるというのは、ある種の奇跡である。にもかかわらず、自然選択による保存を主張するのであれば、変異の蓄積によって実現されることになるだろう未来の種を前提するという仕方で、暗黙のうちに合目的性概念を密輸入してしまっている。

ド・フリースの突然変異説の場合は、比較的大きな変異を想定するため、変異の蓄積が実現するまでの道のりが短縮されることになり、少なくとも微小変異説よりはましである――奇跡の程度が低い。

だが、そのような大きな変異は、器官の他の構成要素と齟齬をきたすことになり、ひいては器官に機能障害をもたらすことになる。機能障害をもたらす以上、この変異は自然選択によって間違いなく消去される。突然変異説は、この難点を克服するために、器官の各構成要素の相関（corrélation）を持ち出すわけだが、これもまた合目的性概念の密輸入にほかならない[5]。

二つの変異説に対する批判を通して確認されるのは、相似器官の出現を説明するためには、偶然的な変異の蓄積ではなく、生命進化を方向づける何らかの方向の原理（principe de direction）を想定する必要がある、ということだ[6]。そして、この方向の原理をどのようなものとみなすべきかについては、残る二つの学説を通して検討される。

4　ダーウィンとド・フリースは、個体に内在的な偶然によって変異が生じるメカニズムについて、必ずしも明確な仕方で説明を与えていない。本書第三章で確認したヴァイスマンの遺伝論（特に有性生殖論）は、このメカニズムに理論的基盤を与えることを目指したものである。

5　ベルクソンによれば、相関には「連帯した変化」と「相補的な変化」という二つの意味があり、これらはまったく別のものである。前者は、犬の毛と歯は胚の同じ箇所で形成されるが、その箇所に何らかの障害が生じた場合には、体毛が少なく歯並びが悪い犬が生まれるというただそれだけのことだ。だが後者は、さまざまな変化が相補的に連携し合い、同一の機能を実現ないし改良するということを意味する。ここでは「同一の機能の実現ないし改良」が目的として設定されている。こうした「相補的な変化」としての相関を持ち出すことが、合目的性概念の密輸入に相当する。この点について当時の生物学的背景を踏まえて詳細に研究したものとしては、三宅［2012］を参照のこと。

6　ベルクソンは考慮していないが、異なる構造が同一の機能を実現することもありうるだろう。これが真ならば、相似器官の出現を説明する際に、方向の原理を措定する必要はなく、まったくの偶然に訴えるだけでよい、ということになる。おそらく、ベルクソンの進化論と最後まで対立し続けることになるのは、相似器官の出現をまったくの偶然とみなすこうした立場であろう。

アイマーの定向進化説は、合目的性概念を持ち込まずに、進化の規則性を説明するために、変異の出現とその保存を同時に説明する原理として、光をはじめとする外的環境の物理刺激そのものに着目する。光は物質界に偏在し、一定の物理的結果をもたらすため、異なる系統間における視覚器官の進化を方向づけてきた、というわけだ。一見するとうまくいっているように見えるかもしれない。しかし、ベルクソンによれば、人間とホタテガイの視覚器官は、化学的組成だけでなく、個体発生の過程も系統発生の過程も異なるのだから、物理刺激が同一であるとはいえ、それが常に同じ結果をもたらすことにはならない。これを理由として、定向進化説は棄却される。[7]（詳しくは本章第2節で個別的に検討するが、ベルクソンが二種類の適応概念の混同を指摘するのは、アイマーに対してである。）

コープの心理的努力説は、変異の出現を説明する原理として、生物の意志的努力を考慮する。これは、外的環境ではなく、生物の側に方向の原理を看取する学説であり、有力な立場として高く評価される。ただし、意識的努力を生物個体に帰属させたせいで、変異の保存を説明するために、獲得形質の遺伝という実験的証拠の弱い仮説を導入せざるをえなかった点は、この学説の難点とされる。[8]

以上の考察を通して、ベルクソンは、①外的環境から独立している（＝生物の側に帰属する）、②すべての系統間で遺伝的に継承される（＝生物の側に帰属するとはいえ、個体に帰属するのではない）、という二つの基準を満たす原理として、生命の本源的エラン（ＥＯ）を導入する（*Ibid.*, pp. 88-89）――①と②の基準はそれぞれ、アイマーとコープの難点を克服するものとして提示されている。さしあたり第一次近似を与えるのであれば、ＥＯを深い原因とする進化は、次のように定式化可能である。[9]

1　ＥＯはすべての系統間で保存される。

2　個々の生物は、自らのうちにあるEOに沿って、環境が提出する問題に解答を与える。
3　環境が提出する問題は一定ではない。
4　1~3より、異なる系統間であっても、4・1環境が提出する問題が同じ場合は、似たような解答が与えられるが、4・2環境が提出する問題が異なる場合は、異なる解答が与えられる。

このモデルでは、4・1の場合に相似器官をもたらすような収斂が生じることになり、4・2の場合に分化が生じることになる。このように、ベルクソンの進化論は、収斂（調和）と分化（不調和）を同時に説明するモデルとして提案されている。

このモデルの掛け金となるのは、ほかならぬEOの内実である。繰り返すが、EOは「なまの物質に働きかける傾向」と定義されるのであった。ここで問題にすべきは、EOがただ単に潜勢的（virtuel）なものにとどまるのではなく、4のステップで現勢化（actualisation）するためには、環境との遭遇が必要だ、という論点である。[10] 実際『創造的進化』第二章の冒頭部では、次のように述べられている。

7　アイマーとベルクソンの関係については、金森［1994］に詳しい。
8　獲得形質の遺伝に対する批判については、本書の第三章を参照のこと。
9　三宅［2012］による定式化を参考にした。
10　『創造的進化』において、生命そのものは「純粋な創造的活動」（EC, p. 246）と規定される。これに対して、ジャンケレヴィッチが「おそらくは、たとえ物質が存在しなくとも生命はなおも存在するであろうが、エラン・ヴィタルは存在しないであろう」（Jankélévitch［1959］, p. 172）と指摘するように、エランとは物質と邂逅する現場において捉えられる生命である。

砲弾が爆発するとき、それが分裂する個別的な過程は、その砲弾につめられた火薬の爆発力と、その力に対する金属の抵抗とから、同時に説明される。生命が個体や種に分裂する過程も同様である。それには二つの系列の原因があると思われる。つまり、生命がなまの物質から受ける抵抗と、生命が自身の内に含む――諸傾向の不安定な平衡による――爆発力である。(*Ibid.*, p. 99)

このように、進化には「生命の爆発力」と「なまの物質による抵抗」という二系列の原因がある、とベルクソンは考えている。そして私の見立てでは、この二系列の原因の邂逅は、適応の問題と密接に結びついている。そこで次節では、AP(受動的適応)とAA(能動的適応)に関する議論(とりわけ前者に関するもの)を詳細に検討することで、二系列の邂逅の内実を可能な限り明確化することを目指す。

2 受動的適応概念を再考する

2-1 受動的適応と能動的適応の混同――アイマーの定向進化説に対する批判

APとAAという概念的区別が導入されるのは、アイマーの定向進化説を退ける文脈である。そこでは、アイマーが進化を説明する際に、APとAAを混同して用いていることが指摘される。まずは、APとAAの規定を整理し、ベルクソンの批判の大筋を確認しよう。

ＡＰは「ある形態が外的諸条件の鋳型に組み込まれて徐々に複雑化すること」（*Ibid.*, p. 70）と規定される。比喩的に言えば、ＡＰは、水と赤ワインが同じコップに注がれた際に、両者の形態がコップの形態によって規定されるようなものだ（*Ibid.*, p. 58）。もしＡＰが基礎的な原理だとすると、環境と個体との関係は、物理化学的な作用・反作用として理解されることになる。それゆえ、ＡＰに基づく進化は、「外的な力〔環境〕と内的な力〔個体〕のある種の力学的合成によるさまざまな器官の進化」（*Ibid.*, p. 77）と特徴づけられる。

これに対して、ＡＡは「ある器官が外的諸条件を自分に有利になるように利用するにつれて、その器官の構造が複雑化すること」（*Ibid.*, pp. 70-71）と規定される。ＡＰにおいては、生物は外的環境に従うだけでなく、「能動的に反応し、ある問題を解いている」（*Ibid.*, p. 71）ということになる。この意味で、「適応は、もはや反復（*répéter*）ではなく、応答（*répliquer*）なのである」（*Ibid.*, p. 58）とされる。

ベルクソンはＡＰとＡＡの区別した導入した上で、アイマーの定向進化説は、ＡＰによる説明を徹底しているようでいて、実はＡＡによる説明を持ち込んでしまっている、と指摘する。これは、ベルクソンによる恣意的な読み込みではない。実際、ベルクソンが参照を指示している箇所で、アイマーは次のように述べている。

> 光の刺激がなければ、眼の形成に不可欠な色素は現れえない。光の刺激の連続、つまり連続的使用がなければ、眼が現にあるようなものとして存続することはできない。連続的使用によって、眼は改良されていくのである。（Eimer [1888], p. 167, 傍点は引用者による）

一見して明らかなように、前半部では、眼の形成の原因は、器官に光の刺激が連続的に浴びせられることである。しかし、後半部では、器官を連続的に使用することに話がすり替わっている。このように、アイマーの説明では、適応の意味がＡＰからＡＡへと移行している。ベルクソンがＡＰとＡＡの混同と呼ぶのは、こうした説明にほかならない。

２−２　受動的適応概念の批判の内実——適応と因果性の問題

ＡＰとＡＡの混同を指摘することによって、ベルクソンは何をしようとしているのだろうか。もちろん、ＡＰだけで相似器官の出現（または進化そのもの）を説明することの困難を暴き立てようとしているのだろう。とはいえ、このことから、「ベルクソンはＡＰを完全に否定している」と判断することはできない。ＡＰを完全に否定するということは、進化におけるＡＰの役割——その内実は今のところ定かではないが——を完全に否定することに相当する。私の見るところ、ベルクソンはこのような極端な立場を採用していない。結論を先取りすれば、ベルクソンはＡＰの役割をある程度認めている。問題は、どの程度かということである。

この点に関して、ベルクソンは自身の立場をはっきりと表明している。

> 環境への適応は進化の必要条件であること、我々はこのことに反論するつもりなどない。ある種が自身に課された生存条件に従わなければ、消滅することになるのは、あまりにも明白なことである。しかし、外的状況は進化が考慮しなければならない力であると認めることと、外的状況が進化の指導原因であると主張することは、別のことである。（EC, pp. 102-103, 傍点は引用者による）

このように、「APは進化の必要条件である」という主張と、「APは進化の指導原因である」という主張を区別した上で、ベルクソンは前者を採用する。[11] ただし、ここで「必要条件」という用語は、論理学の用語として用いられているわけではない。ここで問題になっているのは、因果性（causation）をめぐる形而上学上の問題である。[12]

ベルクソンは、定向進化説を退ける文脈で、原因の量・質と結果の量・質との関係に着目して、①「衝動（impulsion）」、②「解発（déclenchement）」[13]、③「展開（déroulement）」という三種類の因果性を区別している（*Ibid.*, pp. 73-75）。①**衝動**：衝動とは、原因の量・質によって結果の量・質が決定される因

11　これは、本書第四章の議論に即して言えば、生物は物質界の恒常的な作用・反作用に従うのだが、完全に従うわけではなく、むしろそうした作用・反作用に抗って、選択的・能動的な反応の獲得に向かう、ということである。

12　ベルクソンの因果性に関する議論としては、1900年にパリで開催された第一回国際哲学会議での口頭発表をもとにした論文「因果法則に対する私たちの信念の心理学的起源についてのノート」（M, pp. 419-428）に着目されることが多い。そこでは、幼児期に身体と外界との関係が構築される際に知覚と行動が結びつく過程で、因果性に対する信念が獲得されてきたとされる。こうした議論は『物質と記憶』第一章と密接に結びついている。しかし、以下で検討する議論は、これとはまったく独立したものであり、『創造的進化』に固有のものである。

13　« déclenchement »には「始動」という訳語があてられることが多い。だが、後述するように、ベルクソンは物質を一種の機会原因とみなすため、「機会によって解除されて発動する」というニュアンスを出すために「解発」という訳語を採用した。また、この訳語を採用するにあたって、ローレンツとティンバーゲンの本能的行動の研究に由来する「生得的解発機構（Auslösemechanismus）」という概念を参考にした。これは、本能的行動は、外界のリリーサー（解発因）を引き金とするが、深い原因としては生体内の諸条件の方にある、ということを説明するための概念であり、ベルクソンの考えと非常に近いと思われる。ティンバーゲンとベルクソンの類似点については、本節で後述する。

果性である。例えば、ビリヤードの玉Aを別の玉Bに向かって打つとき、玉B（結果）の量・質は玉A（原因）の量・質によって決定される。②**解発**：解発は、原因の量・質によって結果の量・質が決定されない因果性である。例えば、火薬に火花を着火するとき、火薬の爆発（結果）の量・質は火花（原因）の量・質によって決定されない――火薬は爆発のきっかけを与えるだけで、火薬の爆発の量・質は、火薬そのものによって決定される。③**展開**：展開とは、原因の量によって結果の量が決定されるが、原因の質によって結果の質が決定されるわけではない因果性である。例えば、オルゴールのぜんまいを巻くとき、我々が聴取するメロディー（結果）の量は、ぜんまいの回転数（原因）によって決定されるが、メロディーの質がぜんまいの回転の質によって決定されるわけではない。右記の①〜③の因果性のうち、「原因が結果を理由づける（*explique*）」（*Ibid.*, p. 74）と言えるのは、原因の量・質と結果の量・質が緊密に結びついている①だけである。

以上を踏まえて、定向進化説に対する批判に戻ろう。APによる進化の説明が「成功する」と言えるのは、環境（原因）と生物（結果）とのあいだに①の意味での因果性が成立している場合に限られる。しかし、これには反例がある。例えば、水中の塩分濃度（原因）とアルテミアの変形（結果）との関係、あるいは気温の変化（原因）と昆虫の変態（結果）との関係において、①の意味での因果性の成立を認めることはできない。なぜなら、これらの事例において、原因はただ単に機会を提供するだけで、結果の量・質を決定することはないからである。つまり、これらの事例では、②または③の意味での因果性が成立しているのだ（*Ibid.*）。

一連の議論で問題になっているのは、APによる説明の挫折が何を意味するのか、ということだろう。おそらく、ベルクソンは、APによる説明の限界を指摘することで、②や③の意味での因果性を擁護しようとしている。これは、進化には、外的環境に由来する原因だけでなく、生物の側に属する何か別種の原因が必要だ、ということである。念のため強調しておくが、ベルクソンは「物理化学的な作用・反作用とは別種の原因だけを認めればよい」と主張しているわけではない。先ほど確認したように、APを必要条件として認めている以上、進化の説明からAPを省くこともできないからである。②や③の因果性が認められているとすると、この点についても理解可能である。つまり、進化の深い原因は生物の側に属する内的なものであるが、外的原因は機会原因の役割を果たすのである。なお、内的原因とは、個体発生の歴史や系統発生の歴史、すなわち老化が示唆する有限の持続間隔や遺伝が示唆する生命全体の過去にほかならない。以上の議論をまとめると、ベルクソンは、生物の側の内的原因（個体発生や系統発生の歴史）が進化の深い原因であり、外的環境に由来する外的原因（物理化学的な諸作用）は進化の機会原因である、と考えているのだと思われる。

以上がAPによる説明の限界を指摘することの内実であるが、AA概念の内実の検討に移る前に、ここでベルクソンが提案していることの射程を検討しておこう。ベルクソンの提案は、現代の生物学の観点から見ると、さほど不自然なものではない。例えば、一定の解像度のもとで照合するならば、ノーベル・ホルダーとして知られるニコラス・ティンバーゲン（蘭 1907-1988）に由来する「ティンバーゲンの四つの問い」とほとんど同じ提案であるとさえ言えるだろう。ティンバーゲンの「動物行動学の目的と方法」(1963) 以降、ある生物の現在の状態（特に機能・行動）を説明するために、①メカニスム・因果関係（静的な至近要因）、②発生・発達（動的な至近要因）、③適応（静的な究極要因）、④系統進化（動的な究極要因）という四つのレベルに分けて考察するというのは、生物学や生物学の哲学ではお馴染みのアプローチである。例えば、人間の眼の網膜には「盲点」という知覚できない領域があるが、タコやイカといった頭足類に「盲点」はない。両者の違いを知りたければ、①網膜の詳細なメカニスムを検討すれば、それなりに満足のいく解答が得られるだろう——ちなみに視細胞の配置の違いによる。けれども、メカニスムの違いを説明するためには、②両者の発生・発達過程の違いや、④それぞれの系統が歩んだ進化の道のりを考慮に入れる必要がある。さらに言えば、③盲点の有無と、両者が身を置く環境下での生存率・増殖率との関係を問う必要もあるだろう。また、ティンバーゲンの提案は、本書第四章で確認した「多重因果性」というアイデアを明確化したものである（Cf. パピーニ[2005]）。我々の見るところ、ティンバーゲンや現代の比較心理学と同様、ベルクソンもまた、生物の現在の状態を帰結する原因の多重性を指摘しているのだと思われる。以上から、ベルクソンはAPによる説明の限界を指摘することで多重因果性を擁護している、と言ってよいだろう。

3　能動的適応概念を再考する

本書第四章でも暗示しておいた通り、前節で確認したAPによる進化の説明に対する批判は、生物学的な水準で成立している。ということは、生物の現在の状態を帰結する諸原因も、生物学的な種類のものである。この地点にとどまるのであれば、これら諸原因にかかわる問題は、「四つの問い」に対応する諸生物学（生理学・発生学・系統学・進化論etc.）に任せておけばよい、ということになるだろう。

ところで、先ほど、ベルクソンとティンバーゲンの類似性を比較する際に、「一定の解像度のもとで照合するなら」と留保しておいた。両者はいずれも多重因果性を擁護する立場であるにはちがいない。とはいえ、解像度を上げれば相違点も見てくる。

今一度、盲点の例を挙げよう。ティンバーゲンの場合、人間における盲点の存在理由を、系統進化のレベルで説明するならば、「現在の人間の網膜のあり方は、人間の祖先生物の眼のあり方によって一定の制約を受ける」といった説明になるだろう。端的に言えば、これは、個体の現在の状態は遺伝的制約を受けるということである。

ベルクソンの場合も、「生体の目下の瞬間の存在理由は、直前の瞬間にはない。目下の瞬間に、有機体の過去全体を、遺伝を、つまりきわめて長い歴史の全体を結びつけなければならない」（EC, p. 20）というように、遺伝的制約と似たようなことを主張している。けれども、忘れてはならないのは、現在に実効的に介入する過去が「有機的記憶力」（*Ibid*., p. 19）と呼ばれていることである。本書第三章の議論を踏まえると、これは遺伝学を知らなかったがゆえに用いられた比喩ではない。ここではまったく文字通りに「意識的事象としての記憶力の働きが、実効的に生物の構成に関与している」と考えられているのだ。

AA概念を再検討する意義は、この点にある。というのも、AA概念は、心理学的な種類の原因を含む進化のあり方を示しているからである。[14] このことを念頭に置いて、AAの内実を検討することに

14　ベルクソンは、定向進化説におけるAPとAAの混同を指摘した上で、コープの心理的努力説の検討に移行する。このことから、AAとコープの心理的努力を結びつけて解釈することも十分可能である。だが、同じ心理学的な種類の原因であるとはいえ、個体の水準にとどまる心理的努力による適応と、私が以下で提案する適応とは、まったく異なる。本書では、コープからの影響を考慮せずに、ベルクソン哲学の内在的な展開を追跡することで、AAを理解する道を選びたいと思う。なお、ベルクソンとコープの関係については、金森［1994］やFrançois［2010］を参照されたい。

しよう。

3－1　能動的適応とは何か①——知覚論との関係を通して

繰り返すが、ＡＡは「ある器官が外的諸条件を自分に有利になるように利用するにつれて、その器官の構造が複雑化すること」（*Ibid*., pp. 70-71, 傍点は引用者による）と定義されるのであった。ここでは、ＡＡの内実を見定めるために、ベルクソンが「（眼は光を）利用する」ということで何を述べようとしているのかを検討しよう。

ベルクソンは、自身の適応概念の定義に対する反論として、「眼は見るために作られたのではなく、眼をもつから我々は見るのである」（*Ibid*., p. 72）という主張を想定している。換言すれば、これは、「（視覚という）機能は、（眼という）器官の構造に付随する」ということである。さて、ＡＡに関する上記の定義を棄却できるとすれば、それは、「（眼は光を）利用する」という言葉が「（眼は視覚という）機能をもつ」という意味で用いられている場合に限られる。しかしながら、「（眼は光を）利用する」という言葉をまったく異なる意味で理解すべきである、とベルクソンは主張する。

　私は、眼が光を「利用する」ということで、単に眼には見る能力がある、と言いたいわけではない。この器官と運動器官のあいだに存在するきわめて正確な諸関係もほのめかしているのである。脊椎動物の網膜は、視覚神経に繰り延べられ、この神経自身も、運動メカニスムに結びついた脳の諸中枢に引き継がれる。眼が光を利用するということは、我々の眼が、反応運動によって、有利に見えるものを利用し、有害に見えるものを避けることができるということだ。（*Ibid*., p. 72）

ここで述べられているのは、次のようなことだろう。眼という感覚器官は、神経系を介して、生体内の運動器官と緊密に結びついている。眼という器官は、感覚 - 運動システムの一部なのだ。だから、問題にすべきは、視覚という感覚機能そのものではなく、その機能によって獲得または拡張される生体の反応運動、すなわち行動なのである。

この点に関して、『創造的進化』第一章の末尾では、次のようにも述べられる。

> 以前の研究で示したように、視覚は、権利上、我々の視界にはアクセス不可能な無数の事物に到達するような、ある力である。だが、そのような視覚は行動に繰り延べられることはないだろう。それは、亡霊にはふさわしくとも、生物にはふさわしくない。生物の視覚は、実効的な視覚であり、その生物が働きかけることができる対象に限定された視覚なのである。(*Ibid.*, p. 94)

ここでは、本書第四章で確認した『物質と記憶』の知覚論が念頭に置かれている。とりわけ、目下のところ重要なのは、「私が物質と呼ぶのは、イマージュの総体であり、物質の知覚と呼ぶのは、これら同じイマージュのうち、ある特定のイマージュ、つまり私の身体の可能的行動に関係づけられたものである」(MM, p. 17) という論点である。この論点を踏まえると、引用部における「亡霊の視覚」とは「物質」または「イマージュの総体」のことであり、「生物の視覚」とは「知覚」のことである。そして、知覚とは身体の可能的作用を反射するものなのだから、生物の視覚の獲得・拡張の過程は、生物の作用可能性の獲得・拡張の過程に相当する。このように考えるのであれば、AAの定義における「外的諸条件を自分に有利になるように利用するにつれて」という文言は、「物質界の作用・反作用のただなかで、生物が自らに固有の可能的行動を獲得・拡張するにつれて」と書き換えることができるだろう。

3-2　能動的適応とは何か②——本源的エランとある一定のエラン

ここで次の点には注意が必要である。生物の作用可能性と、それを獲得・拡張する過程とは、厳密に区別されねばならない。生物の視覚は純粋知覚の水準にとどまる。繰り返すが、純粋知覚とは、我々の具体的知覚から記憶力の働きを捨象することで得られる知覚である（Cf. 本書第四章）。言い換えれば、純粋知覚とは無時間的なものである。それゆえ、純粋知覚が示唆する作用可能性もまた、基本的には無時間的なものであり、変更のしようのないものとして与えられてしまっている。これに対して、作用可能性を獲得・拡張する過程、すなわちＡＡは、個体発生（老化・成長）や系統発生（遺伝）の歴史に支えられて進展する。したがって、ＡＡを理解するためには、記憶力の働きを考慮に入れる必要がある。

この観点からすると、次のテクストが決定的に重要である。

各々の種、そして各々の個体さえも、生命の推進力全体から、ある一定のエランだけを引き留めて（ne retient de l'impulsion globale de la vie qu'un certain élan）、このエネルギーを自分自身の利益になるように用いる傾向がある。この点に適応（*l'adaptation*）は存する。（EC, p. 51）

以下は私の解釈であるが、このテクストには三つのポイントがある。第一に、「ある一定の」という不定形容詞が付されたエラン（un certain élan：CE）は、「本源的（originel）」や「原初的（primitif）」という形容詞が付されたエラン（EO）とは区別されるものとして理解することができる。というのも、「生命の推進力全体」とはEOに存するものだが、そこから引き留められたものがCEだからである。第二に、「この点に適応は存する」という表現を踏まえると、「CEをだけを引き留める」というのは、AAに関連する。この点に適応は存する。最後に、何よりも重要なことだが、« retenir »という動詞は「記憶に留める」または「忘れない」と訳出可能であることから、AAは『物質と記憶』における記憶力や再認をめぐる議論とかかわる、と考えることができる。

以上の解釈が正しいとすると、「AAはCEを記憶に留めることによって成立する過程である」と言えるだろう。では、「CEを記憶に留める」ということの内実は何か。次節では、『物質と記憶』第二章の再認をめぐる議論を踏まえて、この点を可能な限り明確にすることを目指す。

4　適応と再認――あるいは習慣形成の二つの水準

まずは、本章の議論にかかわる範囲で、『物質と記憶』の基本事項を確認する（4-1節）。次いで、習慣形成の過程に焦点をあてて、これと関連する範囲で、再認論を検討する（4-2節）。なお、習慣形成の過程に着目するのは、AAもまた一種の習慣形成の過程と考えられるからだ。最後に、本節の議論を踏まえて、AAを種レベルの習慣形成の過程として定式化し、この定式化に従って「CEを記憶に留める」ということの内実についての解釈を提示することで、AAによる進化の説明を再構成することにしよう（4-3節）。

4-1　基本事項の確認

まずは、『物質と記憶』第二章で導入される、①記憶と記憶力、②記憶力の二形態、③再認の二形態という三つの事柄について、概説することからはじめたい。

①**記憶と記憶力**：ベルクソン哲学において、記憶（souvenir）と記憶力（mémoire）は異なる。いわゆる「純粋記憶（souvenir pur）」とは、我々の意図とは無関係に、即自的かつ自動的に保存される過去のことである。純粋記憶は非延長的であるがゆえに、物質界に対しては無力なものとされる（MM, pp. 155-156）。これに対して、「記憶力」とは、こうした過去（記憶）を現在に継承する働きのことである。

②**記憶力の二形態**：ベルクソンが記憶力の二形態を峻別したことは、よく知られているだろう。[15] 例えば、詩を暗記するという場面を考えてみよう。一方で、詩が暗記される以前の、特定の朗読（一回目や二回目の朗読）の経験は、「それが生じるままに存続し、それに伴う知覚すべてと一緒になって、私の歴史の還元不可能な一瞬間をなしている」（*Ibid.*, p. 85）。つまり、各回の朗読の経験は、「日付を有し、したがって二度繰り返さない」（*Ibid.*, p. 88）という意味において、「独立した記憶（＝純粋記憶）」（*Ibid.*, p. 82）として保存されている。これが「第一の記憶力」の働きである。他方で、詩の暗記を完了した最終局面においては、我々は身体のさまざまな習慣的運動（歩行など）と同じように、半ば自動的に詩の暗誦が実行可能となっている。反復練習によって習慣的運動が形成され、これが身体に保

存されること、こちらは「第二の記憶力」の働きである。

③再認の二形態：ベルクソンが「再認」と呼ぶのは、記憶力の実践的・日常的な作動形態である（*Ibid*., p. 82）。あるいは、再認とは記憶（過去）と知覚（現在）が結びつく現場である。記憶力に二つの形態がある以上、再認にも二つの形態がある。第一の記憶力とかかわるものは、「注意的再認」と呼ばれる。これは、知覚対象に類似した記憶イマージュを想起して、それを知覚対象に投射することで、知覚対象を解釈するような再認である。また、こうした注意的再認によって得られる表象は、「判明な知覚」（*Ibid*., p. 100）とも呼ばれる。第二の記憶力とかかわるものは、「自動的再認」と呼ばれる。こちらは、「もっぱら身体の習慣的運動だけで行うことのできる再認」であり、「本質上、それは行動であって、表象ではない」とされる（*Ibid*.）。後ほど改めて確認するが、自動的再認においては、知覚対象を表象に変換することなしに、知覚が瞬間的に行動へと引き継がれる、という論点が重要である。

右記の①〜③に関して検討すべき論点は多数あるが、以下では、自動的再認を極限とする習慣形成の成立機序と関連する論点に焦点を絞ることにしたい。というのも、ベルクソンは、自動的再認の形成について、「適切な反作用、環境との平衡、つまりは適応であり、生命の一般的目的はこれである」（*Ibid*., p. 89, 傍点は引用者による）と述べているため、自動的再認の形成はＡＡに対応するからである。

15　しばしば指摘されるように、記憶力の二形態の区別は、概ね「エピソード記憶」と「手続き記憶」の区別に相当する。

4-2 習慣形成の成立機序

まずは、ベルクソンが「自動的再認」と呼ぶ事態について、もう少し詳しく見ておきたい。例えば、慣れ親しんだ街を歩くという場面を考えてみよう。我々は慣れ親しんだ街であれば、自身を取り巻く諸対象の「判明な知覚なしに」(*Ibid.*, p. 100)、つまりは知覚対象を表象に変換する注意的再認を経ずに、ただただ機械的に歩き回ることができる(自動的再認)――そうでなければ、「ここにポストがあるということは、次にコンビニがあるな」というように、知覚と記憶とを照合しながら歩くことになるだろう(注意的再認)。もちろん、自動的再認において、何も知覚していないというわけではない。このとき、知覚は瞬間的に運動へと引き継がれているのである。要するに、知覚対象が喚起する運動を瞬間的に実行できる(実際に実行するかどうかは別問題である)というのが、この再認の本分なのだ。ベルクソン自身の表現では、「日常的対象の再認とは、何よりもまず、その対象を使えるということだ」(*Ibid.*, p. 101)。

こうした再認が成立しているとき、感覚と運動は緊密に連動している。こうした事態を指す述語としては、「運動メカニスム(mécanisme moteur)」や「感覚‐運動平衡(équilibre sensori-moteur)」といった語が採用されている。これらは、感覚‐運動連合の器質的構造と見てよい。ただし、自動的再認は習慣として獲得されるものである。それゆえ、感覚‐運動連合もまた、ただ単に生得的な器質的構造に付随するものではなく、次第に組織されるものとして理解されねばならない。感覚‐運動連合の組織化の過程は、「感官の教育(éducation des sens)」(*Ibid.*, p. 48, 102)という事態として説明される。感官の教育とは、「感覚的諸印象と、それを利用する運動とのあいだに成立する結合の総体」(*Ibid.*, p. 102)

であり、その「終点（fin）」は「私の諸感覚を相互に調和させること、私の身体の諸欲求の非連続性そのものによって分断された連続性を感覚所与のうちに回復させること、そうして物質的対象の全体を近似的に再構成すること」（*Ibid.*, p. 48）とされる。

では、習慣形成、あるいは感官の教育は何によって可能となるのか。それは、ほかならぬ反復によってである——詩の暗記の例を思い起こそう。もっとも、もし反復が単なる再生（reproduction）にすぎないのであれば、習慣など形成されるはずもない。それゆえ、習慣を形成する反復の真の効果が問われなければならない。ベルクソンによれば、それは「まず分解し、次に再構成し、そうやって身体の理解力に訴えかけること」（*Ibid.*, p. 122）だという。

この点について理解するためには、聴覚的再認の例を検討してみるのがよい。未知の言語でなされる二人の人物の会話を聴取するという場面について考えてみよう（*Ibid.*, pp. 120-121）。このとき、私の耳に飛び込んでくるのは、音節や単語として判別することのできない単なる音声連続体にほかならない。この音声連続体を分解・再構成して、その音節や単語を区切って聞き取れるようになるための条件は何か。当該の言語に関する知識を記憶するだけでは十分ではない。実際、ある外国語に関する知識をもっているからといって、その外国語を聞き取れるとは限らない。少なくとも、聴覚的印象と記憶とを結びつける何らかの枠組みが必要だ。ベルクソンによれば、それは、聴覚的印象が喚起する「生まれかけの運動（mouvements naissants）」についての意識、すなわち「運動図式（schème moteur）」である（*Ibid.*, p. 121）。簡潔に言えば、生まれかけの運動とは、聴覚的印象を模倣しようとする発生器官における筋肉の収縮や緊張である。この模倣運動は、最初のうちは混乱している（うまく模倣できない）。だが、反復によって、次第にうまく組織されるようになり、ついには「聞き手が、話し手の運動そのものの大筋と主要な方向を見出すことができるような単純化された図」(*Ibid.*) を素描するに至る。この単純化された図こそが運動図式であり、この図式を介して諸印象と諸記憶とが結びつくようになると、未知の言語の聴取が可能となる。

ひとたび自動的再認が習慣として形成されてしまえば、身体の感覚 - 運動連合は、文字通り自動的性格を帯びることになる。こうした性格ゆえに、自動的再認は「瞬間的再認」(*Ibid.*, p. 100) とも呼ばれる。すでに見た通り、こうした再認においては、外的刺激の感覚は瞬間的に運動的反作用に引き継がれることになるが、これはイマージュ記憶[16]が排除されているということでもある。この点については、「自動的再認において、目下の我々の意識は、現在の状況への我々の神経系の正確な適応をまさに反映しているものであって、目下の知覚に調整されてひとつの有用な (*utile*) 総体を一緒に形成することができないような過去のイマージュの記憶は、すべて排除している」(*Ibid.*, p. 90) と述べられる。

ただし、次の点には注意が必要だ。自動的再認それ自体において、一定の仕方で記憶イマージュが排除されているというのは事実だが、自動的再認を極限とする習慣形成の過程は、第一の記憶力に支えられている。これは、次のことを意味する。運動図式は、習慣形成の終点においてのみ獲得されるものではない。反復の過程では、いわば暫定的な運動図式を介して、あるいは何らかの別の習慣的運動のための運動図式を介して、常に諸印象と諸記憶の相互的なフィードバックが輻輳的に生じているのだ[17]。要するに、自動的再認は、注意的再認の反復によって形成されるのだ。この意味において、第二の記憶力は「〔第一の〕記憶力に照らされた習慣 (*habitude*)」(*Ibid.*, p. 89) なのである。

4-3 種レベルの習慣形成としての能動的適応

以上の論点を踏まえて、議論を収束させていこう。

まず確実に言えるのは、自動的再認を極限とする習慣形成と、AAとは、同種の働きだということである。というのも、両者はいずれも、物質界（＝相互的な作用・反作用の連鎖）に対して、何らかの「応答」（MM, p. 86; EC, p. 58）を準備する過程だからだ。ただし、『物質と記憶』で提示されるのは個体レベルの習慣形成であるが、AAは種レベルの習慣形成である。もちろん、個体レベルで成立する理論を、種レベルへと拡張するには、それなりの根拠が必要だろう。だからこそ、『創造的進化』第一章の冒頭部では、遺伝という生物学的事実を踏まえて、生命の連続性が強調されるのだ（Cf. 本書第三章）。

このような解釈をとると、獲得形質の遺伝に対する批判と齟齬が生じるのではないか、と懸念されるかもしれない。なるほど、まずは個体における習慣の獲得があり、次いでその習慣の保存によって

16 さしあたり、「イマージュ記憶」は「現勢化された記憶」を指す術語と解していただきたい。

17 ベルクソンによれば、聴覚的再認は、一方で「自動的な感覚‐運動過程」によって、他方で「イマージュ記憶の能動的で、いわば遠心的な投射」によって成立する（MM, p. 119）。後者に関しては、次の二つの運動からなる。「現在の状態からの呼び出しに、記憶力全体は二つの同時的な運動で応じる。ひとつは並進運動（translation）であり、それにより記憶力は全体として経験の前に身を移しながら、行動を目指しつつ、自分を分割はしないものの、何らかの度合いで自分を収縮する。もうひとつは自転運動（rotation）であり、これによって、記憶力は目下の状況へと方向を定めて、最も有益な面を提示する」（*Ibid.*, p. 188）。

種における習慣が形成されるとすれば、確かに獲得形質の遺伝を含意することになる。だが、二つのレベルの習慣形成の関係を適切に理解すれば、このような問題は生じない。私の考えでは、種レベルの習慣形成は、個体レベルの習慣形成よりも基礎的である。つまり、まずは種レベルの習慣形成があり、各々の個体は、自身が属する種の習慣に基礎づけられた種レベルの習慣を維持しつつ、個別的に自身に固有の習慣を形成するのである――例えば、人間という種に固有の歩行の習慣がなければ、街を機械的に歩き回ることができるようにはならないだろう。

では、このように『物質と記憶』における習慣形成と、『創造的進化』におけるAAを重ねてみることで、「CEを記憶に留める」ということをどのように理解することができるのか。また、それによってAAに基づく進化はどのように理解することができるのか。

記憶力に焦点をあてると、習慣形成の過程とは、第一の記憶力の働きによって保存される独立した過去の大部分を忘却して、第二の記憶力の働きによって身体のうちに習慣としての記憶を保存する過程である。この観点から見ると、「CEを記憶に留める」という事態は、まずは第二の記憶力に相当するものとして理解できる。つまり、「CEを記憶に留める」ということは、種に固有の習慣としての記憶の保存を含意する。

再認に焦点をあてると、習慣形成の過程とは、運動図式を介した注意的再認（諸印象と諸記憶の相互的なフィードバック）の反復を経て、次第に諸印象と諸記憶がうまく結びつくようになり、最終的には、記憶との照合を通して知覚対象を表象に変換することなしに、知覚が瞬間的に運動へと引き継がれるようになる状態、すなわち自動的再認が成立する過程である。ところで、この一連の過程を方向づける役割を担っているものは、私の見るところ、運動図式以外にはない。この観点から見ると、AAの場合にも、それを方向づける運動図式が準備されねばならない、ということになるだろう。以下では便宜的に、ＡＡにおける運動図式を「種的運動図式」と呼ぶことにしよう。その上で、「ＣＥを記憶に留める」という事態においては、この種的運動図式も保存されている、という解釈を提案してみたい。[18]

この解釈が正しいとすれば、ＡＡによる進化は次のように定式化できる。まずは、生命と物質の最初の邂逅によって、「なまの物質に働きかける」という漠然とした傾向、すなわちＥＯが生じた。そこから、「生物が作り上げる新しさが増大し、成熟するためには、ほとんど同じような何千何万という生物が、空間と時間中で反復される必要がある」（EC, p. 232）。無数の生物個体の反復を通して、さまざまな種的運動図式が形成され、この図式に沿って諸印象（＝物質）と諸記憶（＝生命）の相互的なフィードバックを通して、特定の感覚‐運動連合のパターン、ひいては特定の行動様式のパターンが形成される。[19] 私の見るところ、このような過程こそがＡＡの内実にほかならない。おそらく、「生命がいくつかの一般的な種を放つ方向だけがある。各々の個別的な種は、それが構成される（se constitue）行為そのもののなかで、その独立性（indépendance）を示す」（*Ibid.*, p. 16）と述べるとき、ベルクソンが想定しているのも、右記の意味でのＡＡによる進化だと思われる。そして本書の冒頭で述

18　ここでは、ＣＥ（ある一定のエラン）を記憶に留めることを種的運動図式の保存とみなしているのであって、ＥＯ（本源的エラン）がすべての系統間で保存されることを種的運動図式の保存とみなしているわけではない。

19　私の解釈は、いわば「ＣＥという傾向」を「ＣＥという運動図式」に置き換えたにすぎないが、この解釈の利点は、『物質と記憶』で知覚と記憶が接続する現場として再認が捉えられるのと同様に、物質と生命の絶えざる相互作用の場面として適応を描き出すことができる点にある。

べた通り、ベルクソンにとっては生命と物質がせめぎ合うなかでさまざまな「生存様式」が生じてくる過程こそが「有機的組織化そのもの」なのだから、まさしくAAによる進化の運動こそが、組織化・個体化の運動に相当するものである。

4-4　適応と発明

本章では、AAと、自動的再認を極限とする習慣形成とを同一視することで、ベルクソンの進化論を捉え直した。しかし、習慣形成はある種の固定化にほかならないため、本章で提示した解釈は進化における創造または発明の契機を看過することになるのではないか、と問い直すこともできる。この問いに対しては、二つの仕方で応答することができる。最後に、この点について補足することで、本章の結びとしたい。

①**能動的適応による行動様式の獲得**：最初の応答は、非常に単純なものだ。なるほど、AAの過程は、ひとたび成立した行動様式を次世代に機械的に継承する枠になってしまうという点では、確かに固定化にほかならない。とはいえ、あるAAが最初に成立した時点では、当のAAは新たな行動様式を導いている。つまり、AAによる行動様式の獲得そのものは、創造・発明である。

②**能動的適応による行動様式の拡張**：もうひとつの応答は、やや複雑である。一言で言えば、それはAAをやり直す過程にかかわる。先ほど4-2節で強調した通り、第一の記憶力によって保存される記憶は、ひとたび習慣が形成された後でも、完全に消滅してしまったわけではなく、常に待機状態にある。それは、「現在の実践的で有用な意識によって、つまりは知覚と行動の間に張り渡された神経系の感覚-運動的平衡によって絶えず抑止されながらも、［……］目下の印象と運動との間に生じる

亀裂を待ち構えている」（MM, p. 103）のである。これと同様に、生命進化においても、記憶は、完全に消滅してしまったわけではなく、ひとたび形成された行動様式が立ち行かなくなるのを待ち構えている。その場合、「なまの物質に働きかける」というＥＯへと立ち返る必要が生じる。その機会は物質によってもたらされることになるだろう――物質は二系列の原因の片割れなのだ。例えば、気候変動が生じた場合には、現存するあらゆる種の行動様式が立ち行かなくなるだろう。このように、ひとたび物質界に大規模な変化が生じると、諸々の種は、ＥＯへと立ち返り、新たにＡＡをやり直すことで、自らの行動様式を拡張する。いや、気候変動のみならず、どんなに些細な変化であっても、物質界に変化が生じる度に、諸々の種は、絶えず新たな行動様式を創造・発明する。このように、ＡＡは未完了の過程なのであり、この意味において、「進化は適応のときでさえ発明を続けるのである」（EC, p. 104）。

第六章　自然における意識の位置づけを問い直す
――心的活動の進化と組織化の諸相

はじめに

人間と動物の心的能力の基盤はまったく同じであり、人間の心的能力は動物の心的能力から連続的に進化したものである。ダーウィンの進化論（特に心の進化論）に由来するこうした見解は、進化論以後を生きる我々にとってはもはや常識でしかない。しかし、ダーウィンの基本的着想がある程度受け入れられるようになり、それが心をめぐる諸問題に応用されはじめたばかりの19世紀後半においては、〈人間と動物のあいだの心の連続性〉は、それ自体説明を要するものであった。では、〈心の連続性〉という着想は、どのようにして広まったのか。

19世紀後半、進化生物学と実験心理学が合流して「比較心理学」という学際的な研究プログラムが成立した。その創始者の一人であるロマネスこそが、包括的な仕方で〈心の連続性〉について述べた最初の人物とされる。ダーウィンの弟子ないし友人であり、「ネオ・ダーウィニズム」という用語を導入した人物としても知られるロマネスは、異なる動物種の行動や認知を相互に比較することで、行動や認知の一般理論の構築を目指した。その際に、研究プログラムの基盤として、動物間の〈心の連続性〉が強調されることになったのだ。その後、ロマネスの仕事を継承した数多くの研究者の努力により、〈心の連続性〉という着想は、行動や認知の研究者にとっての暗黙の前提となっていった。このように、〈心の連続性〉という着想は、ロマネスが創始した比較心理学によって広まっていったのだ。[1]

以上は大雑把な整理にすぎない。とはいえ、ロマネスの〈心の連続性〉が進化論以後に生じた「自然における意識の位置づけを問い直す」というプロジェクトの源流であり、そこから現代まで連なる行動や認知の研究の主流が形成されてきた、というのは確かである。だが、そうした流れに身を任せてきたがゆえに、我々はそこから分岐した傍流での泳ぎ方をすっかり忘れてしまっている。もっとも、このように述べることで、私は〈心の連続性〉を拒否しようというわけではない。ただ、この着想を相対化する視点を確保することで、我々が身につけている思考の習慣とは別の可能性を夢想してみたいのである。

こうした可能性を探るべく、本章では、ロマネスの比較心理学、あるいはその後継者であるロイド・モーガンと対照しながら、ベルクソンの創造的進化論を、自然における意識の位置づけを問い直すプロジェクトとして読み直すことにしたい。ロイド・モーガンとベルクソンはいずれも、ロマネスの思想と向き合いながら、自然における意識の位置づけを問い直すという哲学的課題に取り組んだ。だが、その方向はまったく異なる。前者が〈心の連続性〉をある仕方でより堅牢なものにするならば、後者は〈心の連続性〉を解体し、心の進化を放散的なものとして捉え直す。比較心理学とベルクソンを並べてみることで、〈心の連続性〉とは別様の自然観の足場を組み上げること、そして、そうした視点から、ベルクソンの創造的進化論の意義を問い直すこと、これが本章の主眼である。

1　階層的・序列的な自然観の形成――ロマネスからロイド・モーガンへ

1－1　比較心理学における心の連続性

ロマネスは動物に関する各地の逸話を収集し、それをもとにして、各動物種の知的能力を判定した――いわゆる「逸話的手法」である。この手法を用いた一連の研究成果は、『動物における心の進化』(1883, 以下『動物の進化』)において、動物の心理レベルを50の段階に峻別した図としてまとめられる。[2]そこでは、次のようなことが示される。猿や象の心理レベルは、人間の生後12ヶ月の乳児のレベルと同じレベルであり、「道具の使用」という知的能力を獲得するレベルである。あるいは、食肉目や齧歯類の心理レベルは、人間の生後10ヶ月の乳児と同じレベルであり、「メカニズムの理解」という知

1　より詳しい説明は、パピーニ［2005］の第一章を参照されたい。

2　Romanes[1883] の扉には、心理レベルを50の段階に峻別した図が掲載されている。厳密に言えば、そこでロマネスが実際に記述しているのはレベル28（類人猿と犬）までであり、レベル29から50までは空欄となっている。それはおそらく、レベル29以降に達している種は人間のみである、という考えゆえだと思われる。

的能力を獲得するレベルである。このことは、動物一般の系統発生の諸段階における心理レベルと人間の個体発生の諸段階における心理レベルが正確に対応する、と一般化できる。[3] これが〈心の連続性〉の基本的着想である。

〈心の連続性〉はさておき、逸話的手法の背後に控える擬人主義（動物の心的活動を人間の心的活動から解釈すること）は、さまざまな論者に批判されてきた。その代表的人物こそ、本書の第一章に登場したロイド・モーガンである。心理学史におけるロイド・モーガンの功績は、『比較心理学入門』において、有名な「モーガンの公準（Morgan's Canon）」を導入したことである。これは、逸話的手法を用いずに動物の行動や認知を研究するための方針であり、「ある行動を心理的により低い能力を行使した結果として解釈できる場合、その行動をより高次の心的能力を行使した結果として解釈してはならない」（CP, p. 53）と要約される。この公準が示すように、ロイド・モーガンは、逸話的手法に見られる擬人主義を明確に拒否したため、ロマネスの単なる追従者というよりも、比較心理学の改革者であった、と一般的には考えられている。

もっとも、本節で検討するのは、こうした心理学上の議論ではない。むしろ、その背後に控える哲学的考察に目をむけることにしたい。というのも、「自然における意識の位置づけを問い直す」という哲学的課題に取り組むことこそが、比較心理学の使命であり（*Ibid.*, p. IX）、その道筋を確認することで、彼らが〈心の連続性〉をどのように捉えていたのかが明確になるからだ。

1-2 二元論――ロマネスの方法と存在論

ロマネスは、比較という方法の妥当性を確保するために、いくつかの哲学的考察を行なっている。

例えば、『人間における心の進化』(1888, 以下『人間の進化』)では、他の動物の心に関する我々の知識の主観性や客観性について問われる。いわく、人間自身の心に関する知識は、「ある種の思考や感情の流れを直接的に認識する」ことで獲得される (MEM, p. 15)。これに対して、他の動物の心に関する知識は、言うまでなく主観的・内省的な記述を通して獲得されたものではない。とはいえ、そこには客観的に観察される行動の記述以上のものも含まれている。そうすると、他の動物の心に関する知識は、客観的な行動の解釈と、我々からの主観的な意識の投影を組み合わせたものである、ということになる (MEM, p. 16)。こうした考察を根拠として、ロマネスは比較という方法を推奨する。

加えて、『動物の進化』の冒頭部では、心の基準についても考察される。動物と人間の心的活動を比較するためには、心的活動とそうでないものとを区別するための基準を明確にする必要がある。ロマネスの考えでは、ある行動のうちに何らかの選択が観察できる場合、そこには意識があると言ってよい。では、ある行動が選択的であるかどうかはどのように判定されるのか。それは、実行に要する時間によってである。[4] 実行に要する時間が短い場合、それは単なる反射的行動であるが、時間が長い場合、それは選択的行動である、というわけだ。また、これと関連して、ロマネスは動物と人間に共通する心の客観的基盤についても述べている。その要点は、反射的行動は下部神経節の産物であり、選択的行動は大脳半球の産物であるという生理学的事実がある以上、心の客観的基盤は脳であり、脳

3 これは、本書第三章で言及したヘッケルの反復説を心の進化の問題に応用したものにほかならない。

4 これは、ベルクソンのように遅延によって生物の作用可能性を規定するためではなく (Cf. 本書第四章)、反射的行動と意識的行動を定量的に測定できることを示すためであり、したがって比較心理学というプロジェクトの実証性を示すためである。

の出現こそが意識の出現を示唆する、というものだ（MEA, pp. 34-36）。

こうした見解は、いわゆる随伴現象説に相当すると思われるかもしれない。随伴現象説とは、心を物質（脳や神経系）に単に付随するものとみなす学説である。だが、少なくともロマネス自身は、自説をこのような立場であるとは捉えていなかった――もちろん、実際にどうであるかは、別の問題である。彼は、心的変化が物理的変化を引き起こすことができなければ、存在のための闘争に役立たないという考えから、むしろ随伴現象説には懐疑的であった。また、随伴現象説を支持するのであれば、逸話的手法に頼る必要はない。というのも、随伴現象説が正しいのであれば、心的活動は生理学の議論領域となるからである。こうした事情は、晩年のロマネスをある画期的な着想へと向かわせることになる。

ロマネスは、遺作となった『心と運動と一元論』（1895）所収の「一元論」という小論で、心身問題という哲学上の問題に取り組み、唯物論と唯心論との対照を通して、自身の立場を明確にしている。

> この小論の序章では、実践的議論のために、〈存在の世界〉には三つの理論があることを示そうとしてきた。まずは、唯物論という理論がある。この理論によると、運動している物質こそが究極的〈実在〉または自存する〈実在〉であり、したがって心の原因である。次いで、唯心論という理論がある。この理論によると、心こそが究極的〈実在〉であり、したがって運動する物質の原因である。最後に、一元論という理論がある。この理論によると、運動する物質は心と実体的に同一であり、したがって心と運動する物質のあいだに因果関係はない。（MMM, p. 88, 傍点は引用者による）

唯物論と唯心論には共通の前提がある。唯物論は「心的変化が物質的変化の原因となる」と主張し、唯心論は「物質的変化が心的変化の原因となる」と主張する（*Ibid*., p. 42）。いずれの立場も、心的変化と物質的変化のあいだの因果関係を前提しているのだ。だから、両者を調停するためには、物質と心のあいだの因果関係を認めずに、その代わり、実在するのは「一つの同じもの」であり、物質と心はその二側面であると考えればよい（*Ibid*.）。このような道筋で、ロマネスは一元論を提唱し、それを支持する[5]——実践的議論のために、すなわち比較心理学のために。

1-3　徹底的な連続性から跳躍へ——ロマネスからロイド・モーガンへ

実を言うと、ロマネスの遺作の監修者はロイド・モーガンである。比較心理学者としてのロイド・モーガンは、逸話的手法を退けるためにモーガンの公準を導入したが、ある時期までは、ロマネスと同様の一元論を支持していた。その一元論とは、本書の第一章でも触れた自然主義的一元論である。改めて要点をまとめると、ロイド・モーガンは、心と物質の独立を主張する心身二元論に抗して、物

5　ロマネスには最初期の仕事から一貫して、主観と客観、あるいは心と物質といった対立を乗り越えようというモチベーションがあった、と捉えることができる。例えば、『動物の進化』では、進化論に関する著作も多数残している数学者ウィリアム・クリフォード（英 1845-1879）に由来する「放射的（ejective）」という用語を導入しながら、次のように述べている。「我々以外の生物の心的活動についての知識は、主観的でも客観的でもない。［……］故クリフォード教授は、我々の心との関係において我々以外の心（ないし心的過程）の特徴を見定めるために、（主観と客観とは対比されるものとして）放射というきわめて適切な用語を造語した」（MEA, p. 16）。

質から生命へ、生命から心へというように、さまざまな相貌を見せながら漸進的に進化していく、根本的に連続的で不可分の過程としての「自然」に立ち返る必要性を説いた。そして、この意味において、「私は自然の一元論的解釈を認める」（CP, p. 4）と宣言するのであった。遺作の経緯を踏まえると、ロイド・モーガンの自然主義的一元論を、ロマネスの一元論と呼応するものと見てよいだろう。

さて、ロイド・モーガンにはもうひとつの顔がある。それは、イギリス創発学派を代表する哲学者としての顔である。もちろん、彼の創発論は、比較心理学者としての仕事とも無縁ではない。これも繰り返しになるが、『比較心理学入門』の自然主義的一元論を洗練させることで、ロイド・モーガンは創発的進化という自然観を提唱するのであった。目下のところ重要なのは、その内実ではない。この創発主義者ロイド・モーガンにおいて、〈心の連続性〉が捉え直されるということである。

この点を理解すべく、再びロマネスに戻ろう。『人間の進化』の要約部では、知的能力の進化と観念の発展の過程が結びつけられる。[6] 観念の発展の過程とは、①知覚によって知覚観念（percept）という単純観念が生じ、②知覚（現在の知覚観念）と記憶（過去の知覚観念）との連合によって受容観念（recept）という複合観念が生じ、③そうした複合観念の連合によって概念（concept）という最も高次の観念が生じる、といった過程である。[7] ここで我々が注目したいのは、受容観念という中間段階が設けられていることの意義である。端的に言えば、受容観念という中間段階が挿入されるのは、知覚観念しかもたない動物と概念をもつ人間との「心の連続性」を主張するためでしかない。こうした中間段階を挿入するという操作は、ロマネスの議論の根本的特徴である。例えば、受容観念から概念への発展を説明するために、ロマネスは、低次の受容観念、高次の受容観念、低次の概念、高次の概念といった下位区分を設定し、高次の受容観念を「前 - 概念（pre-concept）」とみなすよう提案する（*Ibid.*, pp. 184-185)。こうした操作を通して、ロマネスは、さまざまな心的能力の差異を単なる程度の差異とみなすのである。

同様の操作は、『動物の進化』における本能と知性をめぐる議論にも見られる。ロマネスの時代には、本能的行動と知性的行動をどのようにして区別するのかという問題があった。ロマネスによれば、本能は、遺伝的に説明できる行動様式、すなわち種の成員に共通する行動様式であり、知性とは、学習を要して獲得される後天的な行動様式である。②の論点を踏まえて付言すると、学習を要する行動様式である以上、知性には、少なくとも受容観念（知覚と記憶の連合）が必要であり、高次の知性の場合には概念が必要となる。では、本能と知性はどのような関係にあるのか。ロマネスは、本能に一次的本能と二次的本能という下位区分を設けることで、両者の関係を説明する。前者は「知性の介入なしに自然選択によって生じる本能」と定義され、後者は「知性の堕落によって形成される本能」と定義される（MEA, p. 173）。先ほどと同様、ロマネスは、本能と知性のあいだに二次的本能という中間段階を設けることで、本能と知性を単なる程度の差異とみなす。そうすることで、いかなる意味でも切れ目のない動物と人間の〈心の連続性〉を主張するのである。

ロマネスが殊更に徹底的な連続性を主張するのはなぜだろうか。端的に言えば、それは、〈動物か

6　観念の発展をめぐる議論は、ジョン・ロック（英 1632-1704）に依拠しながら展開されている（MEM, pp. 395-396）。

7　概念に到達するまでの過程について詳細に説明するためには、『人間における心の進化』の全体を見渡して、知覚と想像、想像と抽象、抽象と一般化、一般化と反省（または自己意識による思考）といったさまざまな分岐に関する入り組んだ議論を検討する必要がある。とはいえ、「心の連続性」という基本的着想を理解するだけであれば、これらの詳細に立ち入る必要はない。というのも、いずれの分岐も、心理レベルの程度の差異によって説明されるからである。

ら人間への跳躍〉という着想を退けるためである。当時の進化生物学では、アルフレッド・ラッセル・ウォレス（英 1823-1913）やセント・ジョージ・ジャクソン・ミバート（英 1827-1900）のように、ダーウィンの進化論（自然選択の理論）を受け入れつつも、〈跳躍〉を擁護する論者が多数いた。だからこそ、ダーウィンの盟友ロマネスは、無際限に中間段階を挿入するという不恰好な操作を持ち出すことになったとしても、徹底的な〈心の連続性〉を主張し続けるのである。

こうした文脈を想定するのであれば、ロイド・モーガンが創発を主張するのは、ロマネスの〈心の連続性〉に〈跳躍〉を導入するためである、と考えることもできる。この点については、創発主義の歴史に詳しいブリッツが明快にこう述べている。「ロマネスの共同研究者であったロイド・モーガンは、創発主義的な心の理論を生み出した。その理論は、この架橋的な概念〔ロマネスにおける中間段階〕の必要性を排除することになるだろう」（Blitz[1992], p. 54）。

1－4　階層的・序列的な自然観の形成——ロイド・モーガンによる〈心の連続性〉の補強

しかしながら、これは一面的な見方であるようにも思える。なるほど、〈心の連続性〉に〈跳躍〉を導入することで、つまり存在の諸レベルのあいだの関係を創発と捉え直すことで、ロイド・モーガンは自然をグラデーションとして捉える立場を退けようとしている——とも読みうる。だが、そもそも彼の創発論には、重要なモチベーションがある。それは、心身の関係の依存を主張するというモチベーションである。

ロイド・モーガンは、『比較心理学入門』の時点ですでに、物質、生命、心といった緒レベルの出現を伴う自然の漸進的進化といった自然観を素描しているが、そうした諸レベルの関係が独立ではないと主張するための論拠は乏しかった。この視点から見ると、『創発的進化』は一歩先に進んでいる。同書では、二種類の関係性概念を用いて、存在の緒レベルのあいだの依存を明確に主張することができる。また、これと相関して、階層の基底レベルにある物質とは独立した実在を想定するあらゆる存在論が否定されることになる。（議論の詳細は、第一章第3節を参照されたい。）

このように見てみると、ロイド・モーガンの創発的進化論は、ロマネスの〈心の連続性〉を解体するというよりも、むしろ堅牢なものとした、という見方も可能である。創発的進化論、とりわけ二種類の関係性概念は、存在の諸レベルのあいだに強固な階層ないし序列（order）を看取する。これは、ロマネスの〈心の連続性〉にも見られるような、人間を頂点とする階層的・序列的な自然観をより堅牢なものとするのである。実際、モーガンの公準は、逸話的手法を禁じるだけで、〈心の連続性〉とは折り合いがいい。このように、ロイド・モーガンは〈心の連続性〉を補強したのである。

2　二つの進化観——ロマネスの単線的進化とベルクソンの分岐的進化

ベルクソンの創造的進化論のひとつの特徴は、単線的な進化観を退けて、分岐的な進化観を提示する点にある。『創造的進化』第二章では、そうした分岐的な進化の具体相が記述される。まずは、生物界における植物的生と動物的生への分岐が検討される。そこでは、植物は一般に固定性や無感覚性へと傾いていること、動物は一般に運動性や感覚性へと傾いていることなどが確認される。このうち、植物を方向づける諸傾向は、総じて「麻痺（torpeur）」と称される。次いで、動物界における分岐が検討される。そこでは、適応に成功した二つの事例として、膜翅類における「本能（instinct）」と人類における「知性（intelligence）」が取り上げられる。本能と知性とは、動物が物質に働きかけるやり方の二つの極限（extrêmes）であり、道具の製作・使用能力と認識能力の観点からその内実が探られる。このように、ベルクソンは、我々の惑星における生命進化を、ＥＯ（本源的エラン）が麻痺、本能、知性という三つの傾向を強調しながら分化していく過程として記述する。

ところで、生命進化を〈ＥＯから三つの傾向への分岐〉と捉えることで、ベルクソンは何をしようとしているのだろうか。本書の序章でも見たように、『創造的進化』において、進化論は、認識論と生命論（または生命の存在論）の蝶番の役割を果たすものとして位置づけられる（EC, p. IX）。一方の認識論の観点から見れば、『創造的進化』第二章の目的は、人類における知性を「その発生因のなかに」（*Ibid.*, p. XI）置き直すことにある。換言すれば、これは、人類の認識様態をア・プリオリなもの（先天的なもの）と捉えるのではなく、系統発生の過程で生じるア・ポステリオリなもの（後天的なもの）と捉える、ということだ。つまり、ベルクソンが提唱しているのは、進化論的認識論の嚆矢とでも言うべきアイデアである。ただし、通常の進化論的認識論とは異なる点もある。それは、人類とは別の仕方で物質に適応した系統のうちに、人類とは別様の認識の可能性を見出す、という点である。ベルクソンは、知性と本能の差異に相関的な二種類の認識様態を取り出す。一方は、実在を人為的に再構成して捉える知性認識であり、他方は、実在をあるがままの姿で（すなわち自然的に構成されたままの姿で）捉える本能認識（または直観認識）である。もっとも、二つの系統が別々の道のりを歩んできたのだとすると、人類は知性から離れることなどできないはずだ。しかし、知性と本能はもともとＥＯが分岐したものであり、このＥＯがすべての系統で保存されているとすれば、人類には本能認識と同様の認識へと至る可能性が開かれているという。このように、生命進化をEOから三つの傾向への分岐として描き出すことで、ベルクソンは認識論を立て直す。

では、存在論の観点から見ると、ベルクソンは何をしようとしているのか。「分岐的」ということで、生命進化を多種多様な生物種が分岐していく過程と捉えるというだけならば、特段の目新しさはない。そもそも、系統樹というモチーフに示されるように、この意味での分岐を否定する論者などほとんど存在しない。ベルクソンは特殊な意味で「分岐的」という言葉を用いている。この点については、次のように述べられる。

> 自然哲学の大部分を退廃させてしまった、アリストテレス以来伝わる重大な誤りがある。それは、植物的生、本能的生、理性的生〔＝知性的生〕に、ある発達する同じ傾向の三つの連続した程度を見ることである。〔だが本当は〕これらの生は、成長しながら分裂していったある活動の三つの分岐した方向なのである。これらの差異は、強度の（d'intensité）差異、より一般的に言えば程度の（de degré）差異ではなく、本性の（de nature）差異なのである。（*Ibid*., p. 136）

ここでは、まったく異なる二つの進化観が示されている。一方は、植物から動物へ、動物から人間へというように、生命進化を単線的なひとつの流れと捉える進化観である。ここで「単線的」というの

8　一般的に、進化論的認識論の先駆例とみなされるのは、行動生物学の権威たるローレンツの論文「現代生物学の光に照らされたカントのア・プリオリ論」（Lorenz[1941]）である。

は、植物と動物、動物と人間のあいだには程度の差異しかない、ということを含意する。これと対比するとわかりやすいが、ベルクソンが「分岐的」と述べるときには、植物と動物、動物と人間のあいだには、そうした程度の差異には尽くされない本性の差異がある、ということが含意されている。

　私の見るところ、ベルクソンが念頭に置いていた論敵の一人は、ロマネスである。第1節で見た通り、ロマネスの〈心の連続性〉は、動物と人間のあいだにいかなる意味でも切れ目のない連続性を見て取る。知覚観念から受容観念へ、受容観念から概念へといった観念の発展の過程にせよ、一次的本能から二次的本能へ、二次的本能から知性へといった知的能力の発展にせよ、「XからYへ（from X to Y）」という形式に登場する二項（XとY）のあいだには、本性の差異はなく、程度の差異しかない。先の引用部で批判対象となる単線的な進化観は、こうした〈心の連続性〉と一致する。実際、ベルクソンは、ロマネスの一次的本能と二次的本能の区別にも目を光らせている（*Ibid.*, p. 140, 168）。また別の箇所では、比較心理学に対して次のような批判も加えられている。「比較心理学が教えてくれるように、動物は、知性的になるにつれて、事物を用いる際の諸行動について反省する傾向を強めることになり、かくして人間に近づいていく。しかし、動物の行動は、それ自体ですでに人間の行動の主要な線を採用していたのであり［……］、したがって、動物の知性は、真の意味での概念は形成しないとはいえ、すでにある概念的な雰囲気[9]のなかで動いているのである」（*Ibid.*, p. 188）。ロマネスの〈心の連続性〉は、人間（知性的生）を頂点とする階層的・序列的な自然観を提示する。そうした自然観に抗して、ベルクソンは分岐的な進化観を提示するのだ。

　もっとも、我々にとって重要なのは、分岐の結果ではない。すでに進化を終えたもの（l'évolué）ではなく、その背後に控える運動をつかまえること、これがベルクソン哲学の使命なのだ。そして、この運動こそが「意識の二重化」と呼ばれるものにほかならない。以下では、この点に焦点を絞って、ベルクソンがどのように意識を位置づけたのか見定めることにしよう。

3　創造的進化論――ベルクソンの分岐的進化観と意識の二重化の運動

3―1　静的な定義から動的な定義へ、あるいは性質の存在論から傾向の存在論へ

生命進化の諸々の分岐を記述するにあたって、ベルクソンは生命の定義という試みに対する自身の見解を述べることから筆を起こしている。例えば、植物的生と動物的生への分岐が問題となる場面では、「二つの界〔植物界と動物界〕を厳密に定義しようとする試みは常に失敗してきた」(*Ibid.*, p. 107) と述べられる。また、「本能も知性も厳密な定義には向いていない」(*Ibid.*, p. 137) というように、本能的生と知性的生への分岐が問題となる場面でも同様だ。こうした記述に見られるように、ベルクソン

9　引用部における「ある概念的な雰囲気のなかで動いている」という記述は、『物質と記憶』第三章に登場する「一般観念」をめぐる議論と対応する。「草一般こそが、草食動物の引きつけられるものだ。草の色や香りが、力として感じられ、受け止められて（性質や類として思考されるとまで言うつもりはない）、草食動物が外的に知覚するものにとってただひとつ直接的に与えられたものとなる。一般性あるいは類似をこのように背景とすることで、記憶力がコントラストを際立たせることができるだろうし、そこから差異化も生じて来るだろう。草食動物はそのとき風景を他の風景から、ある草原を別の草原から区別するに至るのだ」(MM, pp. 176-177)。

は、生命現象に対して厳密な定義を与えることは不可能である、と考えている。

しかしながら、ベルクソンは生命の定義という試みから完全に撤退するわけでもない。いわく、定義の方法には、静的な定義と動的な定義がある。静的な定義とは、「定義される対象は所有しているが、他の対象は所有していないような静的な諸属性によって」(*Ibid.*, p. 107) なされる定義である。これに対して、動的な定義とは、「特定の諸特徴の所有によってではなく、それらを強調する傾向によって」(*Ibid.*) なされる定義である。ベルクソンが厳密な定義の不可能性を指摘する際に問題になっているのは、前者の静的な定義であり、後者の動的な定義ではない。この点に関しては、「諸状態よりも諸傾向を考慮するのであれば、植物と動物を正確に定義し区別できること、植物と動物が生命の二つの分岐する発達にまさしく対応していることがわかる」(*Ibid.*) と述べられる。

一見して明らかだと思われるが、ここでは、ただ単に方法論が問題になっているだけではなく、存在論に属する事柄も問題になっている。静的な定義を退けるということは、恒常的な性質・属性の実在を認めないということである。これは、生物個体や生物種を、何らかの恒常的な性質・属性の束に還元する立場を拒否するということでもある。[10] では、動的な定義を採用するということは、どのように理解すべきだろうか。こちらは、何らかの恒常的な性質・属性へと収斂する傾向が出現する過程(生命進化)そのものを認めるということである。この場合、ある時点で生物個体や生物種が恒常的な性質・属性を示すことがあるとしても、それは暫定的にそうであるにすぎない。こうした存在論的立場を支持するがゆえに、ベルクソンは「属性」や「性質」の代わりに「傾向」という用語を採用する。

生命の定義をめぐる議論は、すでに『創造的進化』第二章の行く末を暗示している。これから見ていく議論には、二つの水準がある。ひとつは、すでに進化を終えたもの、すなわち現生生物に関する観察的事実から出発して、諸々の分岐のあいだの本性の差異を取り出す議論である。そこで問題となるのは、植物と動物、あるいは動物と人間のあいだの恒常的な諸傾向の差異だ。もうひとつは、いくつかの恒常的な傾向へと分岐しながら、絶えず新しいものを生み出そうとする進化の運動そのものである。そこで問題となるものこそ、意識の二重化の運動にほかならない。以下では、この二つの水準の議論を交互に確認する。そうすることで、ベルクソンの進化論を可能な限り高い解像度で再現したい。

3-2　植物と動物への分岐

植物と動物への分岐をめぐる議論を検討していこう。ベルクソンは、まずは植物と動物を隔てる三つの差異を取り出すことからはじめる。三つの差異とは、①栄養摂取様態の差異（自律栄養と従属栄養）、②運動能力の差異（固定性と運動性）、③感覚能力の差異（無感覚性と感覚性）といった本性の差異である。足早に確認しよう。

①**栄養摂取様態の差異**：最初に確認されるのは、植物と動物の栄養摂取様態の差異である（*Ibid.*, pp. 107-109）。一方で植物は、生体維持に必要な有機化合物を無機化合物から合成する能力を備えている。他方で動物は、そのような能力を備えていないため、生体維持に必要な有機化合物を他の植物や動物に依存せざるをえない――端的に言えば、捕食を必要とする。現代風に言えば、植物と動物のあ

10　例えば、ベルクソンは「動物を感覚性と覚醒した意識によって定義し、植物を眠りに落ちた意識と無感覚性によって定義しよう」（EC, p. 113）と述べるが、これは、感覚性、覚醒した意識、またはその他の諸特徴の束に動物を還元することを含意しない。

いだには「自律栄養（autotroph）」と「従属栄養（heterotroph）」の差異がある。

②**運動能力の差異**：次いで、栄養摂取様態の差異が、空間中を移動する必要性の有無という「より深い差異」と結びついていることが確認される（*Ibid.*, pp. 109-111）。植物たちは、自律栄養のメカニスムを備えているため、空間中を移動する必要がない。それゆえ、植物は一般的に固定性ないし不動性を示すと言える。これに対して、従属栄養に存する動物は、獲物を求めて空間中を移動する必要がある。それゆえ、動物は一般的に運動性を示すと言える。

③**感覚能力の差異**：運動能力の差異は、感覚の必要性の有無という差異とも結びついている。植物の細胞壁の主成分はセルロースであるが、植物を覆うこの堅牢な膜の存在は、植物が「動けない」ということだけでなく、「植物という組織体が大部分の外的刺激から免れている」（*Ibid.*, p. 112）ということを示唆する。外的刺激から免れている以上、感覚が生じることはない。かくして、植物は一般的に無感覚性を示すと言える。これに対して、動物は一般に感覚性を示す。

このように、植物と動物のあいだには、三つの差異が観察されるわけだが、自然界に目を向ければ、すぐさま次のような反論が可能となる。植物界には食虫植物のように運動性を示す種が存在している。また、動物界にも寄生生物のように固定性を示す種が存在している。こうした事実がある以上、植物を固定性によって、動物を運動性によって特徴づけることは誤りである、と（*Ibid.*, p. 110）。

しかしながら、ベルクソンによれば、植物の運動は、動物の運動と比べると、頻繁に生じるわけでも多様なわけでもないし、生体全体の運動ではなく部分の運動であるにすぎない（*Ibid.*）。また、現代の研究を踏まえて補足すれば、食虫植物は、従属栄養を基本とするわけではなく、あくまでも自律栄養を基本としており、食虫行動は自律栄養のメカニスム（光合成）を補うための補助的な手段にすぎない[11]。こうした事実を踏まえると、運動性を示す植物や固定性を示す動物が存在するとしても、植物の一般的傾向は固定性であり、動物の一般的傾向は運動性であるとみなすことに特段の問題はない。むしろ、次のように考えるべきだ。「二つの界の進化を特徴づける諸傾向（固定性と運動性など）は、分岐しているとはいえ、今日でもなお、植物においても動物においても共在している。ただ割合（proportion）が違うだけなのだ」（*Ibid*., p. 114）。

この諸傾向の「共在」という論点は、比較心理学と対照する上で、きわめて重要な論点である。そもそも植物と動物の本性の差異を取り出したはずなのに、なぜその「共在」が認められるのか。この点こそ、自然における意識の位置づけをめぐる問題と密接に結びついている。

3-3　意識の微睡と覚醒

ベルクソンは、動物における運動性について確認した直後に、「運動性と意識のあいだには明白な関係がある」（*Ibid*., p. 111）と語りはじめる。意識の客観的基盤を脳とみなすロマネスとは異なり、ベルクソンは意識と脳の関係を別の仕方で捉え直す。ベルクソンは、生体の器質的構造（神経系や脳）の複雑化に応じて、反射的活動（activité réflexe）や随意的活動（activité volontaire）[12]が発達するということは留保なく認める。だが、「意識は脳に依存する」という主張は決して容認しない。その理由は、次

11　食虫植物は、他の植物が生えないような環境、つまり栄養素（具体的には窒素やリン）の貧困な環境に生えていることが多い。そうした環境では、生育のために十分な光合成を行うことができない。だが、食虫植物は、栄養素を食虫によって補うことで、生育のために十分な光合成を行うことができる。より詳細な議論は、長谷部[2015]を参照のこと。

のように述べられる。

ある動物が脳をもたないからといって、その動物に意識を認めないというのは、胃をもたないからといって、栄養摂取ができないというくらい馬鹿げたことだろう。（*Ibid.*）

このアナロジーを根拠として、ベルクソンは「意識は脳に依存する」という主張を棄却する。ベルクソンによれば、機能分化（神経系や脳などの分化）が見られない未分化の有機体であっても、「反射的なものと随意的なものが二重化によって生じるような何かがあり」、それは「単純でぼんやりとした、したがって漠然とではあるがすでに意識的な反応」なのだ（*Ibid*., p. 112）。これは、運動性そのものが意識の証左だ、ということである。あるいは、より正確に言えば、反射的活動と随意的活動のあいだには、前者が行動の正確さを高める方向に向かい、後者が行動の選択の余地を拡張する方向に向かうという違いはあるが、いずれも意識的活動（activité consciente）であり、それが二重の仕方で展開したものだ、ということである。

右記の意味で運動性が意識の証左であるならば、固定性に傾いている植物は意識をもたないということになるのだろうか。ここで、感覚‐運動連合と意識の関係という観点から捉えるならば、「一般に無意識的なものである」と解答することになる。というのも、外的刺激は感覚を惹起することで運動を促すが、植物はセルロースという堅牢な膜のおかげで刺激から免れているからである（*Ibid*., pp. 112-113）。

しかしながら、諸傾向の共在という事実を踏まえるのであれば、話は別である。ベルクソンによれば、この事実は、ある植物種が、自律栄養、固定性、無感覚性に傾いているとしても、それは進化のある瞬間においてたまたまそうなのであって、権利上は従属栄養、運動性、感覚性が発露しうるということを示唆する。[13] こうした事態は、植物において意識は眠りに落ちている（s'endormir）が、動物において意識は覚醒している（s'éveiller）とも述べられる（*Ibid*, p. 113）。これは単なる比喩ではない、というのがベルクソン流の意識の位置づけを理解するための掛け金である。

3-4 本能と知性への分岐

意識の微睡と覚醒をめぐる議論は、当然のことながら、本能と知性への分岐ともかかわる。とはいえ、あまり急ぎ足にならずに、先ほどと同様、まずは本能と知性の本性の差異を確認していこう。本能と知性は、二つの観点から特徴づけられる。これらは、「技術論定義」と「認識論的定義」と呼びうるようなものだ。[14] 後の議論（特に本章第4節）にもかかわるため、詳しく見ておきたい。

12 目下のところ、問題になっているのは、低次の有機体の反射運動と随意運動である。そして、後述するように、ベルクソンはこれらをいずれも「意識的活動」とみなす。『創造的進化』の既訳では、しばしば« activité volontaire »に「意志的活動」という訳語があてられるが、当該の文脈では「意志的」という高次の心的能力を想起させる用語は避けた方がよい。以上の理由から、ここでは« activité volontaire »を「随意的活動」と訳出することにした。

13 『精神のエネルギー』（1919）所収の論文「意識と生命」でも、次のように述べられている。「一般的には、有機体が土壌に固定されている植物界でさえも、運動能力は欠けているというよりも眠りに落ちている。つまり、運動能力は役立ちうるときには覚醒するのである。私が思うに、権利上、植物であれ動物であれ、すべての生物は運動能力をもつ。事実上、多くの生物がそれを放棄しているだけなのだ」（ES, p. 10）。

まずは、技術論的定義から見ていく。ベルクソンは人間を「ホモ・サピエンス〔知識をもつ人〕」ではなく、「ホモ・ファベル〔工作する人〕」と規定する（*Ibid.*, p. 140）。この規定に見られる通り、人間の知性は、何よりもまず、「人工的対象、特に道具を作るための道具を製作して、その製作を無際限に変化させる能力」（*Ibid.*, p. 140）と定義される。これと同様に、当時の標準的な見解では知性をもたないとされる動物種（例えばミツバチ）であっても、道具を所有しており、さらにその使い方を本能的に知っている、とベルクソンは主張する。この観点から、本能と知性は次のように定義される。

完成された本能は、有機的な〔組織された〕道具を使用し、それを構築しさえする能力である（*l'instinct achevé est une faculté d'utiliser et même de construire des instruments organisés*）。完成された知性は、無機的な〔組織されていない〕道具を製作して用いる能力である（*l'intelligence achevée est la faculté de fabriquer et d'employer des instruments inorganisés*）。（*Ibid.*, p. 141）

引用部から推測されるように、本能と知性の技術論的定義は、組織化・個体化と結びついている。この点については、後ほど第4節で検討することにしよう。さしあたり、ここでは次のことを押さえておけばよい。本能は、他の有機体の全体または部分、あるいは自身の生体の一部（付属肢）など、有機的なもの（組織されたもの）に向けられる能力である。これに対して知性は、あらゆる対象を、あたかも無機的なもの（組織されていないもの）であるかのように、脱構成し（décomposer）、再構成する（recomposer）能力である。

こうした本能と知性の技術は、何よりもまず行動のためにある。「本能の場合〔組織されたものに直接向かうがゆえに」、行動の円環を閉ざして、動物はその中で自動的に動き回る。これに対して、知性が製作する道具は、この活動に無際限な場を開き、そこで、この道具は活動を徐々に先に押し進め、それを徐々に自由にする」(*Ibid.*, p. 142)。

次に、技術論的定義との関連で、認識論的定義が導入される。これは、本能と知性が対象とする知識の種類に着目した定義である。本能認識の例として、ここでは有名なジカバチの例[15]を取り上げることにしたい。ジカバチは繁殖行動の際に、獲物となるイモムシを殺さずに麻痺させ、そこに卵を産みつける。そうすることで、卵が孵化したとき、当の獲物はジカバチの幼虫たちの新鮮な食料となるのだ。もちろん、ジカバチは、昆虫学者のように、イモムシの神経節に関する解剖学的知識を手にしているわけではない。ジカバチは、学習を介さずに、どの部位を刺せばイモムシを殺さずに麻痺させることができるのかを知っているのである。

知性認識の例としては、分数の書き取りの例を引いておこう。「小学生は、分数の書き取りをさせ

14　これらは相反するものではなく、「認識と行動〔ないし技術〕は、一つの同じ能力の二つの側面でしかない」(*Ibid.*, p. 151) というように、本能と知性を相互補完的な仕方で特徴づけるものだ。

15　ベルクソンは、ジャン=アンリ・ファーブル(仏 1823-1915)やペッカム夫妻――ジョージ・ペッカム(米 1846-1914)&エリザベス・ペッカム(米 1854-1940)――の報告に依拠して、幾種類かのスズメバチ(ツチバチ、アナバチ、ケナガジガバチ)における麻痺能力について検討している(EC, pp. 172-174)。ベルクソンに限らず、ファーブルやペッカムの研究(あるいは両者の論争)は、当時の本能研究を基礎づけたものであり、多数の生物学者によって言及された。実を言うと、ロマネスもその一人であり、『動物の知性』(1882)の第三章において、ファーブルとペッカム夫妻の研究に依拠しながら、スズメバチの行動について詳細に記述している(Romanes[1882], pp. 143-197)。

られることがわかっているとき、分子と分母がどんなものになるのかを知る前から、線を引いておく。それゆえ、彼は、二つの項のどちらについても知識がなくても、それらの一般的関係を精神に現前させていることになる」（*Ibid.*, p. 149）。この例が示唆するように、小学生は「質料なしに形式を知っているのである」（*Ibid.*, 傍点は引用者による）。

こうした例を通して、本能と知性の対象となる生得的知識に着目した次のような差異が取り出される。

> 本能と知性とを、それぞれに含まれた生得的知識に関して検討するならば、この生得的知識は、前者では事物（choses）に向けられており、後者では関係（rapports）に向けられている。（*Ibid.*）
>
> 知性は、生得的なところについて言えば、形式（forme）についての知識であり、本能は質料（matière）についての知識を含んでいる。（*Ibid.*, pp. 149-150）

簡潔な説明であるが、もう少し詳しく内実を確認しておこう。

①本能認識の対象：本能認識の対象は、事物や質料そのものである。当該の文脈において、質料は「なまの状態で取り上げられた（prises à l'état brut）、知覚能力によって与えられたもの」（*Ibid.*, p. 149）と規定される。『物質と記憶』の知覚論（Cf. 本書第四章）を踏まえて言えば、本能の対象となる知識は、なまの物質（イマージュの総体）のうち、生体の可能的作用を反射する対象に関する知識である。先ほど挙げた例に即して言えば、ジカバチは獲物となる獲物となるイモムシの神経節そのものに関する知

識をもつのだ。あるいは、より正確に言えば、ジカバチとイモムシのあいだには「共感（sympathie）」がある。（繁殖期の）ジカバチとイモムシが向かいあっただけで、ジカバチの内部にイモムシの「脆弱なところについての感情（sentiment de vulnérabilité）」（*Ibid.*, p. 175）が生じるのである。

②知性認識の対象：これに対して、知性認識の対象は、本能認識の対象となる事物・質料のあいだに成立する関係や形式である。事物・質料なしに関係・形式が認識の対象になるかどうか、つまり関係・形式に関する認識が生得的であるかどうかは、議論の余地があるだろう。だが、ここで問題になっているのは、我々が体系的な（systématique）知識を構築する際に必要な個別的な関係・形式（例えば、何らかの法則）に関する知識ではない。分数の書き取りの例における関係・形式とは、「身につけられた習慣（habitude contractée）」または「注意におけるある一定の自然な癖（un certain pli naturel de l'attention）」のようなものであり、「あらゆる経験に先立つ枠組み（les cadres, antérieurs à toute expérience）」である（*Ibid.*）。この意味において、「知性は、本能と同様、遺伝する機能であり、したがって生得的な機能である。しかし、この生得的な知識は、認識機能であるにもかかわらず、個々の対象については何も知らない」（EC, p. 148）、ということになる。

これまで見てきたように、技術論的観点から見ても、認識論的観点から見ても、本能と知性は鋭く対立する。これらは、本性の差異の関係にあり、相容れない能力であるかのように思われることだろう。しかし、植物と動物への分岐と同様、ベルクソンは動物と人間、本能と知性への分岐においても、意識の微睡と覚醒を看取する。それればかりか、本能と知性を焦点として、意識の微睡と覚醒の可能性についての理論的な根拠が与えられることになる。

3-5 無意識と意識

一連の議論の争点となるのは、無意識という概念の内実である。植物においても意識が覚醒することがあるならば、「無意識」と「意識をもたないこと」は同義ではない。この二つの意味を混同しているがゆえに、自然における意識の位置づけが誤った仕方で捉えられてしまうことになるのだ。

では、「無意識」と「意識をもたないこと」はどのように異なるのか。この点については、本能と知性への分岐が問題になる箇所で、明確な仕方で述べられる。ベルクソンは「どこまで本能は意識的なのか」(*Ibid*., p. 144) という問題に解答するために、二種類の無意識を区別するよう提案する。一方は「意識がもともと無いこと (une conscience *nulle*) に存する無意識」であり、他方は「意識が消えて無くなったこと (une conscience *annulée*) に由来する無意識」である (*Ibid*.)。もちろん、いずれの場合も意識がゼロであることに変わりはない。しかしながら、「最初のゼロが何も存在しないことを表現しているのに対して、二番目のゼロは、問題になっているのが、方向が逆で相殺し中和し合っている二つの等しい量であることを表現している」(*Ibid*.)。以下では便宜的に、二つの無意識を「純粋な無意識」と「相殺された無意識」と呼ぶことにしよう。一方の純粋な無意識の典型例は、石である。石が無意識であるというのは、「石は落下することに何の感情ももたない」(*Ibid*.) というように、石が「落下しよう」という意識をもたないことによる。これに対して、他方の相殺された無意識の典型例は、本能的行動である。本能的行動に意識を見て取ることは困難であるが、それはこの行動が半ば自動化されているからである。

このように見てみると、相殺された無意識、すなわち本能的行動は、本書第五章で確認した自動的再認に対応することがわかる。改めて確認しておくと、自動的再認とは、判明な表象を介さずに、知覚が瞬間的に行動へと引き継がれるような再認のことである。これと同様、相殺された無意識についても、次のように述べられる。「しかし、この場合、無意識が生じるのは、行為の表象が行為そのものの遂行によって妨げられているからである。行為と表象の類似が完全で、行為が表象にぴったり嵌り込んでいるので、いかなる意識ももはや溢れ出ることがない。〔本能的行動において〕表象は行動という栓によって塞がれているのだ」（*Ibid.*, p. 145）。

純粋な無意識と相殺された無意識という区別を導入した上で、ベルクソンは行動と表象との関係から意識を捉え直す。

> 〔A〕同じくらい可能な行動（actions également possibles）がたくさん素描されているが、実際の行動（action réelle）を欠いている場合（例えば、熟考しつつも行動に至っていない場合）、意識は強くなる。〔B〕実際の行動が唯一の可能な行動である場合（例えば、夢遊病患者が行う種類の活動、より一般的に言えば自動的活動の場合）、意識はゼロになる。しかし、後者の場合にあって、可能な行動がすでに実際の行動において先形成されている（préformé）ような、システム編成された（systématisés）運動の総体が見られ、さらに、ある障害にぶつかった際に、意識がそこから湧出しうるということが真実であるならば、その場合にもなお、表象と認識は存在する。（*Ibid.*）

〔A〕は注意的再認と関連する。繰り返すが、注意的再認とは、知覚対象に類似した記憶イマージュを想起して、それを知覚対象に投射することで、知覚対象を解釈するような再認である。このような再認を通して、我々は実際の行動に先立って、さまざまな可能的行動（どのように行動すべきか）を表象のかたちで思い浮かべることができる。極端な場合、つまり「熟慮しつつも行動に至っていない場合」、あまりにも多くの表象を手にしているがゆえに、実際に行動が遂行されることはない。このように、表象（可能な行動の素描）と行動（実際の行動）との隔たりが大きい場合、当の行動は意識的であると言える。そして、こうした意識が見られる行動は、知性的行動である。

〔B〕は自動的再認と関連する。先ほど見た通り、相殺された無意識、すなわち本能的行動は、半ば自動化された行動である。だが、そうした行動であっても、表象（可能な行動）は行動（実際の行動）のうちで「先形成されている」、とベルクソンは主張する。この先形成があるからこそ、我々は、歩き慣れた道を自動的に歩き回る場合であっても、何らかの障害に出くわすと、一旦立ち止まって可能な行動（どのように行動すべきか）を表することができるのだ――でなければ、障害に出くわしても突き進むしかない。このように、表象と行動との隔たりが意識であるならば、相殺された無意識、すなわち本能であっても、意識が覚醒することはありうる。

こうした考察を通して、ベルクソンは、「生物の意識は潜勢的活動（可能的活動）と現実的活動の算術的な差によって定義される。意識は、表象と行動との隔たりの尺度となる」（*Ibid.*）と帰結する。このように、表象と行動との隔たりが意識であるならば、相殺された無意識、すなわち本能であっても、権利上、意識が覚醒する可能性は開かれているのである。

3-6 屋外におけるミツバチの営巣――本能と知性の相互補完について

ところで、植物における意識の覚醒や動物における意識の微睡は、生物学的事実（食虫動物や寄生生物の存在）に基づいて主張されるのであった。では、本能的生に傾いている動物における意識の覚醒の可能性を示唆する生物学的事実とは何だろうか。また、そうした意識の覚醒の可能性が確保されるとして、それは進化論にどのように影響するのだろうか。

ここで着目してみたいのは、当該の文脈で参照される動物学者ウジェーヌ＝ルイ・ブヴィエ（仏 1856-1944）の論文「屋外におけるミツバチの営巣」（1906）である（EC, p. 143, n. 1）。この論文では、養蜂場で家畜化された（domestiqué）ミツバチがジャコウやトチノキの枝上などの解放空間で営巣する事例が取り上げられる。[16] この事例が重要なのは、家畜化されたミツバチは、樹洞や地下などの閉鎖空間での営巣には慣れているが、解放空間での営巣には慣れていないからである。つまり、解放空間での営巣は、本能に基づく営巣から離れた事例なのである。

ブヴィエの報告によれば、解放空間での営巣は、巣板の数や形（Bouvier[1906]., p. 1016）、あるいは木の枝への固定方法（*Ibid.*, pp. 1016-1017）など、通常の営巣とは異なる点が多い。特筆すべきは、巣の保護装置（*Ibid.*, pp. 1017-1018）に関する報告である。そもそも、樹洞や地下などの閉鎖空間における営巣では、巣に耐候性を求める必要などない。だが、解放空間における営巣では、巣に耐候性が求められる。そして、ブヴィエの報告によると、屋外での営巣では、実際に巣の保護装置に相当するものが観察されるのである。[17]

これに加えて、ブヴィエは、屋外営巣を試みたコロニーの運命についても記述している（*Ibid.*, pp.

16　野生のミツバチであっても、ほとんどの場合は閉鎖空間（木の洞など）で営巣する。それゆえ、以下の議論は、ミツバチの営巣行動一般に拡張することもできる。

1019-1020)。残念ながら、彼自身が観察した事例においては、コロニーは春先に全滅している。とはいえ、巣に貯蔵された食料はすべて摂取されていることから、巣の耐候性の問題によって越冬に失敗したというわけではなく、食料不足による全滅だと言えそうだ。またブヴィエは、同僚のエルネスト・ドンジェ(仏 1862-1929) の報告を頼りにして、食料が豊富な田園地帯の真ん中で営巣したミツバチのコロニーが越冬に成功した事例についても紹介している。こうした事実を踏まえるのであれば、コロニーの全滅はただ単に食料不足の問題であり、屋外営巣それ自体は、本能に基づく営巣から逸脱しているにもかかわらず、ミツバチを外的環境から保護する役割を果たしていた、と判断できる。

　ブヴィエの論文からベルクソンが引き出そうとするのは、次のことだ。「万が一、ミツバチが屋外で営巣することになったとき、この新しい条件に適応するために、ミツバチは真に知性的と言える新しい装置を発明する」(EC, p. 143, 傍点は引用者による)。屋外での営巣という通常の営巣とは異なる場面に出くわしたとき、ミツバチは営巣という本能的行動を実現するために、保護装置を設置するといった知性的行動をとる。このように、ブヴィエの報告は、本能的行動を主とする動物においても、環境が提示する問題に応じて、時に知性的行動をとるということの証左なのである。[18]

　本能的動物において知性的行動が可能であるためには、ひとたび本能と知性への分岐が生じた後でも、前者において後者の傾向が保存されている必要があるはずだ。このことから、「知性と本能は、最初は相互に浸透し合っていたので、両者の共通の起源の何か〔EO〕を保存している」(*Ibid.*, p. 136) と述べられる。起源における諸傾向(麻痺、本能、知性)の相互浸透、あるいは分岐した系統間でのEOの保存、これらがあるからこそ、食虫植物やミツバチの屋外営巣のように、眠りに落ちていた意識が再び覚醒することがありうるのだ。

3-7 意識の二重化の運動

議論を収束させていこう。これまで確認してきたように、ベルクソンは、生命進化の諸分岐を記述するにあたって、ひとまずは進化の結果（進化を遂げたもの）から出発して、そこから本性の差異を取り出すことからはじめる。その上で、彼は、生命進化を、意識の覚醒と微睡という二重化の運動、あるいは意識の緊張（tension）と弛緩（détente）（または伸張（extension））という二重化の運動として捉え直すことで、本性の差異を共通の起源（EO）に回帰させていく。[19]

ここで問題になっている意識は、もはや各々の生物個体の意識ではない。「生命の起源にあるのは、意識、いやむしろ超意識（supraconscience）である」（*Ibid*., p. 261）というように、この現実世界を貫く巨大な意識が問題となっているのだ。[20]

17 「ジャコウに構築された巨大な構築物〔巣〕の場合、外側の蜜巣は明らかにプロテクターの役割をもっていた。外側の巣蜜は〔幼虫の〕飼育には使われておらず、その異常に大きな巣房は厚い壁をもっていて、それが悪天候に耐えることを可能にしているのだ。また、一部の面では、巣蜜がテントの庇のように斜めに配置されており、より効果的にプロテクターの役割を果たしているのだ」（Bouvier[1906], p. 1017）。

18 目下のところ、知性的行動を主とする生物における本能的行動の根拠を探る必要はない。論敵であるロマネスの立場は、そもそも本能的生から知性的生への連続的推移を主張するものであり、それゆえに、知性は本能に基づくことを認めるものである。それゆえ、ロマネスの立場を棄却するためには、本能的動物における知性の兆しを指摘できればそれでよいのだ。あるいは、後ほど本章の第4節で見るように、ベルクソンは本能を組織化と同一視するため、すべての生物に本能があるのは当たり前である、といった解答も可能だ。

19 「緊張」と「弛緩・伸張」という術語については、本書第七章で説明を加える。

この超意識の観点から生命進化を眺めるならば、「分岐（divergence, bifurcation）」という言葉はあまり適切ではないかもしれない。というのも、この言葉（特に« bifurcation »）は、どうしても過去を振り返ることなき完全な枝分かれを想起させてしまうからだ。だが、超意識の運動としての生命進化では、各々の生物種は、眼前の物質に適応するために、つまり特定の行動様式を獲得する（習慣を形成する）ために、膨大な過去を想起しないことにしているだけで、物質の側が機会をもたらす度に、すぐさま遠隔的過去に呼びかける。一方で適応のための暫定的忘却があり、他方で発明のための想起がある。ベルクソンはこうした事態を指し示す場合に、「分岐」ではなく、「二重化（dédoublement）」という術語を用いる。

二つの傾向は、〔①〕この萌芽的な形式のもとでは互いに含み合っていたが、増大するにつれて互いに切り離されてしまった。そこから、固定性および無感覚性を伴った植物界が生じ、運動性および意識を伴った動物界が生じた。もっとも、この二重化を説明するために、神秘的な力を介在させる必要はまったくない。生物は〔②〕自分にとって最も好都合なものへと自然に向かうこと、そして植物と動物はそれぞれ、自分が必要としていた炭素と窒素を獲得できるように、〔③〕二つの異なる種類の便利なやり方を選んだこと、これを指摘しさえすればよい。（*Ibid.*, p. 114, 傍点は引用者による）

意識の二重化とは、①萌芽的な形式のもとでは相互浸透していた意識の諸傾向が、②自然に物質に適応することで、③適応を徹底する方向と、発明の余地を残す方向へと二重化していく過程である。もちろん、適応を徹底する方向へと向かったものたち（生物界の植物、動物界の本能的動物）が劣っているなどということはない。「有機体の生存条件への適応をどのように説明しようと、種が存続している以上、この適応は必然的に十分行われている。この意味で、古生物学や動物学が記述するところの、継起する各々の種は、生命が勝ち取った成功（*succès*）なのだ」（*Ibid.*, p. 130）。

このように見てみると、ベルクソンの創造的進化論は、ロマネスの〈心の連続性〉に由来し、ロイド・モーガンの創発的進化論によって補強される人間を頂点とする階層的・序列的な自然観に抗して、自然における意識の位置づけを改めて問い直す試みである、と言えよう。「XからYへ」という論理、程度の差異の論理に支配された〈心の連続性〉に基づくと、動物たちは人間になれないまま袋小路に陥ってしまった程度の低い存在者である。これに対して、ベルクソンは、意識の二重化の運動として、生命進化を捉え直す。それは、あらゆる生物種に意識の微睡と覚醒の可能性を見る学説である。そこには、階層や序列はない。生物界は差異に満ち溢れている。そして、すべての生物種が権利上は創造・発明の運動を継続するのだ。

20　超意識に「ひとつの」という数量形容詞を付すことはできない。「実際には、生命は心理学的な秩序のものである。そして、心理的なものの本質は、相互に浸透し合う諸項からなる混雑した多を含むことである」（EC, p. 258）というように、超意識たる生命は、それ自体としては数量化を受け容れない。

4 ベルクソンの進化論――組織化・個体化の観点からの再構成

4―1 未完了の組織化・個体化

前節までの議論、ロマネスやロイド・モーガンの単線的な進化観との対照を通してベルクソンの分岐的な進化観を特徴づけるという本章の主眼は達成された。だが、ベルクソンの進化論の根幹をなす意識の二重化の運動については、さらなる明確化が可能であるように思われる。そこで本節では、分岐的進化の背後で蠢く意識の二重化の運動を、組織化・個体化の観点から捉え直すことで、ベルクソンの進化論の再構成していくことにしたい。

まずは、主として本書第五章で確認した論点を踏まえて、生命進化の一般的原理を定式化することからはじめよう。

未完了の組織化・個体化の過程は、未完了のAAの過程にほかならない。より正確に言えば、AAそのものは種レベルの習慣形成の運動であり、安定化へと向かう運動なのだが、その背後には、物質が機会を与える度にAAをやり直す発明の過程が控えている。このことは、次のように定式化できる。

1 **能動的適応**（または組織化）**の内実**：AA（能動的適応）とは、生命が物質との関係においてある一定の行動様式・生存様式を組織する過程である。ひとたび組織された行動様式・生存様式は、種の習慣として次第に固定されていく。この意味において、AAは種レベルの習慣を形成する組織化の運動である。ただし、物質の側も絶えず変化するため、生命は各瞬間においてＡＡをやり直す。この意味では、ＡＡは新たな行動様式・生存様式を創造・発明する再組織化の運動である。

未完了の組織化・個体化、未完了のＡＡが可能なのは、生命が、物質に従うだけでなく、物質との関係を刷新しようと遠隔的過去を利用するからである。この点については、次のように定式化しておこう。

2　**能動的適応（または組織化）の原因**：ＡＰ（受動的適応）に終始せずに、ＡＡが可能であるのは、老化や遺伝が示唆するように、生物の現在の行動に遠隔的過去（個体発生の記憶、系統発生の記憶、生命全体の記憶）が実効的に介入するからである。また、この遠隔的過去がアドホックな仕方で介入するのではなく、一定の方向に沿って介入するのは、遺伝によって種的運動図式ないしＣＥ（ある一定のエラン）が保存されているからである。さらに言えば、一方で物質の変化によって、他方でＥＯ（本源的エラン）の保存によって、創造・発明がもたらされる。ここで、ＥＯは、ＡＡによって組織される行動様式・生存様式を絶えず再組織化する傾向として理解できる。

右記の1と2のように定式化される未完了の組織化・個体化の過程、あるいは未完了のＡＡの過程が、生命進化の一般的原理である。

4－2　一階の組織化──感覚‐運動システムの組織化

未完了の組織化の過程は、具体的にはどのような仕方で進展するのか。まずは、「最も基礎的」と言える組織化のレベルを想定することができる。それは、生物界全体に観察される組織化、つまり「感覚‐運動システムの組織化」にほかならない。本書第四章で見た通り、感覚‐運動システムとは、自らの個体性（構成要素の異質性、それらの機能の多様性と相互補完性）に応じて、物質に対して能動的に働きかけるシステムである。生命が眼前の物質を馴化して、自らの活動領域を拡張するためには、まずは感覚‐運動システムの組織化によって、物質に働きかけるための基盤を整備する必要があるのだ。以下では便宜的に、感覚‐運動システムの組織化を「一階の組織化」と呼ぶことにしたい。

では、生命にとって、一階の組織化には、どのような意味があるのだろうか。選択的・能動的に行動するというだけでなく、ベルクソンはいっそう掘り下げた説明も加えている。本書第四章でも触れたが、有機体の解剖学的諸要素のうち、消化器官、呼吸器官、循環器官、分泌器官といった代謝にかかわる諸器官は、生体の維持（自己保存）だけにかかわるのではなく、「感覚‐運動システムに潜在エネルギーを送って移動運動に変換してもらうことを使命とする」（*Ibid.*, pp. 125-126）のであった。ベルクソンはここで、生体内の諸器官へのグリコーゲンの配分量の相違に着目して、①運動器官（筋肉）に大部分が費やされること、②神経系の役割は筋肉に貯蔵されたエネルギーの解放であること、これら二点を指摘する。「有機体全体は、可能な限り多くのエネルギーを移動運動が行われる点に引き寄せようとするだろう。したがって、神経系が、付属器官として役立つ感覚器官と運動器官を備えて存在するとき、身体の残りの部分は、それらがある種の爆発によって解放することになる力を準備して、それを望むときに自らに供給できるようにしておくことを本質的機能としていた」(*Ibid.*, pp. 121-122)。ここに見られるように、ベルクソンが感覚 - 運動システムの本質的機能、あるいは生命進化の一般的目的(傾向)とみなすのは、①「エネルギーの漸進的蓄積」、②「可変的で非決定な方向へとこのエネルギーを放つこと」、これら二点である(*Ibid.*, p. 256)。

以上を踏まえると、生命は一階の組織化を基礎として、エネルギーの蓄積・解放の様式をより洗練させていくのだということになる。これは、生命が物質に働きかけることの究極的意味である。だが、次の点には注意が必要だ。エネルギーを膨大に溜め込んで、それを爆発的に解放するようなシステムは、神経系(感覚 - 運動システムの器質的構造)が非常に複雑なシステムである。それゆえ、エネルギーの蓄積・解放という論点だけに着目すると、生命進化の過程は、感覚 - 運動システム、あるいは神経系(器質的構造)の複雑化の過程として記述されることになる。その結果、ほとんど自動的再認に終始する感覚 - 運動システム(本能的存在者のシステム)は、頻繁に注意的再認を行使する感覚 - 運動システム(知性的存在者のシステム)よりも劣ったものとみなされてしまう。このように、生命が一階の組織化によって、エネルギーを爆発的に解放するようなシステムの構築を目指すというのは確かなのだが、この論点だけにとらわれると、ベルクソンの進化論は、ロマネスの単線的進化論に接近することになる。

そこで、以下では、これとは異なる観点から、生命が組織化の運動をどのように継続するのかを見ていくことにしたい。生命は一階の組織化を基礎として、組織化の仕事を二つの方向に、つまりは完成された本能を極限とする方向と完成された知性を極限とする方向へと洗練させていくわけだが、これを二重化の観点から捉えてみたいのである。この観点から見れば、感覚 - 運動システムの複雑化だけが問題になっているわけではなく、感覚‐運動システムそのものがまったく別個のかたちで捉え直されることになる。順に確認してみよう。

４‐３　二階の組織化――完成された本能、あるいは超個体的な有機組織

まずは、膜翅類における完成された本能について、簡単に振り返っておこう。ジカバチは、イモムシを殺さずに麻痺させることで、それを繁殖の道具として利用する。技術論的定義によれば、ここでジカバチの本能は、まさしく「有機的な〔組織された〕道具を使用し、それを構築しさえする能力」(*Ibid.*, p. 141) として顕現している。また認識論的定義によれば、ジカバチにそのようなことが可能なのは、イモムシとのあいだに共感があるからだ。

では、一階の組織化から完成された本能へと向かう運動とは、どのようなものなのか。ベルクソンによれば、本能へと向かう運動は、組織化そのものの延長または完成である。この点については、「本能の多くは、組織化の仕事そのものの延長 (prolongement)、さらに進んでその完成〔完了〕(achèvement) であるとしばしば指摘された。本能の活動はどこから始まるのか。自然の活動はどこで終わるのか。それを言うことはできない」(*Ibid.*, p. 140) と述べられる。[21] ここでベルクソンが言いたいのは、まったく字義通りのことであり、生命が自然的システム(有機体・生物)を組織化する仕事を継続していくと、その終点に本能がある、というただそれだけのことだ。

このように述べるとき、ベルクソンはどのような生物学的事実を想定しているのだろうか。少し長いが、具体例が挙げられるテクストを引用しておこう。

〔個体的な水準〕ひとつの生体のうちでは、幾千もの細胞が、共通の目的に向かって一緒になって働き、分業し合い、それぞれが自分のために生きると同時に他のもののために生き、自己保存し、栄養摂取し、再生し、危険な脅威に対して適切な防御反応で応えている。このことを見るとき、これらのいずれもが本能である、と考えないわけにはいかないだろう。しかしながら、これらは細胞の自然な機能であり、その生命力の構成要素なのである。〔超個体的な水準〕また逆に、ある巣のミツバチたちはきわめて緊密に組織化されているシステムを形成していて、もし住む所と食料をあてがったとしても、その成員で、ある期間を越えて巣から引き離されたまま生きていけるものはいない。このことを見るとき、〔ミツバチの〕巣はメタファーとしてではなく、現実にあるひとつの有機体であり、各々のミツバチは見えない絆で互いに結ばれた細胞である、と認めないわけにはいかない。それゆえ、ミツバチを生かしている本能は、細胞を生かしている力と混じり合っているか、あるいはその力を繰り延べているにすぎない。これらの極端な場合には、本能は組織化の仕事と一致している。（*Ibid.*, p. 167, 傍点は引用者による）

ここでの基本的な主張は、きわめて単純なものだ。ミツバチのコロニーは、個体性の共時的基準〔解剖学的基準と生理学的基準〕を満たしている以上、比喩でも何でもなく、ひとつの有機体、すなわち自然

21　ほぼ同じことだが、次のようにも述べられる。「本能はいわば組織的に物事を進める。〔……〕本能は、生命が物質を組織化する仕事を続けているだけであり、しばしば示されたように、我々はどこで有機的組織化が終わり、本能がどこから始まるのかさえ言うことができないのだ」（*Ibid.*, p. 166）。

的システムである。個々のミツバチたちは、コロニーといういわば「超個体的な（transindividuel）」システムを組織化・個体化する過程に組み込まれているがゆえに、当のシステム全体の利益に資するように協働・分業する。こうした事実を踏まえるならば、個々のミツバチたちの本能は、コロニーという巨大な自然的システムを組織化する働きと区別することができない。[22]

　こうした論点を踏まえると、本能と一階の組織化の関係は次のように捉えられる。

①超個体的なシステムの組織化・個体化：ミツバチのコロニーのような超個体的な自然的システムの組織化こそが、一階の組織化を延長した果てにあるひとつの完成形である。以下では便宜的に、これを「二階の組織化」と呼ぶことにしよう。ただし、まさしく便宜的にそう呼ぶのであって、一階の組織化と二階の組織化は、根本的に同じ運動である。つまり、二階の組織化とは、超個体的な感覚‐運動システムを組織化する過程である。

②有機的道具を構築する主体：①を踏まえると、次のように考えることができる。実はミツバチのコロニーを構成する各々の個体たち、つまり本能の担い手たちは、有機体（組織された）道具を使用・構築する主体ではない。彼ら・彼女らは比喩でも何でもなく生命が物質に働きかけるために組織化・個体化する超個体的な感覚‐運動システムの「器官（organe）」[23]なのである。それゆえ、道具を使用・構築する主体は、生命による組織化・個体化そのものなのであり、ミツバチのコロニーなどの極端な事例では、彼ら・彼女らこそが組織された道具であると言ってもよいだろう。

③随意運動の強化：では、超個体的な感覚‐運動システムは、どのような意味で「完成」と言えるのだろうか。一般に、感覚‐運動システムは、器質的構造の複雑化に応じて、反射的活動と随意的活動を洗練させる。そして、反射的活動の洗練は、機械的な行動の正確さが高まることを意味し、随意

的活動の洗練は選択の余地が広がることを意味する。超個体的な感覚‐運動システムの場合、器質的構造に相当するのは、各々の成員であり、彼ら・彼女らは非常に専門化・特殊化された行動を実行する。ということは、超個体的な感覚‐運動システムは、無数の専門家をシステム内部に構築することで、反射運動を強化するシステムを構築していると言ってよいだろう。

4‐4　再組織化——知性への傾向

次いで、知性への傾向について確認することにしたい。端的に言えば、知性への傾向は、絶えざる脱構成（décomposition）、あるいは絶えざる再構成（recomposition）の方向を目指している。それゆえ、知性への傾向は、あらゆる組織化（一階の組織化・二階の組織化）と対立する。しかし、私の見るところ、二階の組織化の場合と同様、知性の担い手を主語に置くか、知性を担う感覚‐運動システムを組織化する生命を主語に置くかで、見え方が変わってくる。順に確認しよう。

22　私の責任で以って、一点だけ補足しておこう。本能が本当に組織化の「延長」と言えるのかどうかを疑うのであれば、コロニーの発生過程を考えてみてほしい。ミツバチのコロニーにおいて、繁殖にかかわるのは、たった一匹の生殖虫（いわゆる女王蜂）である。つまり、コロニーを構成する複数のミツバチたちは、唯一の個体から誕生して、協働・分業する。生殖虫→複数のミツバチという発生過程は、個体における胚→細胞分化という発生過程とまったく同様に進展する。こうした事実を踏まえるのであれば、本能へと向かう運動は、まさしく生命による有機体の構成（組織化）と完全に一致していると言える。

23　本能が主語の場合は「道具（instrument）」が、組織化が主語の場合は「器官」が用いられる。「お好みに合わせて、本能が道具を組織化し、それを使うのだと言ってもいいし、組織化が本能のうちに自らを延長して、本能が器官を使うのだと言ってもいいだろう」（*Ibid.*, p. 141）。

技術論的定義によれば、「完成された知性は、無機的な〔組織されていない〕道具を製作して用いる能力である」(*Ibid.*, p. 141)。そして、「ホモ・ファベル」と定義される人類において、この能力はひとつの完成を迎えることになるのであった。

ベルクソンの知性論のひとつの帰結は、知性認識の「限界」の指摘にある――あくまでも「限界」であって全面的に否定されるわけではない。繰り返すが、認識論的定義からすると、知性的存在者が自由自在に道具を製作することができるのは、一般的関係に関する知識が生得的に備わっているからである。あるいは、ベルクソン哲学の鍵語を用いて言えば、「いかなる法則に従っても分割〔脱構成〕でき、いかなるシステムとしても再構成できる無際限な能力」の由来は、「諸事物に対する我々の可能的行動の図式」、すなわち「空間」にほかならない(*Ibid*, p. 158)。当該の文脈において、「空間」という術語は、「等質的かつ空虚な媒質、つまり無限かつ無際限に分割可能な媒質」(*Ibid*, p. 157)と定義されている。人類のような完成された知性の担い手たちは、対象の質料そのものに向かう代わりに、空間という媒質を介することで、当の対象を相互外在的なものとみなして、無際限に脱組織化することができるのである。こうした「空間化」という操作は、知性的存在者の選択の余地を広げる。とはいえ、認識論的観点から見ると、組織されたもの(有機体)をあるがままの姿で捉えることができないがゆえに、「知性は生命に対する本性的な無理解によって特徴づけられる」(*Ibid.*, p. 166)と帰結されることになる。

私の見るところ、こうした認識論的な議論で問題になっているのは、とりわけ脱構成であるように思われる。なるほど、脱構成の先には、再構成による道具の製作がある。とはいえ、認識的観点から見れば、本性的に分割しえないもの、すなわち個体(individu)を無限分割してしまうことこそが真の問題だと言える。これに対して、技術論的な議論の場合は、むしろ再構成〔道具の製作そのもの〕が肯定的に語られているように思われる。ここでは、二つのテクストを引いておこう。

とりわけ、この道具〔知性の道具〕は、その制作者の本性に逆に作用する。というのも、この道具は、その製作者に新しい機能を行使するよう呼びかけながら、自然に組織されたもの〔有機体〕を延長する人為的な器官(un organe artificiel qui prolonge l'organisme naturel)となって、いわばいっそう豊かな組織化を与えるのだ。(*Ibid.*, p. 142, 傍点は引用者による)

したがって、知性の要素をなす諸能力はすべて、物質を行動の道具に、つまり言葉の語源的な意味での器官(*organe*)に変えることを目指している。生命は、有機体を生み出すだけで満足せず、付属器官(appendice)のようなものとして無機物そのものを有機体に与えて、生物の産業によって無機物が巨大な器官に転化されることを望んだのだろう。(*Ibid.*, p. 162, 斜体で原語を示した箇所以外の傍点は引用者による)

これらのテクストは、二階の組織化と対比しながら読めば、次のように理解できる。

①**無機的道具を製作する主体**:ここで問題になっているのは、二階の組織化の場合と同様、知性へと向かう生命であって、知性の担い手ではない。これに対して、先ほどの認識論的な観点からの議論では、知性の担い手たち、つまり個々の人間が問題になっている。

②**人為的な器官の組織化**:いずれの引用部でも、「脱構成」や「再構成」という術語が登場しない

ことは注目に値する。ここでは、生命が人為的な器官ないし付属器官を樹立することで、一階の組織化や二階の組織化を越えた「いっそう豊かな組織化（une organisation plus riche）」といった事態、あるいは「無機物が巨大な器官に転化される」といった事態について述べられている。つまり、二階の組織化（超個体的なシステムの組織化）とは別の仕方で、巨大なシステムを組織化することが問題になっているのだ。この意味において、知性へと向かう生命の運動もまた「組織化」なのである――それも「いっそう豊かな」。ただし、一階の組織化や二階の組織化とは別種の運動であるため、以下では便宜的に、これを「再組織化」と呼ぶことにしたい。（なお「脱組織化」と呼ぶべきではない。当該の文脈では、システムの構成について述べられているからである。）

③二階の組織化と再組織化の差異：では、二階の組織化と再組織化の差異は、どこにあるのか。私の見るところ、それは器官が備えつけられるトポス（場）の差異である。二階の組織化の場合、新たに備えつけられる器官（有機的なもの）は、超個体的な感覚‐運動システムの内部にある。これに対して、再組織化の場合、新たに備えつけられる器官（無機的なもの）は、感覚‐運動システムの外部にある。前者の場合、自然に組織されたものの内部に向かうがゆえに、組織化の仕事と完全に一致する。これに対して、後者の場合、自然に組織されたものの外部に向かうがゆえに、もはや組織化の仕事と一緒にはいられない。このとき、生命は自分の仕事を放棄して、つまりは組織化の仕事を遺伝的に継続して、それを徐々に洗練させる仕事を放棄して、自分の外部と新たに交渉しはじめる。生命の外部、それは言うまでもなく物質である。物質に適応する最適解、それは物質の形式と完全に一致することであろう。このように、再組織化とは、生命が物質との完全な一致を目指す運動であり、物質と一緒になって巨大なシステムを組織化する運動なのである。

④**知覚システムと科学システム**：このように見てみると、組織化（一階の組織化・二階の組織化）と再組織化は、本書第四章で確認した二重システム論との関連で理解することができる。個体的な感覚‐運動システムにしろ、超個体的な感覚‐運動システムにしろ、反射的活動を強化する方向に向かうということは、知覚と運動のあいだの関係を緊密にしていく方向にあると言える。「イマージュ群」を主語におけば、それは非常に堅固な知覚システムの編成を意味する。これに対して、再組織化とは、生体から離れる方向なのだから、知覚システムから離れる方向にあると言える。それは、すべてを恒常的・反復的な作用・反作用の連鎖として捉えることであり、そこに自らの生体を置き直すことでもある。このとき、生体、すなわち感覚‐運動システムは、そうした作用・反作用の連鎖のなかで埋没してしまう。とはいえ、そうして生命の仕事を放棄することでのみ、物質（イマージュの総体）そのものがひとつの巨大なシステム、つまりは科学システムとなるのだ。

4-5　本節の結びにかえて

本節で見てきたように、傾向の分岐という大局的な議論に注視していると見えにくいが、ベルクソンの進化論には、一貫した組織化・個体化の論理がある。ここでは、まずは最も基礎的なレベルの組織化として、生物界の全域に渡って観察される感覚‐運動システムの組織化を「一階の組織化」と名づけた。そして、一階の組織化を基礎としながらも、組織化の進展が二つの仕方で洗練・完成されていく過程を、特に技術論的定義に着目して検討した。一方は、完成された本能への傾向であり、私はこれを「二階の組織化」と名づけた。それは、一階の組織化の延長であり、超個体的な感覚‐運動システムの完成へと向かう組織化である。二階の組織化によって完成されたシステムでは、その成員たちは、この巨大な感覚‐運動システムの器官となる。この観点から見ると、本能的行動の担い手たちこそが、組織された道具なのである。他方は、完成された知性への傾向であり、こちらは「再組織化」と呼ぶことにした。それは、一階の組織化と二階の組織化から離れて、感覚‐運動システムの外部へ、つまりは物質へと向かう運動である。生命は、物質とうまく付き合うために、物質そのものの形式に従うのだ。二階の組織化は、究極的には、科学システムの完成へと向かう組織化であり、それは自身の生体との関連づけで物質に働きかけるのをやめることである。そして、技術論的な観点から見ると、ここでは、いわば物質そのものが生命にとっての器官・付属器官となっている。

本節の議論を以て、ベルクソンの進化論を再構成する作業は一旦の区切りとなる。我々は第二章から第六章までの議論を通して、個体性、老化、遺伝、行動、適応、進化をめぐる議論を検討しながら、ベルクソンの進化論を組織化・個体化の観点から特徴づけてきた。第七章（終章）に移る前に、そうして浮かび上がってきた主要な論点をピックアップしながら、これまでの道のりを振り返ることにしたい。

第二章から第六章までの総括

1　第二章と第三章――個体論・老化論・遺伝論

第二章と第三章では、ル・ダンテクとの対立関係やヴァイスマンとの影響関係を解明する作業を通して、個体論・老化論・遺伝論について詳細に検討した。その結果、有機体・個体・自然的システムという存在者を、次の三つの規定を満たすものとして特徴づけるに至った（以下は、第三章の末尾で書き出しておいた規定の再掲である）。

1　**個体性の共時的規定**（個体性の肯定的規定）：個体とは、解剖学的基準と生理学的基準を同時に満たす複合的対象である。ここで、二つの基準は次のように定義される。

i　**解剖学的基準**：構成要素となる諸部分が異質的である。

ii　**生理学的基準**：構成要素となる諸部分が担う機能が多様であり、かつそれら諸機能が相互補完的に連携する。

2　**個体性の通時的規定**（老化）：個体とは、有限な持続間隔に存する（一定の期間だけ時間軸方向に延長する）複合的対象である。ここで、持続間隔の終点は、老化がもたらす自然死によって決定される。老化は次のように定義される。

i　**老化**：老化とは、成長と同時に進行する過程であり、胚生の初期段階（誕生時）に与えられた発生・遺伝エネルギーが衰退していく過程である。

3　**個体間の通時的連続性**（遺伝）：個体が存する持続間隔は、生命の連続的進展という長大な持続の部分である。ここで、諸々の持続間隔の連続性は、遺伝によって保証される。

これら三つの特徴づけを満たすがゆえに、有機体・個体・自然的システムは、すでにできあがったものではなくて、未完了の組織化・個体化の過程の先端に位置する存在者として捉え直されることになる。これが、第二章と第三章のひとつの帰結であり、ベルクソンの進化論の出発点である。

2　第四章――行動論

第四章では、ジェニングスのゾウリムシ研究や、『物質と記憶』におけるベルクソン自身の見解を参照しつつ、有機体・個体・自然的システムについて行動の観点から検討することで、ベルクソンの進化論における個体論・老化論・遺伝論の位置づけを問い直した。そこでは、さまざまな論点が確認されたが、本書の大筋にとって重要なのは、まずは次の二つの論点である。

4 **生体と外界との一般的関係**：すべての生体は、恒常的な作用・反作用の連鎖たるイマージュの総体、すなわち物質界のなかで、ひとつの作用（行動）の中心をなす。

5 **生体と外界との個別的関係**：各々の生体は、①受動的反応、②受動的かつ能動的な反応、③能動的反応というように、さまざまな程度で外界からの作用に働きかける。

ここで、①から③への発展は、有機体・個体・自然的システムが感覚‐運動システムであるからこそ可能となっている。感覚‐運動システムは、次のように定義可能である。

6 **感覚‐運動システム**：感覚‐運動システムとは、個体性（個体性の共時的規定）の度合いに応じて、感覚と運動とのあいだに遅延が生じるようなシステムであり、遅延が多くなるにつれて、能動的反応を示すようになる。

同章の最後の節では、これらの論点を踏まえて、個体論・老化論・遺伝論・行動論の関係を改めて整理し、第二章から第四章までの暫定的な結論として、一連の議論は「行動の多重因果性」と結びつけて理解できるのではないか、というアイデアを提示した。

7　**行動の多重因果性**：生物の現在の形態・行動は、直近の外的刺激だけでなく、①生体の内的状態（個体性）、②個体発生の歴史（老化）、③系統発生の歴史（遺伝）といった複合的な要因によって決定されている。

ただし、ベルクソンの場合、個体発生要因（老化）や系統発生要因（遺伝）は、生物学的な種類のものにとどまらず、心理学的な種類のもの（個体の記憶、種の記憶、生命の記憶）も含む。それゆえ、ベルクソンにおける行動の多重因果性は、遺伝的制約よりも、むしろ遺伝的制約を打ち破るための理論であると言える。（この点については、第五章の半ばで説明した通りである。）

3　第五章――適応論

第五章こそが、ベルクソンの進化論の再構成の中核を担うパートであった。この章の主題は、二種類の適応概念、すなわちＡＰ（受動的適応）とＡＡ（能動的適応）である。まずは、ＡＰ概念だけで進化を説明する立場（アイマーの定向進化説）への批判の内実を検討した。そこでは、ベルクソンが進化におけるＡＰの役割を全面的に否定しているわけではなく、生物の現在の形態・行動を決定する複合的な原因のうち、どれが深い原因なのかを見定めようとしていることが確認された。

8　進化の深い原因と機会原因（物質）：生命進化の深い原因は、個体発生要因（老化）と系統発生要因（遺伝）であり、とりわけ後者である。しかし、物質は機会原因の役割を演じる。

このように見てみると、従来の解釈ではあまり強調されてこなかったが、ベルクソンの進化論においては、適応概念が重要な役割を担っているということになる。

こうした議論を踏まえて、後半部では、AA概念の内実の検討に向かった。そこでは、テクスト読解を通して、まずはAA概念の規定を「物質界の作用・反作用のただなかで、生物が自らに固有の行動可能性を獲得・拡張するにつれて、その器官の構造が複雑化すること」と読み替えた。また、エラン概念と適応の関係が示唆されるテクストに着目して、AAの成立には「EO（本源的エラン）からCE（ある一定のエラン）を記憶にとどめる」といった事態が関与しているという解釈を提示した。

AP概念とAA概念に関する以上の議論を踏まえて、我々は『物質と記憶』の再認論に遡行した。とりわけ、自動的再認を極限とする習慣形成の成立機序をめぐる議論に着目して、最終的には、次のような定式化を与えるに至った。（以下は、第六章の4-1節で与えた定式化の再掲である。）

9　能動的適応（または組織化）の内実：AA（能動的適応）とは、生命が物質との関係において

ある一定の行動様式・生存様式を組織する過程である。ひとたび組織された行動様式・生存様式は、種の習慣として次第に固定されていく。この意味において、AAは種レベルの習慣を形成する組織化の運動である。ただし、物質の側も絶えず変化するため、生命は各瞬間においてAAをやり直す。この意味では、AAは新たな行動様式・生存様式を創造・発明する再組織化の運動である。

10　**能動的適応**（または組織化）**の原因**：AP（受動的適応）に終始せずに、AAが可能であるのは、老化や遺伝が示唆するように、生物の現在の行動に遠隔的過去（個体発生の記憶、系統発生の記憶、生命全体の記憶）が実効的に介入するからである。また、この遠隔的過去がアドホックな仕方で介入するのではなく、一定の方向に沿って介入するのは、遺伝によって種的運動図式ないしCE（ある一定のエラン）が保存されているからである。さらに言えば、一方で物質の変化によって、他方でEO（本源的エラン）の保存によって、創造・発明がもたらされる。ここで、EOは、AAによって組織される行動様式・生存様式を絶えず再組織化する傾向として理解できる。

私の見立てでは、右記の9と10こそが、ベルクソンの進化論における生命進化の一般理論である。ただし、これはあくまでも理論であって具体性を欠いている。

4　第六章——進化論

このような経緯で、我々は第六章へと辿り着いた。同章は、他の章と比べて紙幅も多いが、それは、ベルクソンの進化論のディテールを可能な限り明確に描き出す必要があったからだ。また、そうした細部にこだわることで、ベルクソンの進化論が同時代の生物学的事実を重視しながら構築されてきたことも十分に示せたと思われる。

とはいえ、具体例を挙げることに終始したわけではない。本章では、第1節から第3節で、ロマネスの単線的進化観と対照することで、ベルクソンの分岐的進化観を特徴づけてきた。さまざまな相違点があるとはいえ、特に重要なのは、本能と知性の関係、そして両者の進化論の存在論的含意である。ロマネスの場合は、「本能から知性へ」というように心的活動の進化は単線的なものとして捉えられるのだが、ベルクソンの場合は、「本能と知性」というように心的活動の進化は分岐的なものとして捉え直される。さらに、ベルクソンの場合は、ミツバチの屋外営巣の事例が示すように、分岐が生じた後でも、本能と知性とが同じ種のうちで相互補完的関係を結ぶことが最大の特徴である。こうした対立は、両者の存在論における意識の位置づけの違いに基づいている。ロマネス（またはロイド・モーガン）の場合は、中立一元論を採用しているようでいて、強固な階層的・序列的な存在論を措定している。そこでは、物質こそが基底をなしている。これに対して、ベルクソンは意識を基底に置き、その二重化の運動として生命進化を記述する。こうした存在論的な対立に関しては、後ほど第七章（終章）でも話題となる。

最後に第4節では、諸傾向への分岐、あるいは意識の二重化と対応する事柄として、組織化の諸相を整理してみた。さしあたり、次のような定式化が可能だと思われる。

11　**一階の組織化**（生命進化の一般的目的）：一階の組織化とは、生命の一般的目的であり、生物界の全域に渡って観察される感覚‐運動システムの組織化である。

12　**二階の組織化**（完成された本能への傾向）：二階の組織化とは、一階の組織化の延長であり、超個体的な感覚‐運動システムの完成へと向かう組織化である。ここで、超個体的な感覚‐運動システムは次のように定義される。

i　**超個体的な感覚‐運動システム**：個体性の共時的規定、個体性の通時的規定、個体間の通時的連続性をすべて同時に満たす感覚‐運動システムであり、かつ複数の個体からなる集団である（例：ミツバチのコロニー）。

13　**再組織化**（完成された知性への傾向）：再組織化とは、一階の組織化と二階の組織化から離れて、科学システムの完成へと向かう組織化である。ここで、科学システムは次のように定義される。

ii　**科学システム**：イマージュの総体（物質）それ自体に関連づけられたシステムである。

もっとも、これらは対立しつつも、実際のところは重なり合って進展する。例えば、ミツバチの屋外営巣の事例が示すように、具体的な生物においては、本能と知性は混在している。このことは、完成された本能の典型例とされるミツバチにおいても、その背後で再組織化の運動が生じていることの証左でもある。とはいえ、完成された本能と完成された知性における「完成」の内実に関しては、組織化・個体化の観点からある程度明確になったのではないか。

5　総括――生物学者との対照を通して何が見えたのか

最後に、別の視点からも総括しておこう。序章でも指摘したように、『創造的進化』の刊行から100年余りが過ぎた今、ベルクソンの進化論の帰結的主張だけが受け入れられ、その根底を支える老化論や遺伝論をはじめとするベルクソンの予備的努力がほとんど見えなくなってしまっている。こうした現状を鑑みて、本書でも予備的努力に身を捧げ、ベルクソンの進化論を支える各論の内実を可能な限り明確化できるよう努めたつもりである。その結果として、例えば、老化や遺伝に関する（敵や友と共に）忘却された理論は、ほぼ完全に復元できたのではないか。

ベルクソンは、ル・ダンテク生物学の形而上学的前提に対して戦いを挑み（第二章）、向性説の形而上学的前提を打破するジェニングスの無定位運動の学説と共に『物質と記憶』における自身の見解を貫き通し（第四章）、進化論の諸学説を打ち破るべく、形而上学的な適応の理論を提唱した（第五章）。また、ただ単に科学に形而上学を対立させてよしとするわけはなく、時にはヴァイスマンの遺伝論と共に獲得形質の遺伝をめぐる生物学上の論争の渦中に飛び込んでいく（第三章）。こうした形而上学と科学との往還の末に、最後の敵として立ち現れてきのが、ロマネス（あるいはロイド・モーガン）の比較心理学である。心の進化を単線的に捉えるこの立場に抗して、ベルクソンは膨大な生物学的傍証（例えばブヴィエのミツバチ研究）に目配せしながら、分岐的進化という新たな進化観を提示する。存在論の観点から見ると、前者は自然主義的一元論であるが、後者は汎心論的一元論である。とはいえ、何が基礎的かはある意味ではどうでもよい。この世界が創造に満ち溢れていること、そして、我々人類だけでなく、すべてが創造・発明の過程に参与していること、このような世界観・存在論を提示するための足場を構築することが、ベルクソンの進化論の真の目的だからである（第六章）。

では、これまで再構成してきたベルクソンの進化論は、どのような世界観・存在論を提示するのだろうか。我々はすでに第一章で、アレクサンダーとの相補的読解を通して、ベルクソンの世界観・存在論を「一元論」＋「現実主義」＋「成長宇宙説」の組み合わせとして理解できることを示唆しておいた。最後に終章に相当する第七章で、ベルクソンの進化論を携えて、彼が提示する世界観・存在論を特徴づけることで、本書の結びとしたい。

第七章　鳴り止まない生命と宇宙の交響曲

――持続の一元論・現実主義・成長宇宙説

はじめに

これまで見てきたのは、あくまでも地球生物に関する観察的事実に基づく理論である。しかし、ベルクソンの創造的進化論が描き出す世界観・存在論は、地球生物学が描き出す生命のシナリオを軽々と超えていく。創造的進化論は、単なる生命進化の物語ではない。それは、宇宙進化の物語であり、この宇宙が決して空虚でないリアルな可能性・偶然性に開かれていることを教えてくれるのだ。以下では、本書の結びとして、第一章で素描しておいたベルクソンの世界観・存在論を再検討していく。その歩みの果てに我々は、生ける物質はこの宇宙のどこにでも出現しうる、という可能性を擁護する。そうして、創造的進化論は、宇宙生物学と呼応する生命論・創発論として息を吹き返すだろう。

1 存在者を構成する素材〈持続〉の一元論――持続の緊張と弛緩

本書の第一章では、ベルクソンの進化論が提示する世界観・存在論を、まずは〈存在者を構成する素材〈持続〉の一元論〉として特徴づけた。これは、残る二つの特徴づけを支えるものなので、少しばかり丁寧に確認してみたい。

実を言うと、ベルクソン自身は一度も、自説を「一元論（monisme）」として特徴づけたことはない。[1] むしろ、第六章で確認した通り、ロマネスやロイド・モーガンの自然主義的一元論とは真っ向から対立する。また、スペンサーやヨハン・ゴットリープ・フィヒテ（独 1762-1814）などの名を挙げつつ、「これらの思弁の底には、〔①〕自然は一つである、〔②〕知性の機能は自然全体を把握することである、という二つの（相関的で補完的な）確信がある」（EC, pp. 191-192）と否定的に述べられもする。①と②の論点については、次のテクストを踏まえると理解が進むと思われる。

> ほとんどの哲学者たちは、〔①〕自然の一性（unité）を肯定し、〔②〕この一性を抽象的かつ幾何学的な形式で表象することで一致している。彼らは、組織されたもの（l'organisé）と組織されていないもの（l'inorganisé）のあいだに断絶をみないし、見ようともしない。〔A〕ある者たちは、無機的なもの（l'inorganique）から出発して、それらを複雑にすることで、生物を再構成すると主張する。〔B〕別の者たちは、まずは生命を置き、巧妙に整えられたデクレッシェンドによって、なまの物質へと進む。しかし、いずれにせよ、自然のなかにあるのは、程度の差異――〔A〕第一の仮説では、複雑さの程度、〔B〕第二の仮説では強度の程度――だけである。（*Ibid.*, p. 191）

ここで批判されているのは、自然を階層的・序列的に捉えるあらゆる立場である（①）。組織されていないもの（無機物）を複雑にすることで高次の存在者が生じてくるという立場（①&A）――ロマネスやロイド・モーガン――は、その典型例である。また、しばしば見落とされがちだが、生命から物質への一方向的な流出を説く立場（①&B）――おそらくプロティノス（羅205?-270）――も、階層・序列を設定している点では、認められていない。繰り返すが、ベルクソンは「XからYへ」という論理を決して認めないのである。さらに言えば、いずれの立場でも、知性こそが最もよく自然を捉えられるとされる（②）。前者の場合は、知性的存在こそが最も複雑で高次の存在者だからであり（②&A）、後者の場合は、知性的存在こそが最も流出の源泉に近い存在者だからである（②&B）。ベルクソンにとって、こうした考えは、本能的存在と知性的存在とのあいだに優劣をつけることに由来する誤謬にほかならない。

しかし、それでもなお、私はベルクソンの世界観・存在論をある種の一元論として特徴づけることを提案したい。というのも、以上の議論からわかるように、ベルクソンは階層的・序列的な一元論を否定しているだけで、必ずしも一元論そのものを拒否しているわけではないからだ。では、どのような一元論なら許容できるのか。私が提案するのは、ウラジミール・ジャンケレヴィッチ（仏1903-1985）

1　ベルクソン哲学が「二元論」と称されるようになったひとつのきっかけは、本書第一章で紹介したトンケデックの論文「ベルクソン氏は一元論者か」だと思われる。ただし、トンケデックは、後述する傾向の二元論という論点を正確に理解している。

による「実体の一元論、傾向の二元論」（Jankélévitch[1959], p. 174）という特徴づけに近い。だが、「実体」という用語は、いささかスピノザ的すぎるきらいがある。[2] 私としては、本書第一章でベルクソンとアレクサンダーの相補的読解を通して導入した用語法に即して、「あらゆる存在者を構成する素材は持続だけである」という意味で、ベルクソンの立場を「持続の一元論」と呼ぶことにしたい。

では、「傾向の二元論」という特徴づけの方はどうか。こちらは留保なく採用しよう。ただし、その内実については説明を加える必要がある。『物質と記憶』以降、ベルクソンは記憶力が緊張する（＝過去を現在に押し込む）運動を意識の本性とみなし、記憶力が弛緩する（＝過去を現在に押し込むのを中断する）運動を物質の本性とみなしている。本書第四章でも見たように、いかなる意味でも過去が介入しない（＝持続しない）極限においては、相互に受動的に規定し合う作用・反作用の連鎖しかない。こうした事態を指して、『創造的進化』でも、「今度は、自らを弛緩させ（détendons）、過去を可能な限り現在に押し込む努力を中断してみよう（interrompons）。もし弛緩が完全になったら、もはや記憶力も意志も存在しないだろう」（EC, p. 202）と述べられる。

しかしながら、そうした完全な弛緩に至ることはありえない、というのが何よりも重要である。次に示すのは、『創造的進化』第三章ではじめて明示的に語られる「物質の持続」に関するテクストである。

さて、〔弛緩の〕極限において、我々は絶えず再開するような現在――もはや実在的な持続ではなく、無際限に死んでは息を吹き返すような瞬間――からなる存在者を見出す。これが物質の存在の仕方なのだろうか。おそらく、完全にそうではないだろう。なぜなら、〔知性による〕分析は物質を原基的な振動に分解するが、そこには、たとえ最も短い振動であっても、きわめてわずかですぐに消滅してしまいそうであるとはいえ、持続があり、持続がゼロになることはないからだ。とはいえ、心理的な存在者が第一の方向〔緊張〕へと傾くのと同様に、物理的な存在者は第二の方向〔弛緩〕へと傾いている、と推測できる。(*Ibid.*)

このように、ベルクソンの考えでは、瞬間的現在に存するとみなしうるほどわずかであるとはいえ、物質は持続する。それゆえ、心理的な存在者と物理的な存在者の差異は、持続の緊張と弛緩という傾向の差異に帰せられる。(逆に言えば、物質の持続は無視できるほどわずかであるため、実践上はそれを無視することができる。これこそが、本書第四章で言及した人為的システムの客観的根拠である。また、このことから、物理学の成功が保証される。)

では、いかなる理由でこうした主張が正当化されるのか。ひとつの理由は、まさしく本書第六章で見たような、生命進化における意識の二重化の運動である。生物界のなかで、無機的なもの(組織されていないもの)に最も近いのは植物であろう。植物たちは、ほぼ不動のままに、ほぼ機械的に環境中から栄養を摂取するのだから。だが、植物は純粋な無意識ではない。そこで意識は眠りに落ちているにすぎない。食虫植物のように、意識がわずかながらも覚醒へと向かうことはありうるのである。であるならば、無機的なもの(組織されていないもの)もまた、純粋な無意識などではなく、相殺された

2 ベルクソンの立場は、生命と物質を実体の二属性とみなすものではない。また、ベルクソンの持続は絶えざる生成を本性とするものであり、スピノザ的実体とは似て非なるものである。

無意識であるとみなすべきであろう。[3] 先の引用部の最後の行で述べられる通り、無機的なもの（組織されていないもの）は、弛緩の方向へと向かう意識なのである。こうした議論を通してはじめて、ベルクソンは「かくして、意識の二重化は実在の二重の形式に起因することになるだろう」（*Ibid.*, pp. 179-180）と述べることができる。意識の二重化とは、持続の緊張と弛緩の別名なのである。

もちろん、これが単なる比喩にとどまらないためには、物理学的な根拠も必要だろう。本書では、議論領域を生物学（または比較心理学）に限定して考察してきたため、この点については詳しく検討できなかった。しかし、三宅岳史の研究が示すように、[4] ベルクソンは熱統計力学の先駆者ルードヴィッヒ・ボルツマン（独 1844-1906）が『気体論講義』（1898）で示したエントロピーの確率論的解釈を一定の留保のもとで受け入れて、エントロピーが高い状態へと向かう傾向を「下降」または「物質」と呼び、低い状態へと向かう傾向を「上昇」または「生命」と呼んでいる。このように、ベルクソンは物理学的事実も考慮しながら、一方で、弛緩（＝下降・物質）を恒常的・習慣的運動へと向かう物質的変化と対応させ、他方で、緊張（＝上昇・生命）は物質的変化を「遅らせる（arrêter）」（EC, p. 247）傾向と対応させるのである。

やや駆け足になったが、およそ以上のような議論を通して、ベルクソンは緊張と弛緩（生命・上昇と物質・下降）という二つの傾向のせめぎ合いによって「宇宙は持続する」（*Ibid.*, p. 11）と主張するのである。この宇宙に偏在するあらゆる存在者は、緊張に傾いているか弛緩に傾いているかという違いはあるが、すべて持続に存する。こうした一連の議論を踏まえて、私はベルクソンの存在論を〈あらゆる存在者を構成する素材（持続）の一元論〉として特徴づけるよう提案したい。

2　現実主義――無秩序と無の観念に対する批判を通して

前節の議論を踏まえると、残る二つの特徴づけは、比較的容易に理解できる。まずは、〈現実主義〉という特徴づけを確認することにしたい。

最初に、本書第一章では検討していない無秩序（désordre）の観念に対する批判について、具体例を挙げながら確認しておきたい[5]。今、私の目の前には、ベルクソンの一次文献や二次文献、あるいは生物学史や現代の形而上学に関する本が大量に平積みされている。おそらく、何の事情も知らずにこの

3　この論点は、『物質と記憶』の結論における次の一節と密接に結びついている。「要するに、イマージュの総体と定義される物質的宇宙そのものは、おそらく一種の意識なのだ。この意識は、そこですべてが相殺し合い、中和し合う意識であり、どのような任意の部分も、常に等しい作用と反作用によって相互に均衡し合い、どれかが突出することのないように相互に抑制し合う意識である」（MM, p. 264）。

4　以下は、三宅 [2012] の該当箇所（pp. 105-112）を再構成したものである。ボルツマンのエントロピー解釈は、エントロピーの確率論的解釈として有名である。ベルクソンと比較する上でのひとつの争点は、ボルツマンの解釈では、エントロピー増大とその不可逆性を確率の低い状態から高い状態への移行とみなした上で、例外的に生じる確率の高い状態から低い状態への逆行を認めている点にある。これは、①宇宙はすでに熱的平衡、すなわちエントロピー最大の状態にあるが、②局所的な時空領域においては低エントロピー状態が生じる、ということを含意する。ベルクソンはというと、①宇宙がすでに熱的平衡に達しているという主張は棄却している。ベルクソンは宇宙全体を持続の進展とみなすため、宇宙は不可逆的な生成を続けているというわけだ。ただし、②局所的な時空領域における低エントロピー状態の出現に関しては肯定的である。そして、エントロピーの高い状態と低い状態が宇宙全体のなかで局所的に存在しているという事態を指して、「下降」と「上昇」という術語があてられるのである。

5　以下は、ベルクソン自身が用いている部屋の例（Cf. EC, p. 233）を改良したものである。

部屋を訪れた者は、「でたらめだ（en désordre）」（*Ibid.*, p. 233）と呆れ果てることだろう。しかし、私からすると、それら大量の本は、きちんと整頓されている（mise en ordre）。一番手前にある『創造的進化』の原著は、最もよく使うものだからそこにあるのだし、前章の執筆に用いたミツバチ研究に関する資料は、もはや参照する必要がないから他の本の下敷きになっているのだ。

ベルクソンによれば、秩序なるものは、我々とは無関係に客観的に実在するものではない。我々は自身の関心に応じて、一定の秩序を見出すのである。[6]「一般的に言って、実在は、我々の思考を満足させるちょうどその範囲に応じて秩序づけられる。それゆえ、秩序とは主体と客体のある一致なのだ。秩序とは、諸事物のうちに自身を見出す精神なのである」（*Ibid.*, p. 224）。

こうした議論は、前節で確認した議論と密接に結びついている。我々が住まう現実世界には、生命と物質（緊張と弛緩）という二つの傾向があり、これと対応する二つの秩序がある。「第一種の秩序は生命的なものの秩序、あるいは意志されたものの秩序である。これに対して、第二種の秩序は惰性的なもの、自動的なものの秩序である」（*Ibid.*, p. 225）。一方の秩序の不在は、本当のところは、他方の秩序の現前を意味している（*Ibid.*, pp. 236-237）。例えば、ミツバチの惰性的・自動的な行動、つまり本能的行動にしか関心がないものは、屋外営巣を目の当たりにしても、それを何とか本能的行動として理解しようとする――本当は知性的行動が現前しているだけなのに。こうしたことが生じるのは、知性的存在たる我々が、物質（弛緩）に適応するように進化し、惰性的・自動的なものばかりに目が向いてしまうからだ。だが、本当は、二つの傾向のせめぎ合いがあり、それに応じて、我々には二つの秩序が混在して現れているのである。

かくして、「無秩序から秩序へ」という論理が退けられるのだが、[7]これと同様に、「無（非存在）から存在へ」または「可能的なものから現実的なものへ」といった論理も退けられる。〈現実主義〉にかかわるのは、こちらの議論である。

本書第一章で見た通り、アレクサンダーは『創造的進化』第四章に登場する「ある事物の非存在を想定する判断」(*Ibid.*, pp. 289-290)をめぐる議論を参照して、時空(現実世界)よりも外延の広い存在の領域(例えば「可能世界」や「想定されるもの」など)を認める立場(マイノング、ホルト、モンタギュー、ラッセル、ライプニッツ)を退けるのであった。改めて、ベルクソンの「ある事物の非存在を想定する判断」をめぐる議論を再構成してみよう。

1　対象Aは可能的なものとして存在する。
2　現実と照合すると、この想定は誤りである。
3　したがって、対象Aは存在しない。

その上で、ベルクソンは、2のステップで何が生じているのかを検討するように促す。いわく、2の

6　「精神は、必要としているのとは違う秩序、さしあたりどうでもよく、この意味で自分にとって存在していない秩序を前にして失望を覚える。無秩序の観念は、言語の便宜を得て、この失望を客観的に存在するものに仕立て上げるだろう。[……]この観念はある秩序の不在を記していたが、その際、もう一方の秩序(かかずらう必要のなかった秩序)が浮き彫りにされる」(*Ibid.*, p. 223)。

7　以上の無秩序の観念に対する批判は、本章の第1節の冒頭で確認した自然主義的一元論や流出説への批判の根拠をなすものである(*Ibid.*, p. 237)。

ステップでは、「この可能的なものの場所に、それとは異なり、それを追い出すある実在が存在する(il y a)」(*Ibid.*) ということを確かめているにすぎない。例えば、「対象A」の代わりに「地球外生命体」を用いると、次のようになる。

1 宇宙には地球外生命体が存在するかもしれない。
2 宇宙には地球外生命体以外のものが存在する。
3 したがって、地球外生命体は存在しない。

このように、2のステップでは、むしろ現実に存在するものだけが問題になっている。そのため、「対象A(地球外生命体)は存在しない」と判断するとき、「可能的なもの」や「非存在」の存在を認めるのは誤りなのであって、「対象A(地球外生命体)とは別の現実的なもの」が存在しているのである。[8]

では、「ある事物の非存在を想定する判断」は何に由来するのか。それは、第一に、知性が命題を扱うことに由来する。ここで、命題を扱うというのは、主語と述語という項を人為的に概念として作り出し、それら諸項の関係(肯定や否定)を操作するということである(*Ibid.*, p. 290)。第二に、なぜ知性にそのようなことが可能なのかというと、それは「知性が麻痺から覚醒している」(*Ibid.*, p. 291) からである。第六章でも見た通り、知性とは事物そのものから離れて関係を捉える認識様態であり、そうであるがゆえに、命題を扱うことが可能になっている。

このように、意識の二重化の一方の極限でしかない知性にとってのみ、「無秩序」、「無(非存在)」、あるいは「可能的なもの(le possible)」という観念が生じる。それは、知性的存在者が行動するときには、非常に有益なものであろう。しかし、だからといって、我々が住まうこの現実世界の外部に可能的なものが存在するわけではない。可能性、それは知性と共に誕生するのだ。

以上で見てきたように、ベルクソンは持続の緊張と弛緩に対応する二種類の秩序だけを認めるのであって、持続する宇宙よりも広大な「無秩序」、「無（非存在）」、「可能的なもの」といった存在の領域は決して容認しない。この意味で、ベルクソンは〈現実主義〉を採用していると言える。また、すでに明らかな通り、彼が〈現実主義〉を主張できるのは、進化論的認識論があるからだ。

3　成長宇宙説――地球外生命体に関する思考実験を通して

最後に、〈成長宇宙説〉という特徴づけについて見ていこう。もっとも、この点については、もはや新たに語るべきことはほとんど残っていない。本書で幾度となく強調してきたように、ベルクソンは永久主義的な時間描像を措定するＭＲ（徹底的機械論）とＦＲ（徹底的目的論）に抗して、未完了の組織化・個体化の進展としての創造的進化を提唱する。そして、先ほど第１節で見たように、そうした生命進化の理論は〈存在者を構成する素材（持続）の一元論〉にまで拡張される。だから、「宇宙が持

8　当該の議論は、もし現代の形而上学と関連づけるのであれば、現実世界全体を否定的真理のトゥルース・メーカーとみなす立場と相性がよい議論だと思われる。この立場については、Shaffer[2010a] を参照のこと。なお Shaffer[2010a] では、アレクサンダーが参照されている――単なる引用ではあるが。

続する」（*Ibid.*, p. 11）と述べるだけで、「宇宙が未完了の創造的進化として進展する」と述べているに等しい。

ここでは、必ずしも〈成長宇宙説〉だけにかかわる議論ではないが、ベルクソンの世界観・存在論のひとつの方向性を指し示すために、宇宙の創造的進化をある思考実験と関連づけながら素描してみたい。その思考実験とは、地球外生命体に関する思考実験である。

まずは、宇宙の創造的進化のあり方を素描しておこう。私は、本書第一章で次のように予告しておいた。「宇宙に内在的な創造の内実は、〈宇宙に内的な何らかの発生機序に従って、諸々の新しい世界――具体的には太陽系（système solaire）などのシステムが想定されている――が絶えず組織されることで、宇宙が発展していく過程〉である」、と（Cf. 第一章第1節）。最初にこの定式化を与えた時点では、「内的な何らかの発生機序」については明確化していなかった。しかし、我々には、それが持続の緊張と弛緩、あるいは生命と物質のせめぎ合いのさなかで生じる組織化・個体化の過程であることがわかっている。

創造的進化とは、最も基礎的なレベルでは、持続の緊張と弛緩（生命と物質）の運動によって、諸々の新しいシステム（系）が組織される未完了の連続的進展である。それゆえ、「宇宙はできあがったものではなく、絶えず自らを作るのである」（*Ibid.*, p. 242）。二次的な（局所的な）レベルでは、それは、そうしたシステム（系）のひとつひとつで、生命が物質を馴化しながら、自らの活動領域を拡張していく過程である。例えば、我々の太陽系、あるいはその一部をなす地球という惑星では、本書第六章で見てきたように、さまざまな仕方で種レベルの習慣形成（AA）が進展し、そこで生じた種の行動様式に従いつつも、個々の有機体（感覚‐運動システム）は自らの生を賭して自らに固有の行動様式を樹立しようと絶えず努力している。そして、この末端に至るまで、持続は行き届いている。

ところで、地球以外の惑星、あるいは我々が住まう太陽系以外の太陽系において、「地球外生命体が存在するかもしれない」と言えるだろうか。我々の手持ちの知識と照合して「地球外生命体は存在しない」と判断するのであれば、前節で確認した「ある事物の非存在を想定する判断」と同じ過ちを犯している。ベルクソンによれば、地球外生命体についての正しい推論は、次の通りである。

〔植物的〕生命にとって本質的だったのは、太陽エネルギーを蓄積することである。しかし、太陽に、例えば酸素原子と炭素原子を分離するように頼む代わりに、別の化学的諸要素を提案することもできただろうし、まったく異なる物理的手段によって、それら諸要素を結合したり分離したりしなければならなかっただろう（実際にそうするには克服できない困難があるだろうが、それを考慮しなければ、少なくとも理論的には可能だろう）。そして、〔植物の〕有機組織のエネルギー源となる物質の典型的な元素が炭素以外のものであったなら、有機組織の形成物質の典型的な元素は窒素以外のものであっただろう。したがって、生体に関する化学は、現にある化学とは根本的に異なるものになっていただろう。その結果、我々が知っているものとは似ても似つかぬ生物の形態が生じ、その解剖学も生理学も別のものになっていただろう。ただひとつだけ、感覚-運動の機能だけは、そのメカニスムはさておき、その効果が保存されただろう。したがって、他の惑星で、また他の太陽系でも、我々にはまったく想定しえない形式で、我々の生理学からすると生命が絶対に嫌がるように見える物理的諸条件のもとで、生命が展開していてもおかしくない。（*Ibid.*, p. 256, 傍点は引用者による）

これは、現代で言うところの「生命存在指標（biosignature）」に関する議論である。また、ここで述べられているのは、地球上の生物に関する観察的事実から抽出された生命存在指標では、地球外生命探査においてはまったく役に立たないかもしれない、ということである。ただし、これは単なる相対主義ではない。何よりも注目すべきは、「〔系外惑星の植物の場合にも〕ただひとつだけ、感覚‐運動の機能だけは、そのメカニズムはさておき、その効果が保存されただろう」という論点である。本書第六章でも述べた通り、感覚‐運動システムの主要な機能は、①「エネルギーの漸進的蓄積」、②「可変的で非決定な方向へとこのエネルギーを放つこと」、これら二点とされる（*Ibid.*, p. 256）。地球上においても、これら感覚‐運動システムの主要な機能は、個体性（解剖学的構造と生理学的構造）の度合いに応じて、さまざまな仕方で現れる。ただし、それがどのようになるのかは、実際に生じた後でなければわからない。「生命の進化の前には、未来の扉が大きく開かれたままになっているのだ」（*Ibid.*, p. 106）。しかし、それでもやはり、感覚‐運動システムの組織化だけは、宇宙の全域に渡って継続しているのである。

以下は私の解釈だが、この思考実験を通して、ベルクソンは次のことを述べようとしている。①生物に関する法則は、当の生物が属するシステムに相対的であり、宇宙のどこにでも適用できる法則ではない。②あらゆる法則は突然変化することがある。順に説明しよう。

①**法則の偶然性テーゼ**：この思考実験では、系外惑星において未知の生化学の法則が成立している可能性が考慮されている。そのような法則がありうるのは、ただ単に我々の知識の不足によるわけではないだろう。もし知識の不足によると考えるのならば、我々は惰性的・自動的な秩序にとらわれて

しまっている。我々に求められているのは、この未知の生化学の法則をありのままに受け止めることである。それは、この法則の背後に、新たな感覚‐運動システムの創造・発明・再組織化を看取するということにほかならない。さて、そもそも感覚‐運動システムは、恒常的な作用・反作用（物質）とのあいだで特定の暫定協定（関係）を締結している。したがって、感覚‐運動システムの再組織化は、暫定協定を締結し直すことを意味する。新たに締結された暫定協定、これこそが新しい生化学の法則なのである。もちろん、この新しい生化学の法則は、系外惑星というひとつのシステムのなかで生じる。それゆえ、新しい生化学の法則は、システム相対的である。以上の議論を踏まえて、私は先の思考実験から「生物に関する法則は、当の生物が属するシステムに相対的であり、宇宙のどこにでも適用できる法則ではない」という主張を取り出し、これを〈法則の偶然性テーゼ〉と呼ぶことにしたい。

②法則の偶然性テーゼの拡張：〈法則の偶然性テーゼ〉は、より大胆なテーゼに拡張可能である。これは、〈存在者を構成する素材（持続）の一元論〉とかかわる。感覚‐運動システムの再組織化が生じるときには、持続は緊張している（過去が現在へと継承されている）。持続の緊張は、再組織化の条件であり、目下の文脈に即して言えば、新しい法則の出現の条件でもある。さて、物質の持続は、ほとんど弛緩している。弛緩しているからこそ、物質は恒常的な作用・反作用にとどまる。だが、もし物質において持続が緊張するようなことがあれば、物質はその相貌を変えるに違いない。これは、新しい物理法則の出現を意味するだろう。もちろん、そのようなことは、事実上はありえないかもしれない。というのも、物質の持続は無視できるほどわずかなものであり、物理法則が変わるほどの大規模な変化など絵空事にすぎないからである。だが、たとえ絵空事であっても、ベルクソンの創造的進化

論を徹底するのであれば、我々は「あらゆる法則は突然変化することがある」ということを肯定すべきである。私は先ほどの〈法則の偶然性テーゼ〉にこの主張を追加し、〈法則の偶然性テーゼの拡張〉と呼ぶことにしたい。

右記の①はまだしも、②が極端な定式化であることは認める。しかしながら、極端な定式化によって見えてくるものもあるだろう。それは、とりわけ〈現実主義〉という特徴づけとかかわる。ベルクソンはなぜ殊更に「無秩序」、「無(非存在)」、「可能的なもの」を認めようとしないのか。ベルクソンは『思想と動くもの』の「第二諸論」において、「現実的なもの」と「可能的なもの」を一挙に置くことからはじめる哲学に対して次のように述べている。(本書第一章でも引用したが、ここでは、それよりも長めに引用する。)

したがって、そのような哲学は我々の世界とはまったく別の世界にもあてはまる。それよりも、実在の波動をたどる真に直観的な哲学の方が、どんなに有益だろう! この哲学はもはやすべての事物を一挙に包括することはないが、各々の事物に対して正確にそれだけに当てはまる説明を与えるだろう。この哲学は世界の体系的一性(l'unité systématique)を定義したり叙述したりすることからはじめはしない。世界が実際に一つであるかどうか誰が知ろう。それについて語ることができるのは経験だけだ。たとえ一性が存在するにせよ、それは探求の最後に結果として現れるものであり、それを原理として最初に置くことはできない。そしてその一性は豊かで充実して連続する一性、つまり我々の実在の一性であり、極度の普遍化から生まれてどんな可能世界にもあてはまる抽象的で空虚な一性ではない。実際、そのとき、哲学は新しい問題に対して、常に新し

い努力を要求することになるだろう。（PM, pp. 26-27, 傍線は引用者による）

傍線を引いた箇所は、論敵の主張である。一目瞭然だと思われるが、ベルクソンはここで、すべての可能世界にあてはまるような「体系的一性」を想定する立場を退けようとしている。逆に言えば、我々が住まう現実世界のことを正確に素描すること、これだけが目的であると言ってもよい。もっとも、様相概念を完全に放棄しているわけではない。〈法則の偶然性テーゼ〉を踏まえるのであれば、ベルクソンは我々が住まう現実世界そのものに決して空虚ではない「可能性」や「偶然性」を植え付けているのだ。系外惑星における未知の生物たち、あるいは地球上で眠りに落ちていった植物や動物たち、彼ら・彼女らが歩んだ道のりは、ひょっとすると我々が歩いた道のりだったのかもしれない。この「ひょっとすると〜かもしれない」が「空虚ではない」と言える理由は、ただひとつしかない。それは、これらすべての生物たちは、起源においては我々と一致していたということである。ベルクソンの進化論が提示する世界観・存在論では、可能世界に住まう私と（行動の履歴まで）よく似た対応者（counterpart）よりも、この現実世界で私とはまったく別の道のりを歩んできたミツバチたちの方が、よほど私とよく似ているのだ。ミツバチたちは、我々にとって決して絵空事ではないリアルな（réel）可能性・偶然性なのである。我々が最も優れた存在者であるなどと誰が言えようか。意識が眠りに落ちるやいなや、持続が緊張を中断するやいなや、我々は一瞬で石にさえ接近する。あるいは、

9　ベルクソン哲学において、生命的・意識的な秩序の肯定、すなわち持続の観点から実在を捉えることこそ、まさしく「直観」と呼ばれる認識である。

石が突然歌い始めても何の不思議もない。

ありえなさそうなことが、本当にありえないかどうかは、それが実際に生じるまで誰にもわからない。ベルクソンの進化論が描き出すのは、そうしたリアルな可能性・偶然性を胚胎した者共が重層的に折り重なって進展する生命と宇宙の物語なのであり、誰にもその物語の結末など予見しえない。


我々が宇宙全体を、すなわち無機的ではあるが、有機的存在と織り合わされている宇宙全体を見渡してみれば、それが我々の意識の諸状態と同じように新しく、同じように独創的で、同じように予見不可能な形を絶えず見せていることがわかるだろう。〔……〕音楽家が交響曲を作曲する場合、その作品は実現される前に可能だっただろうか。〔……〕交響曲は現実のものとなる以前に可能的なものとしてあったのではない。これと同じことが、あらゆる意識的かつ生命的な存在を含んだ宇宙のいかなる状態についても言えないだろうか。宇宙は偉大な音楽家の交響曲よりも、新規性、すなわち徹底的な予見不可能性に富んでいるのではないだろうか。(*Ibid.*, pp. 13-14)

こうした壮大な交響曲として絶えず予見不可能な新規性を創造し続ける宇宙、これこそがベルクソンの〈成長宇宙説〉、あるいは〈創造的進化論〉の真相なのである。

これはサイエンス・フィクションだろうか。もし「そうでない」と言えるならば、それは、本書の第二章から第六章で再構成してきた進化論によって支えられているからである。

補論①　時空、決定、創発

――アレクサンダーの時空の形而上学について

はじめに

本書で辿ってきたのは、ベルクソン流の創発主義の内実を明確にする道のりでもある。ベルクソンの創発主義が同時代の――とはいえ、現代にもその面影を残す――イギリス創発学派の創発主義にどのように継承されたのかについては、第一章でも確認した通りである。ところで、そこで大きな争点となったアレクサンダーの時空の形而上学については、未だにその全容が解明されているとは言い難い状況にある――さらに、本邦では未紹介にとどまる。この補論の目的は、アレクサンダーの形而上学の概説を与えることであり、またそうすることで、ベルクソン流の創発主義が現代の動向とどのように接続可能であるかを示すことにある。

アレクサンダーは、19世紀後半から20世紀初頭にかけてのイギリスの哲学界において、フランシス・ハーバート・ブラッドリー（英 1846-1924）やバーナード・ボーザンケット（英 1848-1923）の一元論的な観念論と、ムーアやラッセルの多元論的な実在論のあいだを揺れ動きながら、時空（Space-Time）を唯一の究極的実在とみなす一元論的な実在論の体系を構築した。[1]その成果をまとめた主著『空間、時間、神性』は、オーストラリア実在論の父と称されるジョン・アンダーソン（豪1893-1962）や、トロープ理論の主唱者の一人であるドナルド・キャリー・ウィリアムズ（米1899-1983）など、分析的伝統に名を連ねるさまざまな哲学者たちに影響を与えてきた。[2]近年では、一元論を擁護すべき立場と考える一部の形而上学者によって、アレクサンダー哲学の再検討が促されている。[3]

　この補論では、第一章でも紹介した『空間、時間、神性』について、より詳細な概説を与える。ただし、一元論に直接かかわる論点だけを扱うことはしない。というのも、そのようなアプローチをとった場合、アレクサンダーが一元論的な実在論を展開した理由を見失う恐れがあるからだ。ここでは、同書の中心をなす三つの理論、すなわち時空論、カテゴリー論、創発論の関係を明確にすることで、一元論（あるいは何らかの基礎的なものを措定する形而上学）を採用する意義を考察することにしよう。そうすることで、ベルクソンと同様、アレクサンダーの一元論もまた、多元論へと開かれていることが明らかになると思われるからだ。

　以下では、次のような手続きで議論を進める。第1節では、『空間、時間、神性』の基礎となる時空論の主要な論点を確認する。具体的には、時空（Space-Time）、点‐瞬間（point-instant）（あるいは時空領域（space-time, portion of space-time））、構成（constitution）といった諸概念の明確化を通して、時空の実在論を擁護することの意義を検討する。次いで第2節と第3節では、事物が所有する諸特徴を時空によって基礎づけるというアレクサンダーのプロジェクトを支える二つの理論、カテゴリー論と創発論について検討する。

1　時空論——諸事物を構成する究極的実在について

1-1　いかなる意味で時空は実在なのか

アレクサンダーの時空論の中心をなすのは、「時空は究極的実在である」という主張である。まずは、この主張の導出経緯を確認することで、その内実を見定めることからはじめよう。

①空間と時間の実在：時空をどのようなものと捉えるかについては、さまざまな立場がありうる。アレクサンダーは、そのひとつである関係説との対照によって自身の立場を明確にする（STDi, pp. 38-39）。関係説とは、空間と時間を、事物や出来事のあいだに成り立つ関係とみなす立場である。アレクサンダーの診断によれば、関係説においては、空間と時間は単なる抽象的な形式にすぎず、時間と空間にはいかなる実効的な役割も認められない。関係説は容認可能な立場であるが、唯一の立場では

1　初期アレクサンダーとイギリス観念論との関係についてはFisher[2017a]、『空間、時間、神性』の観念論的側面を強調する解釈についてはBrettschneider[1964]、実在論的側面を強調する解釈についてはAnderson[1944, 1949-50]を参照されたい。

2　アンダーソンとウィリアムズへの影響、またアンダーソンの指導学生であったアームストロングへの影響については、Fisher[2015]を参照されたい。

3　優先性一元論（priority monism）を定式化したジョナサン・シャファーは、自身の立場に近いものとして、しばしばアレクサンダーに言及している（Schaffer[2009, 2010a, 2010b]）。また、Thomas[2013]やFisher[2015]は、シャファーの議論を念頭に置いた上で、アレクサンダー哲学を再検討する試みである。なお、私のアレクサンダー解釈は、時空論とカテゴリー論を重視する後者の解釈に多くを負っている。

ないとし、彼は次のような代案を提示する。「空間と時間は、事物や出来事の単なる共存（coexistence）や継起（succession）の秩序ではなく、いわば事物や出来事がそこから作られる素材ないし母体（または諸母体）である」（STDi, p. 38）。このように、アレクサンダーの考えでは、空間と時間は、単なる形式ではなく、事物や出来事を構成する（constitute）素材にほかならない。この意味において、まずは「空間と時間は実在である」と主張される。

②空間と時間の相互依存性：次いで、空間の三つの次元と時間の三つの特徴との対応関係を示すという独特な論証[4]を通して、空間と時間の相互依存性が確認される。紙幅の都合上、論証の内実を検討する作業は措くが、その帰結は非常に単純なものだ。「空間において位置をもたない時間的瞬間は存在せず、時間の瞬間なしには空間的点は存在しない。次のように述べるべきだ。点は瞬間において生起し、瞬間は点を占める、と」（STDi, p. 48）。要するに、アレクサンダーの考えでは、空間と時間は相互依存的に実在するのであって、独立して実在するのではない。このことから、「空間と時間は不可分の連続的統一体をなす」という主張が導出される。[5]

これまで見てきたように、①空間と時間は事物・出来事を構成する素材であり、②それらは不可分の統一的連続体をなす、というのが「時空は究極的実在である」という主張の内実である。

ところで、これらの論点はいずれもアレクサンダーのベルクソン解釈と密接にかかわる。第一章でも見た通り、アレクサンダーは「時間を真剣に受け止めた最初の哲学者」としてベルクソンの名を挙げる。ここで問われるべきは「時間を真剣に受け止める」ということの内実だろう。この点について、『空間、時間、神性』の翌年に刊行された『スピノザと時間』の冒頭部では、次のような説明が加えられている。

我々は、自らの思索のなかで、時間を真剣に受け止めはじめたばかりであり、時間が何らかの仕方で事物を構成する本質的な要素であることに気づきはじめたばかりである。実際、ベルクソン氏は時間が究極的実在であることを明らかにしてきた。(ST, p. 15)

このように、アレクサンダーにとって、ベルクソンは事物・出来事を構成する素材としての時間の実在を主張した哲学者にほかならない(右記の①と関連)。しかしながら、アレクサンダーはベルクソンに対して否定的な見解も述べている。それは、ベルクソン哲学では、空間と時間の相互依存性が軽視されているというものである(STDi, p. 36)(右記の②と関連)。以上を踏まえると、アレクサンダーは、時間こそが構成の素材であるというベルクソンの立場を拡張して、時空の実在論を展開していると考えてよいだろう。

4 アレクサンダーは、空間と時間の相互依存性を主張するために、空間の三つの次元がなければ時間の三つの特徴は成り立たないということを証明する(STDi, pp. 50-56)。この証明は非常に難解であり、当時から多くの批判が寄せられたが、とりわけ重要なのはブロードとの論争である(Cf. Broad[1921]; SE)。この証明の内実を詳細に検討したものとしては、アンダーソンの一連の研究を参照されたい(Anderson[1944], pp. 77-78; [1949-50], pp. 23-40)。

5 アレクサンダーは「時間と空間は不可分の連続的統一体をなす」と主張すべき物理学的根拠として、ヘンドリック・ローレンツ(蘭 1853-1928)、アルベルト・アインシュタイン(独 1879-1955)、ヘルマン・ミンコフスキー(独 1864-1909)といった同時代の物理学者の議論を参照している(Cf. STDi, pp. 58-60, 87-92)。

1-2　どのようなタイプの一元論なのか――時空（全体）と点‐瞬間（部分）の関係をめぐって

時空を究極的実在とみなすという点で、アレクサンダーがある種の一元論を採用していることは疑いえない。しかし、それはどのようなタイプの一元論なのだろうか。この問いに答えるためには、点‐瞬間と呼ばれる時空の構成要素の身分について検討してみるのがよいだろう。

①全体と部分の実在：アレクサンダーは、自身の時空概念が当時の絶対的観念論における絶対者（Absolute）の概念と類似していることを認めている（STDi, p. 346）。ただし、両者のあいだには明確な違いがある。ブラッドリーやボーザンケットといった観念論者に対して、アレクサンダーは「絶対的観念論に突き刺さっている棘は、世界の諸部分は究極的な実在や真理ではなく、全体だけが真理であるという主張である」（STDi, p. 8）といった批判を差し向ける。ここでの批判の焦点は、観念論者が、全体だけを実在とみなして、部分を単なる見かけ（appearance）とみなしていることにある。これに対して、アレクサンダーの考えでは、時空という全体だけでなく、その部分である点‐瞬間もまた実在である。

②全体と部分の関係：では、時空と点‐瞬間、全体と部分との関係をどのように理解すべきだろうか。両者の関係は、「諸部分から全体が構成される」という関係ではない。アレクサンダーによれば、時空は無限（infinitude）であるが、点‐瞬間ないし時空領域は有限（finitude）である。そして、有限のものを集めた最大の和として無限のものが構成されるというのは不合理であるから、むしろ無限の時空を限定したものとして有限のものが派生すると考えるべきである。現代風に言えば、ここで彼が前提しているのは、時空に対する点‐瞬間の存在論的依存（ontological dependence）を前提しているとい

うことになるだろう。実際、アレクサンダーは点‐瞬間の自存（self-subsistence）を認めない。これは、各々の点‐瞬間は、それ自体で実在するのではなく、時空の原初的な連続性において相互に接続してのみ実在するということだ（STDi, pp. 324-326）。

以上見てきたように、アレクサンダーは、①全体（時空）と部分（点‐瞬間）の実在を認めつつ、②全体（時空）に対する部分（点‐瞬間）の存在論的依存、あるいは部分（点‐瞬間）に対する全体（時空）の優先性（priority）を主張する。彼の立場は、全体だけの実在を認める立場（存在一元論）とも、部分だけの実在を認める立場（存在多元論・原子論）とも異なる。私の解釈では、全体と部分の実在を認めた上で、両者の関係を前者に対する後者の存在論的依存と考えるアレクサンダーの立場は、現代で言うところの優先性一元論に相当する。[6]

1-3 点‐瞬間が事物・出来事を構成するとはどういうことか——同一性としての合成

第一章でも触れたことだが、アレクサンダーにとって、「実在」とは「事物・出来事を構成する素材」にほかならない。究極的には時空こそが最も基礎的な実在であるが、時空に存在論的に依存して実在する点‐瞬間もまた、構成の素材としての身分を与えられている。しかしながら、そもそも「構成とは何であるか」という点については、詳細な説明が与えられていない。ここで唯一の手がかりになりそうなのは、折に触れて述べられる「事物や出来事は点‐瞬間の複合体（complex）である」という主張である。以下では、アンソニー・ロバート・ジェイムズ・フィッシャーの「サミュエル・アレ

6　優先性一元論とは、基礎的な具体的対象がただひとつだけ存在し、宇宙は基礎的である、と考える立場である。

クサンダーのカテゴリー論」(2015) の解釈を参照して、この主張を明確化することにしよう。

フィッシャーによれば、「〔アレクサンダーの〕構成概念は、構成される事物がそれを構成する素材と存在論的に異なるということを含意しないし、時空領域の複合体はその構成要素〔各々の時空領域〕以上のものではないということを含意しない」(*Ibid*., p. 6)。この見立てが正しいとすると、アレクサンダーは「同一性としての合成(composition as identity : CAI)」というアイデアにコミットしているといえる。大雑把にまとめると、CAIとは、諸部分(事物を合成する素材)と全体(合成される事物)とのあいだの合成関係を数的同一性関係とみなすアイデアである。CAIにはいくつかのバリエーションがあるが、フィッシャーが念頭に置いているのは、諸部分の総和と全体とのあいだの一対一の数的同一性ではなく、諸部分そのものと全体とのあいだの多対一(many-one)の数的同一性である。[7]

この解釈に従うと、「事物や出来事は点‐瞬間の複合体である」という主張は、次のように定式化可能である。

ACAI(Alexander's composition as identity):点‐瞬間から事物・出来事が合成されるということは、点‐瞬間と事物・出来事が同一であるということにほかならない。

ここで次の点には注意が必要である。ACAIを点‐瞬間と時空の関係にまで拡張することはできない。なぜなら、このような拡張を行うと、点‐瞬間と時空とのあいだの優先性関係が破綻するからである。アレクサンダーの体系では、時空だけが基礎的存在者なのであって、点‐瞬間は派生的な存在者にすぎない。ACAIはあくまで点‐瞬間と事物・出来事との関係についての主張である。

本節では、時空、点‐瞬間（または時空領域）、構成といった概念に焦点をあてて、アレクサンダーの時空論を確認してきた。これらの概念は、彼が経験的存在（empirical existence）と呼ぶ対象、すなわち我々が日常的経験において出くわすさまざまな事物・出来事に形而上学的説明を与えるための道具立てである。アレクサンダーは、時空論を基礎として、経験的存在の諸特徴を説明するための二つの理論、すなわちカテゴリー論と創発論を展開する。以下で、その内実を検討することにしよう。

2　カテゴリー論――諸事物の普及的特徴について

2－1　経験的存在の二種類の特徴――可変的特徴と普及的特徴

我々が日常的経験において出くわす諸事物は、さまざまな特徴を所有している。アレクサンダーによれば、そうした経験的存在のあらゆる特徴は二種類に区別できる（STDi, pp. 184-186）。一方は「経験的特徴」や「可変的特徴」と呼ばれ、他方は「非経験的特徴」や「普及的特徴」と呼ばれる。前者の経験的・可変的特徴は、ある事物には見出されるが、別の事物には見出されないような特徴、すなわ

7　フィッシャーが想定しているのは、「全体はその諸部分と集合的かつ個体的に数的に同一である」と定式化される奇妙な同一性としての合成（Strange-CAI）である。この点に関しては、Cotonoir & Baxter[2014] についてのフィッシャー自身のレビューを参照されたい（Fisher[2017b]）。

ち観察する事物に応じて可変的な（variable）特徴である。例えば、「赤い」や「甘い」という特徴は、苺には見出せるが、石には見出されない。これに対して、後者の非経験的・アプリオリな特徴は、すべての事物に共通して見出されるような特徴、すなわちすべての事物に普及的な（pervasive）特徴である。例えば、「存在する（exist）」や「関係をもつ（have relation）」という特徴は、苺であろうと石であろうと、あらゆる事物に見出される。

このように経験的存在の二種類の特徴を区別する基準、それは普及性（pervasiveness）である。普及性は「すべての物体によって所有されている」（STDi, p. ix）と定義される。あるいは、現代風に「すべての存在者によって例化されている」と定義してもよい（Fisher[2015]）。後ほど見るように、この普及性をめぐる議論がアレクサンダーの形而上学のひとつの要点である。

2－2　世界のカテゴリー的特徴とその源泉

アレクサンダーによれば、経験的存在の諸特徴を二種類のうち、一方の普及的特徴は、世界のカテゴリー的特徴とみなすことができる。世界のカテゴリー的特徴とは、存在（existence）、普遍性（universality）、関係（relation）、順序（order）[8]、実体（substance）、因果（causation）、量（quantity）、数（number）、Motion[9]という九つに分類可能される。

さしあたり、これらのカテゴリーの内実は措いておこう。ここでは「なぜこの世界にはこれらのカテゴリー的特徴が普及しているのか」ということを問題にしたい。言い換えれば、これは「何がカテゴリーの源泉なのか」という問いである。アレクサンダーは、カテゴリーを悟性の形式とみなすカントに抗して、「カテゴリーの源泉は時空である」と主張する（Cf. STDi, pp. 190-193, 330-336）。この点については、アレクサンダーの最大の注釈者としても知られるアンダーソンが簡潔な説明を与えている。「アレクサンダーがカントと異なるのは、何よりもまず、我々の知識の形式を諸事物の形式とみなすだけでなく、感覚の形式（空間‐時間）と悟性の形式（カテゴリー）というカントの区別に見られるような知識の形式と諸事物の形式が二つの異なる源泉をもつという説を棄却する点においてである。［カントとは］逆に、アレクサンダーは、空間と時間が諸カテゴリーの源泉であると主張する」（Anderson[2007], p. 3）。

もっとも、アンダーソンは「カテゴリーの源泉は時空である」という主張の内実には踏み込んでいない。この点については、前節で確認した議論を踏まえると、次のように理解できる。ACAIにより、諸々の点‐瞬間と、それらから構成される事物とは、数的に同一である。したがって、事物の普及的特徴は、点‐瞬間の普及的特徴にほかならない。ただし、点‐瞬間は時空の原初的な連続性において相互に接続している。それゆえ、究極的には、カテゴリーの源泉は時空である[10]。

8　一般的に、orderは関係の一種とみなされるが、アレクサンダーはorderを独立したカテゴリーとしてあつかうべきだと主張している（STDi, p. 193）。このことから推測されるように、orderはアレクサンダー哲学の鍵概念のひとつである。本稿では、文脈に応じて「順序」や「秩序」と訳しわけたが、アレクサンダーはこれら二つの意味を込めてorderという語を用いている。

9　本書ではMotionという語に訳語を与えていない。その理由は2-5節で触れる。なお、ブラッドリーは『見かけと実在』においてMotionを見かけとみなしているが（Bradley[1893], pp. 44-45）、アレクサンダーはこのことを念頭に置いてMotion概念の再定義を試みていると思われる。

2-3 時空の基礎的決定——存在と関係のカテゴリーを例に

こうした議論を通して、アレクサンダーはカテゴリー一般を「時空それ自体の基礎的特徴または基礎的決定」(STDi, p. 189) と定義する。[11] もちろん、こうした定義を与えるだけでは、なぜ時空にカテゴリー的特徴に相当するものが備わっているのかは、不明瞭にとどまる。[12] そこでアレクサンダーは、時空における点‐瞬間のふるまいのパターンとして、諸々のカテゴリー的特徴が定義可能であることを示していく。紙幅の関係上、すべてを網羅的に検討することはできないので、ここでは存在と関係のカテゴリーについて見てみよう。

存在 (同一性・差異):存在とは、点‐瞬間ないし時空領域の占有 (occupation) である。例えば、ある存在者eが「存在する」というのは、eが特定の点‐瞬間 (例えば、ある特定の空間的点aと特定の時間的瞬間Aによって規定される点‐瞬間aA) を占めることにほかならない。また、存在のカテゴリーには、同一性 (identity) と差異 (difference) という派生的なカテゴリーが帰属する。例えば、aAを占めるeは、まさにaAを占めるがゆえに、自己同一的であり、かつbBを占めるe'とは異なる。このように、存在、同一性、差異とは、時空のうちで点‐瞬間が具体的に位置を占めること以外の何ものでもない。そして、このことはすべての点‐瞬間に該当するため、存在、同一性、差異を普及的特徴とみなすことは妥当である。こうした議論を通して、アレクサンダーは「自分自身の時空領域を占有することは、ほかならぬ時空の非経験的またはアプリオリな決定である」(STDi, p. 197) と述べる。[13]

関係:次に、関係のカテゴリーについて検討しよう。すでに確認した通り、存在は点‐瞬間ないし時空領域の占有にほかならないが、各々の点‐瞬間は時空の原初的な連続性において相互に接続している。このことから、関係に関する次の主張が導出される。「存在するもの（existents）はすべて関係のうちにある。なぜなら、諸々の出来事やそれらのグループは時空のうちで接続しているからである。存在するもののあいだの関係は時空の連続性から生じる」（STDi, p. 238）。関係の具体例としては、例えば妊娠における母子関係などが挙げられる。妊娠において、母と子という二つの項は、空間的にも時間的にも接続した状況に巻き込まれている（STDi, p. 241）。関係とはこのような「諸項が参入する状況全体（the whole situation）」（STDi, p. 240）にほかならず、このような状況が成立するのは時空においてである。

10　カテゴリー論一般の問題として、カテゴリーの完備性（completeness）の問題がある――カテゴリーのリストが過不足のない完全なものであるかどうかをめぐる問題。アレクサンダーは、九つのカテゴリー以外にカテゴリーの候補となるもの、例えば「質」や「変化」といったものが普及的でないことを示す論証を通して、自らのカテゴリーの完備性を主張する（STDi, pp. 326-330）。また、「カテゴリーの源泉はカテゴリーでない」というカントに由来し、イギリス観念論者に継承された前提を踏まえて、時空性（spatio-temporality）そのものはカテゴリーでないことを主張する（STDi, pp. 331-332）。

11　本書では、determinationを「決定」と訳したが、単に「規定」という意味で理解してもよい。あえて「決定」と訳したのは、決定論（determinism）の問題とかかわるからである。

12　アンダーソンに端を発する述語解釈では、「時空とはカテゴリーがその述語であるところの主語である――時空が本質的主語であるのと同時に、カテゴリーは本質的述語である」（Anderson[1949-1950], p. 14）というように、存在や関係のカテゴリーは「存在する」や「関係をもつ」といった点‐瞬間の述語として解釈されることになる。しかし、アレクサンダー自身が「カテゴリーはいわば事物の形容詞や述語などではない」（STDi, p. 197）と強調しているため、述語解釈を支持することはできない。なお、述語解釈を支持しえない本質的な理由としては、アレクサンダーが述語となる普遍者の実在を認めないことを考慮すべきであろう。

13　本書の第一章（4‐4節）で見た通り、アレクサンダーの存在概念は一義的であり、これは、彼の現実主義と密接に結びついていると思われる。

て各々の点‐瞬間が連続しているためである。[14]

ここまで確認してきたことを、フィッシャーの整理を参照しつつまとめておこう。カテゴリーが時空の基礎的決定であるということは、「状況」という語によって明確化することができる。例えば、「順序」とは、一連の音の調性のような何らかの連続体における、三つ以上の点‐瞬間の状況である。「順序」という語は、個別的で複合的な状況を指示している」(Fisher[2015], pp. 14-15)。実際、このことは存在や関係のカテゴリーについてもあてはまる。存在とは時空において特定の位置を占めるという状況であり、関係とはそのような仕方で存在するもの同士が時空において接続されているという状況である。先に挙げた九つのカテゴリーはいずれも何らかの時空的状況のパターンを指示するものであり、このことが時空の基礎的決定という概念の内実である。

2-4 諸カテゴリーの交流

各カテゴリーが指示する時空的状況は、時空の原初的な連続性において成立しているのだから、互いに独立したものではない。カテゴリー間には「交流(communication)」があるのだ。どのような交流なのかを説明するために、アレクサンダーは、九つのカテゴリーを三つのグレードに分類する(STDi, pp. 322-324)。

グレード1:存在(同一性・差異)、普遍性(個別性・個体性)、関係、順序
グレード2:実体、因果(相互性)、量(強度)、数(部分全体)
グレード3:Motion

これらのカテゴリーのあいだには、二つの関係が成り立つ。①同じグレードに属するカテゴリーは互いに交流する。②上位のグレード（例えばグレード2）に属するカテゴリーと下位のグレード（例えばグレード1）に属するカテゴリーは、前者のみが後者と交流する。

アレクサンダーは交流概念に詳細な説明を加えていないが、この概念はメレオロジーにおける「重複（overlap）」という概念に置き換えて理解することができる。なおここでは、重複という概念を「あるカテゴリーに属する時空的状況のひとつひとつが、別のカテゴリーに属する時空的状況のどれかと（少なくとも）部分的には同一である」という意味で用いることにする。この重複という概念を用いると、①と②の交流は次のように定式化できる。[15]

①**同じグレード間の交流**：同じグレードに属するカテゴリー間の交流、例えば存在（グレード1）と関係（グレード2）の交流とは、存在が指示する時空的状況と関係が指示する時空的状況が必ず重複している、ということである。

②**異なるグレード間の交流**：異なるグレード間の交流、例えば因果（グレード2）と関係（グレード1）の交流とは、因果が指示する時空的状況は関係が指示する時空的状況と重複しているが、後者は

14　関係についてのこの考えは、アレクサンダーが原子論（点‐瞬間（部分）の実在だけを認めて、時空（全体）の実在を認めない立場）を採用しないひとつの積極的な根拠と考えることができる。

15　交流概念を重複概念によって明確化するというアイデアはFisher[2015]に由来する。ただし、諸カテゴリーが指示する時空的状況の重複という定式化は、本書に固有のものである。

前者と重複するとは限らない、ということである。これは、因果は必ず関係であるが、関係は必ずしも因果とは限らない、ということである。

２－５　Motionのカテゴリーについて

最後に、Motion概念の内実を明確にしておこう。アレクサンダーの用語法において、Motionという語は、基本的には運動（movement）という意味で用いられる（Cf. STDi, p. 61）。また、時空全体の運動の場合は大文字表記のMotion、個別的な時空領域（点・瞬間）の運動の場合は小文字表記のmotionという語が用いられる。いずれにせよ、アレクサンダーはMotionという語を用いて、時空が動的な進展であることを示そうとしている。[16]

では、Motionがグレード3のカテゴリーであるというのは、どのように理解すればよいだろうか。アレクサンダーによれば、「Motionは残りのもの〔他のすべてのカテゴリー〕よりも複合的である」（STDi, p. 322）。繰り返すが、諸カテゴリーは何らかの時空的状況を指示する。そして、先に見た②の交流（異なるグレード間の交流）より、Motionは他のすべてのカテゴリーと交流するカテゴリーである。したがって、Motionとは、グレード1やグレード2が指示する時空的状況すべてと重複する複合的な時空的状況を指示するカテゴリーである。

こうした議論は、次のように総括できる。存在、普遍性、関係、順序、実体、因果、量、数という八つのカテゴリーが指示する時空的状況すべてと重複する複合的な時空的状況こそ、Motion、すなわち時空の運動そのものである、と。こうしたことから、カテゴリー論のひとつの帰結として、次のように述べられる。「motionにおいて、時空の基礎的決定の完全な物語が語られる。したがって、

motionとはすべての時空領域について確証されうることの総体である」(STDi, p. 323, 傍点は引用者による)。

ただし、次の点には注意が必要である。各カテゴリーが指示する時空的状況は、あくまでも普及的なものであり、可変的なものではない。こうした可変的な状況の決定は、『空間、時間、神性』第二巻において、時空の経験的決定(empirical determination)という概念によって説明される。予め述べておけば、アレクサンダーは、普及的ではない(=可変的である)が、motionよりも複合的な時空的状況を想定しており、そうした時空的状況によって決定される経験的存在の諸特徴を可変的特徴ないし創発的質(emergent quality)と呼ぶ。つまり、「motionにおいて、時空の基礎的決定の完全な物語が語られる」としても、この世界には時空の経験的決定と関連する創発の物語が残されているのである。この意味において、時空が構成する世界には進展の余地があるのだ(STDi, p. 347)。

16 ところで、アレクサンダー自身が明示的に述べるように、彼の運動に関する考えは、ベルクソンの「運動はあるが、運動する慣性的で不変な対象はない。運動は運動体を必要としない」(PM, p. 163)という主張に依拠している(STDi, p. xii; Cf. *Ibid.*, pp. 329-330)。つまり、ベルクソンが持続を動的な進展と捉えたのと同様、アレクサンダーは時空を動的な進展として捉えようとしている。

3　創発論——諸事物の可変的特徴について

3−1　創発論の基本的着想

『空間、時間、神性』第二巻の冒頭部では、自然のうちで、最も基礎的なレベルの存在から、最も複合的なレベルの存在まで、さまざまなレベルの存在が階層をなしている、というモデルが導入される。ここで想定されているのは、一次性質、物質性、二次性質（または色のような感覚質）、生命性、意識からなる階層である（STDii, pp. 50-70）。そして、これら諸レベルのあいだの関係を説明するために、創発という概念が導入される。

> 上位の質は、下位レベルの存在から創発し、そこに起源をもつ。しかし、上位の質は、下位レベル〔の存在〕から創発するとはいえ、そこに属しているわけではない。上位の質は、その所有者〔上位レベルの存在〕に対して、独自の挙動法則を備えた存在するものの新しい秩序（order）を与える。（STDii, p. 46）

以下では、一次性質と物質性についての記述を手がかりにして、アレクサンダーの創発論の基本的着想を確認することにしたい。

①**質**：まずは、質（quality）という概念について手短に確認しておこう。端的に言えば、質とは可変的特徴のことである。また、先の引用部に示されているように、質とは、各々の経験的存在に「独

自の挙動法則」または「新しい秩序」を与えるような特徴である。これに対して、カテゴリー的特徴は、motionが指示する時空的状況によって決定されるという意味において「motionという時空的質」(*Ibid*., p. 45) と呼ばれることもあるが、厳密に言えば右記の意味での質ではない (*Ibid*., p. 56)。というのも、まさしく普及的であるため、カテゴリー的特徴は、各々の経験的存在に「独自の挙動法則」や「新しい秩序」を与えるようなものとは言えないからである。

②一次性質と物質性の区別：アレクサンダーの考えでは、一次性質（大きさ、形、数、運動など）は、「カテゴリー的特徴の経験的様態」(*Ibid*., p. 55)、すなわち我々の経験によって捉えられる限りでのカテゴリー的特徴である。[17] 言い換えれば、一次性質とは、motionが指示する時空的状況によって決定される特徴、すなわち「motionという時空的質」と同一視可能な特徴にすぎない。①で見た通り、このような特徴は、厳密に言えば質ではない。これに対して、物質性は、厳密な意味で「質」と呼ぶべき最初のものである。物質性の典型例としては、電子によって所有されている電気特性が挙げられる。[18] 電気特性は、すべての事物によって所有されているわけではなく、電子に独自の挙動法則を与えるような特徴である。それゆえ、電気特性は、電子という経験的存在に固有の質であると言える。

③質の決定＝時空の経験的決定：カテゴリー的特徴と同様、質もまた時空によって決定される。こ

17 アレクサンダーは徹底した実在論者なので、「経験によって捉えられる」ということで、認識主体の側からの働きかけによって認識対象が何らかの仕方で脚色されるといったことは想定していない。つまり、一次性質は直接的に把握されている。

18 電子に関する議論は、電子の発見に貢献したことで知られるジョゼフ・ジョン・トムソン（英 1856-1940）の議論に依拠している (STDii., pp. 53-54)。

こでも、ＡＣＡＩが重要な役割を担っている。ＡＣＡＩにより、電子という経験的存在と、その構成要素たる諸々の点‐瞬間とは、同一である。であるならば、電子が所有する可変的特徴（質）もまた、普及的特徴（カテゴリー的特徴）と同様に、それら点‐瞬間が指示する時空的状況にほかならない、ということになる。[19] 実際、アレクサンダーは電気特性を例に挙げて、「電子自体はmotionの複合体であり、この複合体と電気的質とは相関関係にある」（*Ibid.*, p. 54）と述べている。質とは、motionが指示する時空的状況よりも複合的な時空的状況にほかならない。私の解釈では、このことが時空の経験的決定の内実だと思われる。

以上を踏まえて、アレクサンダーの創発論の基本的着想をまとめておこう。アレクサンダーの考えでは、「経験的存在はどこまでも時空的なものである。だが、我々が質と呼ぶもの、物質性、生命、色、意識といったものは、特定のmotionのグループ、すなわち特定の時空的複合体と相関している」（STDi, p. 183）。これは、まずはmotionが指示する時空的状況の複雑化によって物質性が出現し、次いで物質性が指示する時空的状況の複雑化によって二次性質が出現し、以下同様に生命性や意識といった新しい質が次々と出現してくる、ということだ。このように、アレクサンダーが「創発」と呼ぶのは、時空的状況の複雑化によって新しい質が出現することである。ここで何よりも重要なのは、次のことだ。時空の観点から捉えるのであれば、下位レベルと上位レベルのあいだには（時空的状況の複雑性の）程度の差異しかない。だが、時空的状況の複雑化によって出現する諸々の質は、その所有者に新しい挙動法則や秩序を与えるのであり、そうした諸々の質（下位レベルの質と上位レベルの質）のあいだには本性の差異がある。それゆえ、厳密に言えば、アレクサンダーが想定しているのは、存在の階層ではなく、質の階層である。また、創発というのも、下位レベルの存在には還元しえない上位レベルの存在の出現ではなく、下位レベルの質には還元しえない上位レベルの質の出現にほかならない。

3-2 未来の予見不可能性と神性の概念について

普及的特徴（カテゴリー的特徴）にしろ、可変的特徴（質）にしろ、いずれも時空の決定にほかならないという意味では、アレクサンダーはある種の決定論に接近するように思われる。だが、本書の第一章でも確認した通り、アレクサンダーは未来の可変的特徴（質）の予見不可能性という論点を付け加えることによって、決定論を回避しようとしている。また、こうしたアイデアがベルクソンに由来することも、すでに本書の第一章で確認した通りである。議論の大筋を改めて整理しておこう。

アレクサンダーはラプラスの思考実験に対して次のような反論を展開する（STDii, p. 328）。一方で、「空間的かつ時間的な質」、すなわち諸々のカテゴリーが指示する普及的な時空的状況に関しては、任意の瞬間における時空の全状況を知ることで、その未来の状況をすべて予見できる。この観点からすると、ラプラスの思考実験は正しい。他方で、「空間的かつ時間的な質以上の質」、すなわち諸々の創発的質が指示する可変的な時空的状況に関しては、任意の瞬間における時空の全状況を知ったところで、その未来の状況を予見することはできない。この観点からすると、ラプラスの思考実験は誤りである。

19 こうした考えは、一見すると心身問題における随伴現象説に似通っているように思える。議論の妥当性は措いておくが、アレクサンダー自身は、心は単に脳に随伴するのではなく、実際に因果的な効力をもつと主張し、自らの立場が随伴現象説とは異なるという点を強調している（*Ibid.*, pp. 8-9）。

こうした議論の根拠となるのは、ベルクソンに依拠して述べられる次の主張である。「結局のところ、それ〔ラプラスの思考実験〕は、時間を非実在とみなしている、あるいは同じことだが、宇宙が完成していると想定している。これは、ベルクソン氏の表現では、すべてが与えられているということである。〔……〕ともかく、神でさえ予測できない宇宙の一部がある。それは、神自身の未来である」(*Ibid*., p. 329, 傍点は引用者による)。要点だけ振り返っておくと、ベルクソンの用語法において、「すべてが与えられている」というのは、「実在の全体が永遠のうちに (dans l'éternité) ブロックとして (en bloc) 置かれている」(EC, p. 39) ということの言い換えであり、永久主義的な時間描像を棄却する際に用いられるテクニカル・タームとして理解できる。そして、「すべてが与えられている」という主張を棄却することは、宇宙は未完了の進展として持続しているおり、そうであるがゆえに宇宙の未来は開かれているという時間存在論にコミットすることでもある。アレクサンダーの場合も、単に認識論的な観点から未来の予見不可能性を主張しているわけではなく、ベルクソンと同様の時間存在論にコミットしているように思われる。実際、アレクサンダーは『空間、時間、神性』第一巻において、自身の立場を、時空または宇宙を「成長宇宙 (a growing universe)」(STDi, p. 66) とみなす立場として特徴づけている。

なお、本書の第一章では簡単に確認するにとどめたが、アレクサンダー自身の議論において、「宇宙の未来が開かれている」という主張と密接にかかわるのは、「神性」という概念である。神性とは、「我々が知る最も高次の経験的質に続くさらに高次の経験的質」(STDii, p. 345) である。例えば、おそらく宇宙には物質性が最も高次の質である段階があったと思われるが、この段階では生命性こそが神性であった。あるいは、生命性が最も高次の質である段階では意識が神性であった。いずれにせよ、神性とは、宇宙に未だ到来していない質である。アレクサンダーは神性という概念を持ち出すことで、宇宙の成長について述べようとしている。「時間は成長の原理であり、時間は無限である。それゆえ、世界の内的発展が〔……〕心という経験的質を所有する有限な時空領域の配置の創発と共に停止するとは考えられない」(*Ibid*., p. 346)。さらに言えば、こうした宇宙の成長には、いかなる意味でも終局などない――これは、アレクサンダーの創発論と徹底的目的論（FR）との本質的な相違点である。「あらゆる存在のレベルにとって、神性は〔当のレベルの質の〕次に高次の経験的質である。したがって、それは可変的質であり、世界が時間の経過と共に成長するにつれて、神性も共に変化していく」(*Ibid*., p. 348)。こうした主張に見られるように、神性は、宇宙が到達すべき最終目標のようなものとして最初から与えられているわけではない。むしろ、絶えず刷新される神性へと向かうがゆえに、宇宙の未来は開かれている。ベルクソンと同様、アレクサンダーにとって、そうした絶えざる宇宙の進展の過程こそが神なのである。

4　結びにかえて

最後に、アレクサンダーとベルクソンを相補的に読解する意義について述べることで、この補論の結びとしよう。ベルクソンからの影響を考慮するのであれば、アレクサンダーの時空の形而上学を「すべては時空の決定である」という一言で済ますことはできない。なるほど、この形而上学が、普及的特徴（カテゴリー的特徴）にしろ、可変的特徴（質）にしろ、経験的存在のあらゆる特徴は、すべて時空における点-瞬間（時空領域）の配置的性質として決定されるというアイデアによって支えられている、というのは確かである。しかし、神性をめぐる議論に示される通り、アレクサンダーには、開かれた未来へと向かって進展する成長宇宙を描き出そうというモチベーションがある。

> 諸々の質の階層において、〔現在〕到達している最も高次な質の次に高次な質は、神性である。神とは、この新しい質の創発へと向かう過程に巻き込まれた宇宙全体のことである。（*Ibid*., p. 429）

『空間、時間、神性』を締め括るこの一節のうちに、ベルクソンとの類似性を見出すことは容易い。アレクサンダーはまさしくベルクソンと共に、この世界・宇宙を未完了の創発的・創造的な進展として描き出す。また、彼らはいずれも、時空や持続の存在論的基礎性を主張することそれ自体ではなく、我々を含む経験的存在の在り方を説明するために、そうした存在論を整備するのである。こうしたアレクサンダー哲学の根本動機は、ベルクソンとの相補的読解を通して可能となる。本書の第一章は、そうした試みの最初の一歩となるように画策されたものでもあったのだ。

補論② 個体化の哲学における生殖の問題
――シモンドンの場合

はじめに

この補論で提示するのは、ある種のケース・スタディである。第三章で見た通り、ベルクソンの生きた時代と場所、つまり20世紀初頭のフランスでは、遺伝学があまりにも低い地位に置かれていた。そうした状況下で、ベルクソンはヴァイスマンの遺伝論（生殖論）を留保つきではあるが、擁護する方向に向かったのだった。しかしながら、20世紀半ばのフランス、つまり遺伝学の有効性が認められはじめた時代であったにもかかわらず、それもベルクソンと同様に個体化の哲学を基礎に置いていたにもかかわらず、ヴァイスマンの敵対者であり続けた一人の哲学者がいる。その哲学者こそ、本書の序章でも登場したフランスにおける最大の個体化の哲学者シモンドンである。

生物学の哲学において、「生殖とは何か（What is reproduction?）」という問いが発せられることは、きわめて稀であるように思われる。なるほど、生物学の哲学の関心事の多くに生殖概念がかかわるのは確かだろう。だが管見では、生殖概念が哲学的な問いと直接結びついている事例はさほど多くない。

もちろん、生殖を直接主題とする論者も存在する。例えば、ジョン・メイナード・スミス（米 1920-2004）の仕事を増殖（multiplication）概念と切り離して評価することはできないだろう（Cf. Maynard Smith [1986]）。また、彼を擁護する論者のなかでは、ジェームズ・グリーズマーが生殖概念の哲学的理解にもたらした貢献は特筆に値する。グリーズマーが導入した物質的重複（material overlap）という基準のおかげで、メイナード・スミスにおいては不明瞭だった増殖の下位概念として、生殖と複製（copying）を区別することが可能になったのだから（Cf. Griesemer[2000]）。二人の名が示唆しているように、選択の単位（units of selection）に関心がある者にとって、とりわけ遺伝子選択説にコミットする者にとって、生殖概念の明確化は避けられない作業のひとつである。

しかし、「生命とは何か（What is life?）」というより広い外延をもつ問いに直面したとき、生殖概念を持ち出すことで何が言えるだろうか。そのとき、生殖概念を真剣に検討することに魅力を感じる者は少ないのではないか、と私は推測する。[1] なぜなら、「生命とは何か」という問いは、たいていは生命の起源の問題と結びついており、それゆえに生命と物質を区別する基準をめぐる問題、あるいは生物学的階層と物理学的階層との関係をめぐる問題と切り離しえないのだが、こうした問題を検討するにあたって生殖概念が前景化することは少ないからである。

「生命とは何か」と「生殖とは何か」という問いがひとつの問題系をなしうるとしたらどのようなものになるだろうか。この補論では、本書第三章で検討したヴァイスマンやベルクソンの生殖論（遺伝論）を念頭に置きながら、シモンドンの議論を検討することにしたい。ここでシモンドンを持ち出すのには、三つの理由がある。①ベルクソンの『創造的進化』とシモンドンの『個体化の哲学』では、それぞれに固有の仕方で、生命と物質との区別に関する哲学的な基準が導入され、この基準との関連で生殖について論じられる（Cf. 本書第二・三章）。②生殖が主題となる文脈で、ベルクソンは留保つきではあるとはいえヴァイスマン主義に概ね賛同しているが（Cf. 本書第三章）、シモンドンは全面的にヴァイスマン主義を否定している。③やや付随的なことではあるが、先述したメイナード・スミスに与する生物学の哲学者の多くがヴァイスマンを擁護している。[2] 最初の二つの理由を以って、生命と物質の区別をめぐる問題と結びついた仕方で生殖論を展開する可能性を検討する際に、ヴァイスマンを参照軸としてベルクソンとシモンドンの生殖論を考察してみることに一定の意義を見出すことができるだろう。また、三つ目の理由に関連する議論を直接展開することはしないが、これはベルクソンとシモンドンを狭義の（英語圏の）生物学の哲学の文脈に接続する際のひとつのポイントになりうる。この補論は、そうした仕事を見据えた予備的作業にほかならない。

1　メイナード・スミスであれば、増殖概念と共に遺伝と変異の概念を持ち出すことで、生命を定義するだろう。しかし、このやり方で定義されるのは集団（population）としての生命であって、個体としての生命ではない。

2　Maynard Smith[1996]では、ヴァイスマンの生殖質説を「分子的ヴァイスマン主義」として定式化し、その上で、これを擁護される。

1　シモンドンとベルクソンの個体化論

まずは、生命と物質の関係という視点から、シモンドンの個体化の哲学を導入し、次いで、シモンドンの考えとベルクソンの考えとの類似点と相違点を確認しておくことにしたい。

最初に、物理的個体化と生命的個体化の関係について確認しておこう。「この研究〔『個体化の哲学』〕の目的は、物理的、生命的、心理・社会的〔集団的〕という三つのレベルに応じて、個体化の諸々の形態、様態、程度を研究することで、個体を存在のなかに置き直すことである」(ILFI, p. 32)。これら三つのレベルの関係は階層的なものではない。シモンドンはこの点を明確にするために、生命的個体化が物理的個体化の「後に(après)」生じるのではないということ、つまり前者の個体化は、後者の個体化の「あいだに(pendant)」、それが完了する「手前で(avant)」で生じるのだということを強調している(*Ibid.*, p. 152)。生命的個体化は、「物理的個体化が安定的平衡に達していない時機にそれを宙づりにすることで、単に繰り返すことだけが可能な構造の反復の手前で物理的個体化〔の活動〕を拡張し、伝播させる」(*Ibid.*)。要するに、生命的個体化の原始的な意味は、物理的個体化が安定的均衡に至ってすべての変化が不可能になってしまう手前で、つまり物理的個体化が完了してしまう手前で、物理的個体化の速度を緩める(ralentir)ことである。このように、物理的個体化の減速として生命的個体化を捉え直す場合、「生きている個体〔=生物〕はいわば、もっとも原始的なレベルでは、自己安定化せずに自己増幅するような、生まれつつある状態にある結晶である」(*Ibid.*)と述べることになる。

こうした発想の固有性を見定めるためには、ベルクソンとの比較が有益だろう。本書の第二章で見たように、ベルクソンは基本的には結晶に個体性を認めない（EC, p. 12）。それは、結晶を構成する諸部分が解剖学的基準と生理学的基準を満たしていないからである（Cf. 本書第二章）。また、このことは結晶が「組織されていない」ということを含意する。逆に、シモンドンは、結晶の個体化をあらゆる個体化の範例（paradigme）とみなし、結晶も生物と同様に「組織されている」と考える。もちろん、次のように考えることもできる。個体を未完了の組織化・個体化の過程にあるものとして捉える点では、両者は足並みを揃えており、その上で何を個体と認めるかは、両者が置かれた科学的状況に相対的であるのだから、重大な相違点ではない、と。しかしながら、生命と物質の区別をめぐる問題系に位置づけて両者を比較するのであれば、生物と結晶を組織化の有無によって区別するベルクソンと、そうではないシモンドンとの差異を軽視することはできないだろう。シモンドンの場合には、ただ単に「組織されている」というだけで生物を特権視する理由にはならないのだから。

こうした事情を踏まえた上で、以下では次の道筋で議論を進める。まずは、結晶の成長（croissance）に関する議論を確認する（第2節）。次いで、結晶と生物を区別すべき理論的根拠を成長としての組織化の有無ではなく、生殖に見出そうという議論の大筋を確認する（第3節）。そして最後に、生殖論を検討することで、シモンドンが生殖に与えている特権的な役割を見定める。またこの作業を通して、ヴァイスマンとの差異を明確化することにしよう（第4節）。

2 結晶の成長

シモンドンによれば、結晶は見かけ上安定している（実体である）ように見えるが、「無際限に成長する可能性」（ILFI, p. 95）をもつ。まずはこの基本的な考えを確認しておこう。結晶化が成立するためには、ポテンシャル・エネルギーを備えた環境（milieu）と、最初の構造的契機となる構造胚（germe structural）との出会いが必要である。この出会いによって一定の構造をもつ結晶が生じるのだが、こうした構造化が一度生じた後には、晶出してきた結晶が新しい構造化の胚になる。「その後、成長の現象は自動的で無際限であり、結晶の継起的なすべての層〔分子層〕は、この層を取り囲む不定形な（amorphe）環境を、この環境が準安定的であり続ける限りで構造化していく能力をもつ」（*Ibid.*, p. 86）。このように、結晶が無際限に成長する可能性をもつというのは、「永続的に未完了であり、宙づりにされたまま維持される発生の途上にある」（*Ibid.*, p. 90）ということである。

ただし、無際限に成長する可能性をもつのは結晶そのものではない。結晶は「不定形な環境と関連して（par rapport à）無際限に成長する力動性を有している」（*Ibid.*, p. 93）。この点を理解するために、結晶の性質（propriété）に関する議論を確認しておこう。予め結論を述べておくと、シモンドンは「性質は実体的ではなく、関係的である」（*Ibid.*, p. 90）と考えている。これは、何らかの静的な性質が実体として実在するのではなく、構造胚の役割を演じる結晶と構造化可能な環境とのあいだの「関係の様態」（*Ibid.*）としてのみ性質が生じる、ということである。このような結論を導くために、シモンドンは極性（polarité）という概念を用いて結晶の発生性質（propriété génétique）――「不定形な環境を構造化する力」という性質――を捉え直す。ここで極性は、結晶の発生を規定する構造を特徴づける対称性（symétrie）に対応するものと考えられている――結晶の七晶系などが念頭に置かれている（*Ibid.*, pp. 88-89）。ある意味では、結晶の性質とはこの極性を延長して現働化することである。だが、そもそもこうした極性は、結晶と結びついた環境がもつ対称性との関係によってしか捉えられない。「実際のところ性質は、偏極された場（champs）との関係によって顕れるような、あるいは、結晶の境界と周囲で、結晶の構造によって規定される極性をもつ場の創造によって顕れるような、恒常的な不均衡なのである」（*Ibid.*, p. 90）。このように考えるのであれば、結晶の性質とは、結晶と環境とのあいだの「境界（limite）の性質」（*Ibid.*）なのだということになる。

以上見てきたように、結晶の個体性は、それと結びついた環境との境界に存する。この意味での結晶を範例とするのであれば、「個体を境界づけられた存在（être limité）と定義できる」（*Ibid.*, p. 93）。もちろん、ここで境界というのは、実体的に確定された内と外の区別という意味ではなく、個体化の現場である「活動中の境界」（*Ibid.*）という意味で理解されねばならない。境界は固定的なものではない。「実際には、増大のあいだは結晶の境界こそが胚なのであり、この境界は結晶が成長するにつれて移動していく」（*Ibid.*）。

こうした考察は、結晶と（その発生を規定する）環境とが織りなすひとつの系（système）それ自体が個体化するという発想によって可能になっている。境界が結晶の成長によって移動するという事態について考える際、我々は具体的に結晶を取り囲む分子層を想定しがちである。しかしながら、分子のオーダーは、系における複数の大きさのオーダー（ordres de grandeur）のひとつでしかない。それゆえ、分子のオーダーだけでなく、「粒子的要素の大きさのオーダーと完全な系という包括的な大きさのオーダーとを媒介するレベルに個体化はある」（*Ibid.*, p. 97）。個体化の現場である活動中の境界は、この媒介的な大きさのオーダーに存する。この観点から見れば、結晶の成長に関して次のように述べることができる。「境界はつねに新しい原子からつくられるが、力動的に自己自身に同一であり続けるのであって、増大の局所的な同じ特性を保存しつつ表面で増大していくのである」（*Ibid.*, p. 93, 傍点引用者）。このように、媒介的な大きさのオーダーにおいて、境界の活動それ自体は同一の過程なのである。

ここで、我々は結晶の成長に関するひとつの重要な論点を確認している。結晶の成長が無際限であるというのは、結晶を主語にして捉えるのであれば、結晶が同一性を保ちながら無際限に成長していくということにほかならない。もちろん、これは正確な定式化ではない。先に見たように、結晶は「不定形な環境と関連して無際限に成長する力動性を有している」のだから。境界の活動それ自体の同一性の源泉を、シモンドンは環境に見出す。

> 実際には、境界と構造化の共通の源泉とは環境の周期性（périodicité）なのである。［……］周期的構造をもつがゆえに、結晶はあらゆる特徴を保存しながら成長する。それゆえ成長はそれ自身とつねに同一なのである。（*Ibid.*, p. 95）

後の議論のために定式化しておこう。結晶は、自らの発生と結びついた環境の周期性との関連で、無際限に成長する力動性をもつ。以下では便宜的に、これを〈成長の同一性テーゼ〉と呼ぶことにする。

3　生命系の機能的二元性——成長・内的発生と生殖・外的発生

では、結晶と生物とはどのように区別されるのか。本節では、この点を見定めるために、生物の機能的二元性（dualité fonctionnelle）というシモンドンの生命的個体化論の基本的な着想を確認することにしたい。

一方の機能は成長・内的発生である。これは、群体（colonie）の構成要素となる個虫のような「部分的存在（être parcellaire）」（*Ibid.*, p. 172）の発生にかかわる。部分的存在は、多型性群体の場合に顕著に示されるように、分化していることもある——例えば、ヒドロ虫における栄養個虫や生殖個虫といった分化を想起されたい。しかし、だからといって、これら部分的存在が自律的に発生すると考えることはできない。というのも、各個虫は群体という総体との関係のもとで発生するからである。成長・内的発生とは、こうした連続した体制（régime continu）において可能な発生様式にほかならない。

他方の機能は生殖・外的発生である。これは、連続した体制に基づくことのない発生様式に相当するものであり、「外的発生、すなわち生殖は、実際に著しく個体化の働きと結びついた増幅機能を介在させる」（*Ibid.*, p. 173）とされる。このような発生様式を最も純粋に示すのは、有性世代のクラゲを遊離する生殖個虫のように、古い群体から離れて、新しい群体の元になる卵を産み、その後で自らは死ぬような個体である。このような個体は、「二つの群体のあいだに位置づけられるが、そのどちらにも統合されることはない」（*Ibid.*, p. 168）。それは、古い群体に対しても新しい群体に対しても不連続なのであり、この不連続性は「量子的特徴（caractère quantique）」（*Ibid.*）という語によって特徴づけられる。この特徴づけに示されるように、生殖・外的発生は、連続した体制から一度離脱し、そして新しい連続した体制を樹立する契機となる発生様式である。

シモンドンによれば、あらゆる生命系においてこれらの機能的二元性を見出しうるのだが、群体の成長は、先に見た結晶の成長と比較可能であるという。「実際には、結晶の形成はむしろ群体の増大と比較可能だろう。群体はどの方向にもどんなふうにでも発達するわけではなく、発達の過程で自らが特権化する方向に沿って発達する」（*Ibid.*, p. 201）。これは、成長という組織化によって結晶と生物を区別することはできない、ということを含意する。しかし、だからこそ、もうひとつの発生様式、すなわち生殖・外的発生こそが、生物を結晶から区別するための重要な基準になりうる。「結晶は自らが増大するあらゆる力能を自らの境界に局所化してもつ。これに対して、〔生物〕種においてこの力能は個体の総体に帰される。個体の総体は、内部からも外部からも自らのために増大し、時間においても空間においても境界づけられている。だがそれは生殖するのであり、この生殖する能力のおかげで境界づけられない」（*Ibid.*, p. 161）。

以上で足早に確認してきたように、シモンドンの考えでは、結晶と生物（特に群体）は、成長・内的発生に従って連続的に組織されるという点では変わりないのだが、後者のみが生殖・外的発生によって不連続性を示すという点で明確に異なる。しかし、我々はこれだけで済ますことはできない。というのも、本補論の冒頭でも述べた通り、シモンドンの生殖論には、決して容認しえない最大の論的としてヴァイスマンが登場するのだが、実際のところ両者の主張は表面的には非常に似通っているからである。例えば、シモンドンは生殖・外的発生を説明する箇所で、「個体は種の生命を伝達することができるものであり、たとえそれが自身に種的特徴を現勢化することが一度もないとしても、個体は種的特徴の担い手となる」（*Ibid.*, p. 172）と述べるのだが、これを遺伝的傾向が個体発生を支配するというヴァイスマンの主張と区別することは困難である（Cf. 第三章）。では、両者の相違点はどこにあるのか。次節では、両者の真の対立点を見極めるためにも、生殖・外的発生が不連続であるということの内実について考察を加えていくことにしよう。

4　シモンドンのヴァイスマン批判――シゾゴニー、再生、環境の変調

予め見取り図を提示しておく。シモンドンの生殖論の目的は、原生動物（単細胞生物）におけるシゾゴニー（schizogonie）という生殖様式を生殖の基礎的図式（schéma fondamental）とみなすというエティエンヌ・ラボー（仏 1868-1956）の生殖論に依拠して、「あらゆる生殖は再生（régénération）である。それゆえ、生殖はあらゆる部分が遺伝的実体（substance héréditaire）である個体そのものを起点とする」（*Ibid.*, p. 180）ということを確認することにある。[3] そして、このような考えに基づくのであれば、ヴァイスマンが導入した「体部と生殖質のあいだの根拠のない区別」（*Ibid.*）を失効させることができるという。以下では、こうした議論の道筋を確認しつつ、とりわけ再生概念に賭けられる発生論的な意義を見定めていきたい。

3　シモンドンが生殖論の文脈で参照するのはラボーの『生物学的動物学』（Rabaud, Étienne [1932] *Zoologie biologique*, Gauthier-Villars）第四章「生殖現象」であるが、現在は絶版であり入手困難な状況にあるため、残念ながらこの著作に直接目を通せてはいない。

シモンドンによれば、原生動物のシゾゴニーの本性は次の二点である。①シゾゴニーとは「個体が、均等または不均等の二つの部分に分裂し、その各々の部分が、独立したものとなることで、新しい個体を構成する」（*Ibid.*, p. 175）という生殖様式である。②接合（conjugaison）と対比するのであれば、「シゾゴニーは、同じ種の他の個体の繁殖行為が介在することなしに、個体が独立して増殖する（se multiplier isolément）という事実に存する」（*Ibid.*）。

一般的に、後生動物の生殖様式は、原生動物のものとは比較しえないように思われる。だがこうした常識的見解に反して、シモンドンはラボーに依拠しつつ、「生殖の基礎的事実と基礎的図式としてのシゾゴニーの実在」（*Ibid.*, p. 180）を主張する。このことはさまざまな生物学的傍証に基づいて確認されるのだが、ここでは、特に重要と思われるイソギンチャクの分体増殖（scissiparité）の事例を挙げておこう。「イソギンチャクの分裂は足から始まり、次に身体に沿って上方へと広がり、身体の奥深くまで到達する。二つの断片は分離し、その創傷の周縁部分が互いに接近していき、剥き出しになった細胞が増殖することで、不在になった部分に置き換わる新たな部分を与える」（*Ibid.*, p. 178）。この事例からは、後ほど確認する別の論点も導出される。だが、ひとまずは分体増殖という過程のうちにシゾゴニーの二つの本性との機能的な等価性が見出せるということを確認するにとどめたい。この機能的等価性を以って、シモンドンはシゾゴニーを生殖の基礎的図式とみなすのである。

ところで、シモンドンはなぜシゾゴニーを基礎的とみなそうとするのか。それは次の理由による。有性生殖を重視する論者には、真に新しい生物が生み出されるのは、無性生殖においてではなく、有性生殖においてであるという偏見がある――まさにヴァイスマンの「有性生殖論」はその典型例にほかならない。しかし、ラボーや彼に与する生物学者たちはこの考えに抵抗する。「［ラボーの学説にコミットする」ウッドラフによると、核器官の真の鋳直し〔véritable refonte〕が存在する。この鋳直しは、ある世代まで周期的に起こることで、生物は無性生殖の場合でさえ、自らに似たものにとどまるどころか、多かれ少なかれ重要な変様を被ることを示す」（*Ibid.*, p. 177）。無性生殖においても「真の鋳直し」が存在するというのがシモンドンの生殖論のひとつの賭け金であるのは間違いない。問題はその内実である。

おそらく、鋳直しの内実を説明するために導入されているのが再生という概念である。この概念は、先に見たイソギンチャクの例において最初に明示的に導入される。イソギンチャクの事例は、創傷の部分に何が生じているのかに着目すれば、創傷部分の再生現象とみなすことも可能だろう。このことから、シモンドンは「シゾゴニーは再生を含意する」（*Ibid.*, p. 178）または「あらゆる生殖は再生である」（*Ibid.*, p. 180）と主張する。

再生ということで無性生殖の過程に積極的な意義を見出そうというのであれば、生物の再生を結晶の成長と区別する次の一節はきわめて重要だと思われる。

> 再生は、各個体へと組織化する図式の内在を前提し、個体を生産した力動性を自らのうちに保存していることを前提とする。再生は物理学〔物理学的個体化〕には存在しないように思われる。切断された結晶は、母液にひたされているときには再生しない。結晶は成長を続けるが、切除された側を助長することはないのである。反対に、生物は切断によって活性化されるか、妨害される。まるで組織化する力動性の内在が切断を被った面を識別しているかのように、生物の成長は無傷のままの面よりも切除された面を活発にするのである。（*Ibid.*, p. 202）

引用部において、「組織化する図式の内在」ということで、生物の再生が特権的な活動とみなされているのは間違いない。だが、単にそれだけであれば、ヴァイスマンとシモンドンとのあいだに大きな違いを見出すことは難しい。というのも、ヴァイスマンの理論においても、個体発生を支配する遺伝的傾向が「組織化する図式の内在」に相当するからである。しかし、私が先に定式化した〈成長の同一性テーゼ〉を踏まえるのであれば、次のように解釈することもできる。ここで結晶に関して述べられているのは、結晶の一部を切除しても、切除された部分ではなく、結晶のすべての表面部分が成長し続けるということであるが、このことは、結晶が自らの発生を規定する環境と結びついている限り、境界の活動は同一であり続けるということを意味する。これに対して、生物において創傷部分が特権的に成長する、いや再生するというのは、活動を最初からやり直す（refaire）ということ、つまり環境とのあいだに新しい関係を作り直す（refaire）ということにほかならない。実際、シモンドンはラボーに依拠しつつ次の二つのことを主張する。①「ひと塊の個体〔原形質〕を構成する諸要素のあいだの比（rapports）は、さまざまな影響次第で変化し、こうした比の変化は時折ある種の不均衡に至る」（*Ibid.*, pp. 175-176）。②「個体は情報を凝縮し、運搬し、それから新しい環境を変調する（module un nouveau milieu）」（*Ibid.*, p. 190）。

以上を踏まえて次のようにまとめておこう。シモンドンにとって、« régénération »またはその同義語である« reproduction »とは、「環境を変調する」という意味において、単なる複製の繰り返しではなく、発生の鋳直し（refonte）にほかならない、と。また、このように考えるのであれば、生殖・外的発生が不連続であるというのも、成長・内的発生の基盤である連続した体制、すなわち環境から離れて、生物と環境とのあいだの新しい関係を樹立すること、と理解することができるだろう。[4] そして、このような意味での生殖・外的発生こそが、シモンドンにとって生物に固有の機能なのである――結晶の場合は、生殖・外的発生という機能を備えていないため、何らかの損傷が生じたとしても、初発の成長の同一性に従い続ける。

この観点に立てば、ヴァイスマン批判の内実も見えてくる。ヴァイスマンにおいて、個体発生を支配するのは生殖質に保存される遺伝的傾向である。この場合、再生は成長と同義だろうし、遺伝的傾向はつねに自己同一的にとどまるだろう。実際、このことに自覚的であるがゆえに、ヴァイスマンは有性生殖における二つの遺伝的傾向の混合に訴えざるをえなかった。ヴァイスマンのシナリオでは、遺伝的傾向を混ぜ合わせることでしか、変異の出現を説明しえなかったのである。だがシモンドンによれば、このような考えは多細胞生物にしか適用しえない体細胞と生殖細胞の区別に由来する誤りであり、これらの区別を適用しえない原生動物（単細胞生物）においても「環境を変調する」という意味での発生の力動性を見て取ることは可能である。こうしたことから、シモンドンは次のように述べるのだと思われる。「ヴァイスマンの主張において、個体概念は遺伝的実体性を失っていた。ここで個体は、系統を通して重要さも真の密度もない単なる偶有性にしかならない。〔しかし〕あらゆる生殖をシゾゴニー的再生に帰す理論によると、個体は実体的なものになり、偶有的なものではない。〔……〕

4 本書第五章で確認したベルクソンのＡＡ（能動的適応）と似ているように思われるかもしれない。しかし、シモンドンの場合は、ベルクソンで言うところの記憶・過去が現在に継承されるといった事態は想定されていない。この点は、決定的な相違点である。

個体は、語の完全な意味において、生きている実体である。その再生能力、生殖原理は、生命現象が示す増幅過程の基盤を表現する」（*Ibid.*, p. 181）。ここで述べられるように、ヴァイスマンの学説では、各生物の個体性は有性生殖による混合によって生み出された偶有的なものである。しかし、シモンドン（またはラボー）のように生殖をシゾゴニー的再生として理解するのであれば、各生物は環境との関係を絶えず刷新する力動性を備えているがゆえに、真に新しいものを生み出すのである。

最後に、シモンドンの生殖論の事実上の結論に相当する論点を確認して本節を閉じよう。シモンドンにとって、シゾゴニーが基礎的であるというのは、それが有性生殖の過程に先立つということさえ意味する。「確かに、生殖するのは有機体全体であるが、それは個体化された要素的存在を通して生殖する。配偶子、特に精子は、自律した状態で実在しうる最も小さな生きている単位に比較可能である」（*Ibid.*, p. 182）。このことは、有性生殖に必要な配偶子の形成がそもそもシゾゴニーと機能的に等価であるということを含意する。もちろん、有性生殖においては、配偶子は他の配偶子とのカップリングをなすことでしか実際には生殖可能でない。しかし、これまで確認してきたように、少なくとも結晶の成長という発生様式との区別を問題にする限り、シモンドンにとって何よりも重要なのは、生殖をシゾゴニー的再生として理解することなのである。

5 結びにかえて

以上の考察を以って、シモンドンの生殖論が完結するということはない。議論の大筋とは結びつかない細部のうちにも生物学的に興味深い考察は多々見受けられるし、生殖論と結びついたネオテニー化（néoténisation）、情報（information）、寄生（parasitisme）などの理論は、生命的個体化の過程の一貫である心理的・集団的個体化の過程を検討する際には重要な検討課題となる。このように、彼の理論全体を見渡すのであれば、検討すべき問題はまだ残されている。だがさしあたり、生命と物質を区別すべき理論的根拠を探求する文脈で、シモンドンが（ベルクソンとは別の仕方で）ヴァイスマンと対峙しつつ自らの生殖論を練り上げていく道筋を確認するという本書の主要な目的は達成されたということにしておこう。

最後に、この補論の結びにかえて、ベルクソンとシモンドンの生殖論を評価するための判断材料を提示しておきたい。両者の生殖論の意義を考察するためには、冒頭で述べた通り、19世紀後半から20世紀半ばにかけてのフランス生物学業界が置かれた状況を考慮する必要がある。この時期のフランス生物学業界において遺伝学（特にメンデル遺伝学）が低い地位にあったことはよく知られているが――これは同時代の他の地域と比較すると異様な状況である――、このような状況は、本書の第三章でも確認した通り、フランチ・ネオ・ラマルキズムという学統によってもたらされたものである[6]。大雑把に言えば、この学統は変異の出現を説明する際に環境要因を重視する立場なのだが、我々にとって重

5　生物と結晶の発生様態に関する区別とは直接的にはかかわらないため割愛したが、この論点は心理的・集団的個体化における雌雄性（sexualité）の役割と密接に結びついている（ILFI, pp. 299-300）。

6　フレンチ・ネオ・ラマルキズムと遺伝学の関係についてはDenis[1984]を参照。また特にメンデル遺伝学との関係についてはMarion[2004]に詳しい。後者の論文では、フランスにおけるメンデル遺伝学受容を阻害した大きな要因として、ル・ダンテクとラボーがとりあげられている。

要なのは、この学統に属していた、いやそれどころか先導者だったのが、ル・ダンテクとラボーだったということである。[7] 我々は、こうした状況を俯瞰しつつ、ベルクソンのヴァイスマン主義（反ル・ダンテク主義）と、シモンドンのラボー主義（反ヴァイスマン主義）がどのような理論的役割を担っていたかを見定めねばならない。そしてこの作業は、20世紀半ばまでのフランスの生物学思想史を理解するための鍵となるだけでなく、エピジェネティクス以後を生きる我々がラマルク主義を再考する際にも何らかの手がかりを与えてくれるにちがいない。[8]

7　フレンチ・ネオ・ラマルキズムの大元は、寄生生物の研究者として名高いアルフレッド・マチュー・ジアール（仏 1846-1908）であり、彼はル・ダンテクの指導教官でもあった。また、本書では検討することができなかったが、ベルクソンもシモンドンもジアールに言及している。私の考えでは、ジアールを参照軸にして、ベルクソンとシモンドンの立場を検討することは、フランス哲学における隠れた系譜たる「寄生の哲学」への道が開かれると思われる。もちろん、この系譜の末席に名を連ねるのは、ミシェル・セール（仏 1930-2019）である。

8　ラマルク主義の近年の動向については、Gissis&Jablonka[2011] を参照のこと。

あとがき

　本書は、博士論文「アンリ・ベルクソンの進化論の再構成――組織化・個体化の概念に焦点をあてて」（大阪大学、二〇二一年、主査：檜垣立哉、副査：村上靖彦、森田邦久、三宅岳史）を部分的に改稿し、一冊の書物としてまとめたものである。

　一七歳の夏であった。とある高専の物質化工学学科に所属し、生命現象の謎を生化学の視点から解き明かそうと考えていた高校生の私は、図書館で『創造的進化』という古びた書物に出会った。当時の感想は「最悪」の一言に尽きる。生命現象は化学によって記述できると確信していた少年にとって、ベルクソンが描き出す生命進化のシナリオはあまりにも神秘的すぎたのだ。数年後――ヴィジュアル系の世界にどっぷり浸かり、学問の世界から身をひいていた期間を挟み――、私は再び『創造的進化』と邂逅する。それから約一〇年かけて、ゆっくりと、じんわりと、ベルクソンの世界観に溶け込んでいった。本書（及び博士論文）は、かつてル・ダンテク（化学主義者）だった化学徒の生成変化の物語でもある。この物語は決して一人では完成しなかっただろう。本書の執筆に際しては、数えきれないほど多くの方々にお世話になった。すべての名前を挙げることはできないが、紙幅の許す限り、私の歩みに寄り添ってくださった方々への謝辞を述べさせていただきたい。

まずは、学部時代の指導教官である九州産業大学の藤田尚志先生に御礼を申し上げたい。四年ものあいだマンツーマンで実施されたスパルタ指導の日々のなかで、私は哲学研究の基礎体力を培っただけでなく、哲学することの喜びを学んだ。そして、藤田先生からバトンを引き継いでくれた大学院時代の指導教官(そして博論の主査)である檜垣立哉先生にも深謝する。古今東西の思想を縦横無尽に駆け巡りながら、異様なペースで論文や著作を刊行し、忙しなく海外を飛び回って英語や仏語で発表するその「背中」は、私だけでなく多くの学生の憧れ(aspiration)であった――その背中はまだあまりにも遠い。そんな檜垣先生に、本書の帯文に「必読書」という一言を添えていただけたことは、私にとって何ものにも代え難い名誉である。

副査を引き受けてくれた先生方にも感謝の意を表明したい。村上靖彦先生との付き合いは、檜垣先生と同じくかれこれ一〇年弱になる。村上流質的研究の手法を惜しみなく開陳する演習や講義で学んだことは、一〇〇年前、二〇〇年前の生物学者のテクストを生き生きとしたものとして読むために私なりの仕方で活用させていただいている。森田邦久先生は、私が博論執筆のために休学しているときに着任されたため、残念ながら綿密な指導を受けることはできなかった。とはいえ、以前から研究会やシンポジウムでお話しする機会があり、著作からも多くを学ばせていただいた。突然のお願いを承諾し、快く査読を引き受けてくださり、本当にありがとうございました。香川大学の三宅岳史先生には、特段の感謝を申し上げねばならない。私がちょうど卒論を執筆していた年に刊行された三宅先生の単著『ベルクソン――哲学と科学との対話』(京都大学出版会、二〇一二年)との出会いは、ベルクソンと同時代の諸科学とを徹底的に突き合わせるという私の研究スタイルを方向づけた。研究会ではじめてお会いしてから、いつも目をかけてくださり、私の研究を誰よりも応援してくださった三宅先生に副査を引き受けていただき、さらには「ここ数年で一番興奮した」と評してもらえたことは、三四年の人生で一番の喜びであった。

博論提出前に退官されてしまったが、中山康雄先生とヴォルフガング・シュヴェントカー先生にも大変お世話になった。私の出身研究室（現代思想研究室）では、分析哲学・科学哲学を専門とする中山先生に認めてもらう修論・博論を提出することがひとつの伝統的課題であり、例に漏れず、私も手厳しいツッコミをいただきながら、中山先生に認めてもらえるように励んできた。本書には、そうした中山先生との闘いの痕跡も残っている。シュヴェントカー先生には、ヴァイスマンやドリーシュの原著（ドイツ語）の読解に苦しんでいるときにいつも優しく手を差し伸べていただいた。シュヴェントカー先生に鍛えていただかなければ、本書は歴史的厚みのない表面的なものになっていたにちがいない。

エリー・デューリング先生と千葉雅也先生にも感謝せねばならない。修士の頃、突然檜垣先生に「ナンテールに行ってこい」と言われ、約二ヶ月のあいだ受け入れ教員となってくれたのがエリーだった。実を言うと、アレクサンダーの話を最初に面白がってくれたのもエリーであり、彼にアイデアを聞いてもらわなければ、本書にアレクサンダー論が収録さることはなかったと断言できる。千葉さんにはじめてお会いしたのは、大阪大学で開催されたドゥルーズ・カンファレンスだったと思う。それ以降、他大学の教員、学問上の先輩というだけでなく、一人の友人であるかのように接してくださり、折に触れて私の研究にさまざまなご助言をいただいた。『動きすぎてはいけない――ジル・ドゥルーズと生成変化の哲学』（河出書房新社、二〇一三年）は、私が大学院に進学した年に刊行されたものであり、本書の個体化論にも多大な影響を与えている。そんな『動きす』の著者に帯文を引き受けていただき、本書を肯定的に評価していただけたことを本当に誇らしく思う。

研究室内外の先輩、同輩、後輩たちにも感謝したい。ベルクソン研究者としては、とりわけ、山内翔太さん、山根秀介さん、そして研究室の後輩の磯島高貴さんにお世話になった。彼らと共にフランス哲学の古典（ベルクソンやラヴェッソンなど）を読みながら明け方まで議論し続けてきた日々のなかで、私は自分なりのベルクソン読解を練り上げてきた。そうした読解に広がりを与えてくれたのは、小山虎先生、雪本泰司さん、立花達也さん、大畑浩志さんといった一元論勉強会の面々である。現代の分析形而上学における一元論の再興、そこに至るまでの歴史について、皆さんと定期的に議論する機会がなければ（ほとんど教わってばかりだったが）、本書のいくつかの章（第一章、第七章、補論①）は存在しえなかっただろう。博論完成の二年ほど前にアレクサンダーという謎の人物の研究をはじめた私に対して、多くのベルクソン研究者の友人たちが困惑するなか、背中を押してくれ、私のアイデアを一緒に検討してくれたのは、彼らだった。また、無際限にインプット作業を続ける私に対して、「博論を書くためには勉強してはいけない」と告げ、これまでの蓄積を信じてアウトプットを決断する勇気をくれたのは小山さんだった。小山さんがいなければ、本書（及び博士論文）が完成することもなかっただろう。

私の思考が書籍として個体化することができたのは、装幀家の水戸部功さんと青土社の永井愛さんのおかげである。水戸部さんのお仕事は以前からフォローしていたが、本書の装幀が一番かっこいいと自慢しておきたい。随所にさまざまな仕掛けがほどこしてあり、異質的な諸要素が重層的に折り重なって新しい質が出現してくるというベルクソン的な創発のあり方を見事に表現してくださった。担当編集の永井さんには、さまざまな面で（刊行直前にコロナに罹患するなど）ご迷惑をおかけしたが、辛抱強く寄り添っていただいた。本書と博論とのあいだにさほど大きな差異はないのだが、各章のイントロなどは、永井さんのご助言のおかげで博論よりも読みやすくなっているはずだ。本書が開かれたものになっているとしたら、それは永井さんのおかげである。

最後に、私生活を支えてくれた家族と友人にも感謝したい。あなた方がいなければ、私はとっくに死んだ物質になっていたにちがいない。私の弱さを受け止め、優しく寄り添ってくれたあなた方に本書を捧げる。

米田　翼

二〇二二年四月二五日　陽春の大阪梅田にて

事項索引

斜体は脚注のページ数。

あ行

か行

さ行

た行

な行

は行

人名索引

本文で言及した人物のみ掲載した。

た行

は行

ま行

ら行

参考文献

（　）内の翻訳に関しては適宜参照し、必要に応じて手を加えた。

Alexander, Samuel [1897] アレクサンダーのテクストの引用には下記の略号を用いた。

RMM: [1897] '*Matière et mémoire* (Review)', in *Mind* 6: pp. 572-573.

STDi: [1920(1927)] *Space, Time, and Deity: The Gifford Lectures at Glasgow 1916-1918*, Vol. I. Macmillan.

STDii: [1920(1927)] *Space, Time, and Deity: The Gifford Lectures at Glasgow 1916-1918*, Vol. II. Macmillan.

ST: [1921a] *Spinoza and Time*, Macmillan.

SE: [1921b] 'Some Explanations', in *Mind* 30: pp. 409-428.

Anderson, John [2005a] *Space-Time and Proposition: The 1944 Lectures on Samuel Alexander's Space, Time and Deity*, Sydney University Press.

——— [2005b] *Space-Time and the Categories: Lectures on Metaphysics 1949-50*, Sydney University Press.

Ansell Pearson, Keith [1999] *Germinal Life: The Difference and Repetition of Deleuze*, Routledge.

Ansell-Pearson, Keith, Miquel, Paul-Antoine & Vaughan, Michael [2013] "Responses to Evolution: Spencer's Evolutionism, Bergsonism and Contemporary Biology" , in *The History of Continental Philosophy, Vol. 3: The New Century: Bergsonism, Phenomenology and Responses to Modern Science*, ed. Ansell-Pearson, Keith & Schrift, Alan D., Routledge: pp. 347-379.

Bichat, Marie François Xavier [1800(1994)] *Recherches physiologiques sur la vie et la mort*, Flammarion.

Bergson, Henri ベルクソンのテクストの引用には以下の略号を用いた。白水社全集版をはじめ、翻訳は適宜参考にした。

DI: [1889(2011)] *Essai sur les donnés immédiates de la conscience*, « Quadrige », PUF.

MM : [1896(2010)] *Matière et mémoire*, « Quadrige », PUF.

R : [1900(2002)] *Le Rire*, « Quadrige », PUF.

EC : [1907(2009)] *L'évolution créatrice*, « Quadrige », PUF.
ES : [1919(2009)] *L'énergie spirituelle*, « Quadrige », PUF.
DS : [1922(2009)] *Durée et simultanéité*, « Quadrige », PUF.
MR : [1932(2009)] *Les deux sources de la morale et de la religion*, « Quadrige », PUF.
PM : [1938(2009)] *La pensée et le mouvant*, « Quadrige », PUF.
M : [1972] *Mélanges*, PUF.
Blitz, David [1992] *Emergent Evolution: Qualitative Novelty and the Levels of Reality*, Springer.
Bouvier, Eugène-Louis [1906] « La nidification des Abeilles à l'air libre », in *Comptes rendus hebdomadaires des séances de l'Académie des science*, t, CXLII : pp. 1015-1020.
Bradley, Francis, Herbert [1893] *Appearance and Reality: A Metaphysical Essay*, Allen & Unwin.
Brettschneider, Bertram [1964] *The Philosophy of Samuel Alexander: Idealism in "Space, Time, and Deity"*, Humanities Press.
Broad, Charlie Dunbar ——— [1921] 'Professor Alexander's Gifford Lectures I', in *Mind* 30: pp. 25-29.
——— [1925] *The Mind and its Place in Nature*, Kegan Paul.
Brown-Séquard, Charles-Édouard [1869] « Nouvelles recherches sur l'épilepsie due à certaines lésions de la moelle épinière et des nerfs rachidiens » in Archives de physiologie normale et pathologique, t. II: pp. 211-220, 422-438, 496-503.
——— [1892] « Hérédité d'une affection due à une cause accidentelle. Faits et arguments contre les explications et les critiques de Weismann », in Archives de physiologie normale et pathologique, 5e série, t. IV: pp. 686-688.
Buican, Denis [1984] *Histoire de la génétique et de l'évolutionnisme en France*, PUF.
Carr, Wildon [1927] "Life and Matter", in *Proceedings of the Sixth International Congress of Philosophy*, Longmans : pp. 9-19.
Charrin, Albert [1896] « L'hérédité en pathologie », in *Revue générale des sciences pures et appliquées*, t. VII, no 1: pp. 1-7.
Comfort, Alex [1956] *The Biology of Senescence*, Rinehart.

Driesch, Hans [1927] « Emergent Evolution », in *Proceedings of the Sixth International Congress of Philosophy*, Longmans: pp. 1-9.

Fagot-Largeault, Anne [2002] 'L'émergence', in Andler, D., Fagot-Largeault, A. & Saint-Sernin, B. (Edi.), *Philosophie des sciences II*, Folio : pp. 951-1048.

Fisher, Anthony Robert James [2015] 'Samuel Alexander's Theory of Categories', in *The Monist* 98: pp. 246-267.

——— [2017a] 'Samuel Alexander's Early Reactions to British Idealism', in *Collingwood and British Idealism Studies* 23(2): pp. 169-196.

——— [2017b] 'Composition as Identity (review)', in *Philosophical Quarterly* 67(267): pp. 409-412.

François, Arnaud [2008] « Les sources biologiques de L'évolution créatrice » in *Annales bergsoniennes IV: L'Évolution créatrice 1907-2007: épistémologie et métaphysique*, PUF: pp. 96-109.

Gayon, Jean [2007] « Bergson entre science et métaphysique, in *Annales bergsoniennes III : Bergson et la science*, PUF: pp. 175-189.

Gilson, Bernard [1985] L'individualité dans la philosophie de Bergson, Vrin.

Gissis, Snait & Jablonka, Eva (Edi.) [2011] *Transformation of Lamarckism: From Subtle Fluids to Molecular Biology*, The MIT Press.

Griesemer, James [2000] 'The Units of Evolutionary Transition', in *Selection* 1(1): pp. 67-80.

Haeckel, Ernst [1874] *Anthropogenie: Keimes-und Stammes-Geschichte des Menschen*, W. Engelmann.

Lapoujade, David [2010] *Puissances du temps : Versions de Bergson*, Minuit.

Le Dantec, Felix ル・ダンテクのテクストの引用には以下の略号を用いた。

TN: [1896] *La théorie nouvelle de la vie*, Alcan.

IEI : [1898(1905)] *L'individualité et l'erreur individualiste*, Alcan.

BB : [1907] « La biologie de M. Bergson », in *Revue du mois*, t. IV, n. 2: pp. 230-241.

Lewes, George Henry [1875] *Problems of Life and Mind*, vol. II., Trübner & Co.

Lewis, David [1986] On the Plurality of Worlds, Blackwell. (『世界の複数性について』, 出口康雄監訳, 佐金武, 小山虎, 海田大輔, 山口尚訳, 名古屋大学出版会, 2016年.)

Lloyd Morgan, Conwy ロイド・モーガンのテクストの引用には以下の略号を用いた。

CP: [1894(1903)] *An Introduction to Comparative Psychology*, The Walter Scott.

MB: [1915] "Mind and Body in their relation to each other and to external things" in *Scientia*, vol.18: pp. 244-256.

EE: [1923] *Emergent Evolution*, Henry Holt.

Lorenz, Konrard [1941] „Kants Lehre vom Apriorischen im Lichte gegenwärtiger Biologie ", in *Blätter fur Deutsche Philosophie* 15: pp. 94-125.

Lovejoy, Arthur Oncken [1927] "The Meanings of "Emergence" and its Modes" , in *Proceedings of the Sixth International Congress of Philosophy*, Longmans: pp. 20-33.

Malaterre, Christophe [2010] *Les origines de la vie: Émergence ou explication réductive ?*, Hermann.（『生命起源論の科学哲学――創発か、還元的説明か』, 佐藤直樹訳, みすず書房, 2013年.）

Marion, Thomas [2004]

« De nouveaux territoires d'introduction du mendélisme en France: Louis Blaringhem (1878-1958), un généticien néolamarckien sur le terrain agricole », in *Revue d'histoire des sciences*, 57-1: pp. 65-100.

Maynard Smith, Jhon [1986] *The Problems of Biology*, Oxford University Press.

――― [1995] *The Theory of Evolution*, Cambridge University Press, third edition.

Mill, John Stuart [1843(1866)] *System of Logic*, J. W. Parker.（『論理學體系』, 大関将一訳, 春秋社, 1949年.）

Miquel, Paul-Antoine [1996] *Le problème de la nouveauté dans l'évolution du vivant. De l'évolution créatrice de Bergson à la biologie contemporaine*, Presses universitaires du Septentrion.

――― [2015] « Les bulles et la bascule », in *Sur le concept de nature*, Hermann: pp. 7-28.

Monod, Jacques [1970], *Le hasard et la nécessité*, Seuil.

Mora, Camilo. et al. [2011] "How many species are there on earth and in the ocean?" , in *PLoS Biol*, 9(8): e10011127.

Morgan, Thomas Hunt [1926] *Theory of the Gene*, Yale University Press.
Jankélévitch, Vladimir [1939(1959)], *Henri Bergson*, PUF.
Jennings, Herbert-Spencer [1904] *Contributions to the Study of the Behavior of Lower Organisms*, Carnegie Institution of Washington.
——— [1906] *Behavior of Lower Organisms*, Macmillan.
Normandin, Sebastian & Wolfe, Charles (Edi.) [2013] Vitalism and the Scientific Image in Post-Enlightenment Life Science, Springer.
Parodi, Dominique [1920] *La philosophie contemporaine en France*, Alcan.
Romanes, George ロマネスのテクストの引用には以下の略号を用いた。
AI :[1882] *Animal Intelligence*, Kegan Paul and Trench.
MEA:[1883] *Mental Evolution in Animals*, Kegan Paul and Trench.
MEM: [1888] *Mental Evolution in Man*, Kegan Paul and Trench.
MMM: [1895] *Mind and Motion and Monism*, ed. Lloyd Morgan, Conwy, Longmans, Green and Co.
Russell, Bertrand [1917] *Mysticism and Logic and Other Essays*, Allen & Unwin.（『神秘主義と論理』, 江森巳之助訳, みすず書房, 1959年.）
Schaffer, Jonathan [2009] 'Spacetime the One Substance', in *Philosophical Studies* 145: pp. 131-148.
——— [2010a] 'The Least Discerning and Most Promiscuous Truthmaker', in *Philosophical Quarterly* 60(239): pp. 307-324.
——— [2010b] 'The Priority of the Whole, in Philosophical Review 119(1): pp. 31-76.
Simondon, Gilbert シモンドンのテクストの引用には以下の略号を用いた。拙訳は適宜参考にした。
ILFI : [2013(2015)] *L'individuation à la lumière des notions de forme et d'information*, Jérome Millon, 2013.（『個体化の哲学——形相と情報の概念を手がかりに』, 藤井千佳世監訳, 近藤和敬, 中村大介, ローラン・ステリン, 橘真一, 米田翼訳, 法制大学出版局, 2018年.）
Sober, Elliott [2015] Ockham's Razors: A User's Manual, Cambridge University Press.
Soulez, Philippe & Worms, Frédéric [1997] *Bergson*, Flammarion.
Thomas, Emily [2013] 'Space, Time, and Samuel Alexander', in *British Journal for the History of Philosophy* 21: pp. 549-569.
——— [2015] 'Samuel Alexander's Space-Time God: A Naturalist Rival to

Current Emergentist Theologies', in Nagasawa, Y. & Buckareff, A. (Eds.) *Alternative Concepts of God*, Oxford University Press: pp. 255-273.
——— [2019] 'The Roots of C. D. Broad's Growing Block Theory of Time', in *Mind* 128(510): pp. 527-549.
Tinbergen, Nicolas, [1963] "On Aims and Methods of Ethology", in *Zeitschrift für Tierpsychologie*, 20: pp. 410-433.
Tonquédec, Joseph de, [1912(2009)] 'M. Bergson est-il moniste?', in *L'évolution créatrice*, « Quadrige », PUF: pp.625-623.
Weissman, Charlotte [2011] 'Germinal Selection: A Weismannian Solution to Lamarckian Problematics' in *Transformation of Lamarckism: From Subtle Fluids to Molecular Biology*, The MIT Press: pp. 57-76.
Weismann, August [1892a] *Aufsätze über Vererbung und verwandte biologische Fragen*, Fischer.
——— [1892b] Das Keimplasma: Eine Theorie der Vererbung, Fischer.
Winther, Rasmus Grønfeeldt [2001] 'August Weismann on Germ-Plasm Variation' in *Journal of the History of Biology* 34: pp. 517-555.
Wheeler, William Morton [1927] « Emergent Evolution of the Social », in *Proceedings of the Sixth International Congress of Philosophy*, Longmans : pp. 33-46.
Worms, Frédéric [2004] *Bergson ou les deux sens de la vie*, PUF.

岡嶋隆佑 [2016]「ベルクソンの時間意識論――『意識の直接与件についての試論』から『物質と記憶』へ」『筑波哲学』(24)：pp. 25-38.
——— [2017]「ベルクソン『物質と記憶』におけるイマージュ概念について」『フランス哲学思想研究』(22)：pp. 100-111.
大沢文夫 [2005]「ゾウリムシの行動――自発性と変化する環境への適応」『物性研究』(84(2))：pp. 272-302.
——— [2009]「生物の自発性の源について――ゾウリムシの場合」『総合技術研究所研究報告』(11): pp. 107-112.
太田邦史 [2018]『「生命多元性原理」入門』講談社選書メチエ.
金森修 [1994]「ベルクソンと進化論」『現代思想 臨時増刊 ベルクソン』青土社 : pp. 387-403.
兼本浩祐 [2016]『脳を通って私が生まれるとき』日本評論社.
北夏子 [2016]「ベルクソン哲学に対するH. スペンサーの影響の研究」筑波大

学博士論文.
杉山直樹 [2006]『ベルクソン――聴診する経験論』創文社.
長谷部光泰 [2015]「食虫植物の適応進化――小動物からの栄養で貧栄養地で生育」『生物の科学』(Vol. 70, No. 4): pp. 274-278.
パピーニ, マウリシオ. R. [2005]『パピーニの比較心理学――行動の進化と発達』北大路書房.
平井靖史 [2002]「解説」『意識に直接与えられたものについての試論』(合田正人・平井靖史訳) ちくま学芸文庫 : pp. 271-300.
平井靖史, 藤田尚志, 安孫子信編 [2016]『ベルクソン『物質と記憶』を解剖する――現代知覚理論・時間論・心の哲学との接続』書肆心水.
――― [2017]『ベルクソン『物質と記憶』を診断する――時間経験の哲学・意識・美学・倫理学へ』書肆心水.
森田邦久 [2019]『時間という謎』春秋社.
三宅岳史 [2012]『ベルクソン――哲学と科学との対話』京都大学出版局.

初出一覧

初出のあるものは以下の通りである。いずれも加筆修正を施した。

第二章　「自然的システムとしての生物――ベルクソンとル・ダンテクにおける個体性と老化の問題」、『フランス哲学・思想研究』第23号、日仏哲学会、2018年、317-328頁

第三章　「ベルクソンとヴァイスマンの遺伝論」、『フランス哲学・思想研究』第21号、日仏哲学会、2016年、150-161頁

第五章　「適応と再認――ベルクソンの行動の進化論」『年報人間科学』第42号、大阪大学大学院人間科学研究科、2021年、15-29頁

第六章　「自然における意識の位置づけを問い直す――比較心理学とベルクソン」『現代思想』第49巻12号、青土社、2021年、39-49頁

補論②　「個体化の哲学における生殖の問題――ヴァイスマン、ベルクソン、シモンドン」『思想』第1141号、岩波書店、2019年、50-68頁

また以下の学会や研究会における発表も基にしている。

第一章　「拡張ベルクソン主義を哲学史に位置づける――20世紀初頭イギリスにおけるベルクソン受容に焦点をあてて」、日仏哲学会提案型ワークショップ〈拡張ベルクソン主義は何をなしえたか・なしうるか〉、2018年3月

第四章　「ベルクソンの進化論はいかなる進化論なのか――『創造的進化』第一章前半の読解を通して」、第42回ベルクソン哲学研究会、2018年3月

補論①　「時空、決定、創発――ベルクソンを通してアレクサンダーを再考する」、第44回ベルクソン哲学研究会、2019年3月

米田 翼（よねだ・つばさ）
1988年生まれ。大阪大学大学院人間科学研究科にて博士号を取得（人間科学）。現在、大阪大学大学院人間科学研究科附属未来共創センター助教。専門はベルクソンを中心とするフランス哲学、19-20世紀の英・独・仏の生物学の歴史・哲学。主な論文に「個体化の哲学における生殖の問題――ヴァイスマン、ベルクソン、シモンドン」『思想』第1141号（2019年）、「適応と再認――ベルクソンの行動の進化論」『年報人間科学』第42号（2021年）、共訳書にジルベール・シモンドン『個体化の哲学――形相と情報の概念を手がかりに』などがある。

生《い》ける物質《ぶっしつ》
——アンリ・ベルクソンと生命《せいめい》個《こ》体《たい》化《か》の思想《しそう》

2022年5月20日　第1刷印刷
2022年6月10日　第1刷発行

著　者　　米田 翼
発行者　　清水一人
発行所　　青土社
　　　　　101-0051　東京都千代田区神田神保町1-29　市瀬ビル
　　　　　電話　03-3291-9831（編集部）　03-3294-7829（営業部）
　　　　　振替　00190-7-192955

装　幀　　水戸部 功
印刷・製本　双文社印刷
組　版　　フレックスアート

ISBN978-4-7917-7472-2 C0010 Printed in Japan